o homem que morreu três vezes

Fernando Molica

o homem que morreu três vezes

UMA REPORTAGEM SOBRE O "CHACAL BRASILEIRO"

EDITORA RECORD
RIO DE JANEIRO • SÃO PAULO
2003

CIP-Brasil. Catalogação-na-fonte
Sindicato Nacional dos Editores de Livros, RJ.

M733h
    Molica, Fernando, 1961-
       O homem que morreu três vezes: uma reportagem sobre o "Chacal brasileiro" / Fernando Molica. – Rio de Janeiro: Record, 2003.
       il., retrs.;

       Anexos
       Inclui bibliografia
       ISBN 85-01-06715-6

       1. Perera, Antonio Expedito, 1931- . 2. Guerrilheiros – Brasil – Biografia. 3. Brasil – Política e governo – 1969-1974. I. Título.

03-1963   CDD – 920.9322420981
                            CDU – 929PERERA, A. E.

Copyright © Fernando Molica, 2003

Capa: Eg Design/Evelyn Grumach
Encarte: Eg Design/Luciana Gobbo

Direitos exclusivos desta edição reservados pela
DISTRIBUIDORA RECORD DE SERVIÇOS DE IMPRENSA S.A.
Rua Argentina 171 – Rio de Janeiro, RJ – 20921-380 – Tel.: 2585-2000

Impresso no Brasil

ISBN 85-01-06715-6

PEDIDOS PELO REEMBOLSO POSTAL
Caixa Postal 23.052
Rio de Janeiro, RJ – 20922-970

EDITORA AFILIADA

*Para José Amélio e Therezinha,
para Renato.
Para Felipe e Júlio.
Para Bárbara.*

"Valeu, Tim!
Teu sorriso me ilumina."

(trecho do samba do bloco Imprensa que eu gamo, *Carnaval de 2003)*

"Ninguém na vida teve tantos pecados que mereça morrer duas vezes (...)."

Maria de Magdala, a Jesus.
José Saramago em *O Evangelho segundo Jesus Cristo*.

Sumário

Apresentação   13

Primeiro movimento
Antonio Expedito Perera

Matrioshkas   19
Choro   23
Pistas   27
Olhos verdes   35
Déa e Tônio   43
Religião, pedras e chicotes   49
Golpes   59
A fraude   67

Segundo movimento
Antonio Carvalho Perera

Papéis   75
Tempestade em Pinheiros   79
VPR   87
Fugas   97
Aparelho   107
Pesadelos de Nazareth   111
Prisão e torturas   119

Os lordes da cela   127
Segredos de Annina   133
Casas de Cristina   145
Viagens de Perera   151
Documentos falsos   165
Os Perera   169
Novidades no Front   177
Internacional terrorista   183
Anos de guerra   195
"Carlos" fala   199
Convites   205

Terceiro Movimento
Paulo Parra

Amigos à milanesa   217
O amigo de Bettola   225
Bailarinos   237
Conexão Bettola   245
Portões   249
Cemitério   257
Certidão   263
Peritos   269
Amanda   279
Dossiê   285
Novos rumos   289
Últimos passos   297
Cinzas   303

Anexos   305

Agradecimentos   321

Bibliografia   325

Indice   329

Apresentação

Este livro não pretende ser uma biografia completa de Antonio Expedito Carvalho Perera. Daí ser chamado de reportagem, um trabalho sobre a trajetória deste advogado gaúcho que, em menos de uma década, migrou de uma posição conservadora para uma militância ao lado do que havia de mais agressivo no terrorismo internacional. Um homem que, mesmo assim, permanece desconhecido até mesmo para muitos dos que se envolveram no processo de luta política dos anos 1960 e 70. O caminho percorrido por este advogado em suas diferentes vidas é tão ou mais interessante do que seus feitos. É este caminho, nebuloso, repleto de armadilhas e desvios, que busquei traçar.

O livro procura também contar como se chegou a este personagem e como sua história foi sendo tateada. Em 1998 fui atraído pela originalidade do fato de ter um brasileiro envolvido com atentados que chocaram o mundo. Em torno deste eixo, construí duas reportagens apresentadas no *Fantástico*. O avançar da apuração, já para a elaboração deste livro, obrigou a uma pequena correção de foco — o personagem revelava-se cada vez mais complexo, sua história em nada era semelhante aos percursos de centenas de outros brasileiros que optaram pela luta armada para derrubar a ditadura e implantar o socialismo no país. Perera se mostrava maior do que qualquer estereótipo.

Em determinado momento da apuração, comparei Perera a um animal que tem o capricho de ocultar cada pegada de uma trajetória marcada por trocas bruscas de direção, reviravoltas, idas e vindas. Buscar estes passos e tentar ao menos especular seu sentido representaram uma aventura, uma emoção creio que comparável àquelas que muitos sentem ao participar de eventos de vôo livre, *rallies* ou descida de cachoeiras. Muitas vezes, isolado em um arquivo ou diante de um entrevistado, tive vontade de imitar Pelé e festejar a conquista de uma informação com um soco no ar. Vez ou outra cerrei o punho e ensaiei um gesto menor, contido e discreto. Um gol sempre merece ser comemorado.

Nesta reportagem, ficou difícil separar o principal do *making of*. As aventuras do personagem e o processo de apuração passaram a fazer parte de um todo. Achei que seria interessante tentar contar estas duas histórias. Daí a concessão ao uso da primeira pessoa, decisão sempre complicada no jornalismo.

Neste livro procurei evitar as imprecisões, separar os fatos das lendas — não tenho dúvidas de que estas, pelo menos no caso de Perera, são menos relevantes do que aqueles. Na linha de uma das mais interessantes definições de jornalismo — "É a melhor versão da verdade possível de se obter", Carl Bernstein —, procurei checar todas as informações, contrapor depoimentos, encontrar toda a documentação que estivesse disponível. O mistério em torno da atuação e do destino de Perera permitiu que sobre sua história fossem acumuladas diversas camadas de versões, deduções e, mesmo, palpites. Remover estas camadas foi talvez o trabalho mais difícil de toda a tarefa. Como registrou o desembargador Luiz Felipe Azevedo Gomes, do Tribunal de Justiça do Rio Grande do Sul, Perera "é uma pessoa cujo padrão de vida foge ao comum dos homens, uma dessas pessoas cuja vida imita a ficção, ou nas quais a ficção vai buscar os elementos para alimentar-se".[1]

O livro surge como resultado de duas matérias sobre Perera produzidas para o programa *Fantástico*, da Rede Globo. A primeira, veiculada no dia 12 de dezembro de 1999; a segunda, em 19 de maio de 2002. Em meio à apuração desta segunda reportagem, percebi que o material coletado e as condições em que isto vinha sido feito poderiam render mais uma incursão à história de Perera. Desta vez, uma viagem mais detalhada, sem as naturais limitações de tempo de um programa de televisão. Calculei então que o material gravado responderia por cerca de 80% do livro. Enganei-me: ao entrar um pouco mais nesta história, me vi obrigado a novos e sucessivos mergulhos, que ocuparam parte de minhas férias e quase todas as horas de folga. Uma entrevista levava a outra, em um processo que ameaçava revelar-se interminável.

---

[1] Arquivo do Tribunal de Justiça do Rio Grande do Sul.

As reportagens tinham sido voltadas principalmente para a atuação de Perera na Europa, para a curiosidade de se ter um brasileiro participando do processo terrorista dos anos 70 do século passado. Para o livro, me vi obrigado a reconstituir a fase inicial da vida do personagem, no Rio Grande do Sul, seu estado natal, e em São Paulo. Uma história que se revelaria tão excitante quanto os passos europeus de Perera, principalmente quando se via o pretérito com a perspectiva do que ocorreria no futuro. Foram entrevistadas ou consultadas em torno de 120 pessoas. Por telefone e e-mail, mantive contato com fontes de várias cidades do Brasil, Holanda, França, Itália e Estados Unidos. Além das entrevistas feitas no Rio de Janeiro, estive em São Paulo, Goiás, Rio Grande do Sul, Paraná, Brasília e nas cidades de Milão e Bettola, na Itália. Só a São Paulo fui quatro vezes — duas para a reportagem de TV, duas para apurar detalhes para o livro. As entrevistas em Nova York foram feitas por colegas do escritório da Globo.

Algumas pessoas foram ouvidas mais de uma vez. Para tentar evitar uma narrativa fragmentada em excesso, optei por ordenar os capítulos em uma ordem quase cronológica. Com isso, depoimentos colhidos em 1999 e no início de 2002 — para as reportagens da TV — surgem ao lado de declarações mais recentes, voltadas para este trabalho, e que foram concedidas entre o último trimestre de 2002 e agosto de 2003. Os períodos em que as entrevistas foram feitas estão, de um modo geral, registrados no texto.

Também me vali de arquivos — e da boa vontade de seus pesquisadores e funcionários — no Rio de Janeiro, Brasília, São Paulo e Porto Alegre. Neste ponto, julgo ser necessária uma reflexão. Documentos produzidos por ditaduras requerem um cuidado especial: na ânsia de mostrar serviço ou de prejudicar alguém, agentes dos serviços de informação e segurança podem falsear dados ou mesmo transformar boatos em verdades. Pior: muitos daqueles papéis amarelados podem ser apenas registros de confissões arrancadas sob tortura — mesmo que fidedignos, os fatos narrados nesta condição exigem um certo distanciamento. Até que ponto utilizar este tipo de informação não faz do pesquisador um cúmplice tardio do torturador? Seria razoável expor confissões e indicações que só foram feitas em uma tentativa de se escapar de uma dor insuportável? Mas como ignorar o que foi dito e que serviu de base para outros fatos?

Optei por utilizar os depoimentos à polícia como fontes secundárias, de referência. O mais importante seria encontrar aquelas pessoas e perguntar pelos fatos que me interessavam. Muitas foram localizadas. No caso dos que morreram, as confissões serviriam mais para traçar uma linha geral sobre o que ocorrera. Evitei ao máximo expor detalhes que permitissem acusações tardias, o confortável julgamento para definir quem teve "bom" ou "mau" comportamento nos tais porões da ditadura militar. Não dá para medir nem julgar a dor de quem passou pela tortura.

Vale registrar que todas as considerações feitas no texto sobre o processo de apuração, reportagem e edição de uma reportagem para a TV são de minha inteira responsabilidade. Elas não representam a opinião da Rede Globo.

Como disse, a apuração desta história teve, para mim, o efeito de uma grande aventura. Que seja estimulante também para você.

Fernando Molica,
Rio de Janeiro, setembro de 2003.

Primeiro movimento

Antonio Expedito Perera

Matrioshkas

— *Olha lá o Expedito* — *exclamou, apontando para a tela do monitor, Jaime Wallwitz Cardoso.*
— *Quem? Expedito? Que Expedito? Expedito, Cardoso me explicou: um advogado que, no fim dos anos 60, se ligara à VPR (Vanguarda Popular Revolucionária, organização a que pertencera o ex-capitão do Exército Carlos Lamarca) e que, na Europa, se transformara em um importante aliado do terrorista venezuelano Illich Ramírez Sánchez, mais conhecido como "Carlos", o "Chacal". Por mais que me interessasse pelo tema guerrilha urbana e por fatos relacionados ao período da ditadura militar, eu jamais ouvira falar de tal história: um brasileiro que, banido, decidira ingressar em uma luta mais ampla, internacional, e que utilizava métodos tão violentos como explosões em locais públicos.*

A pauta para a primeira reportagem sobre Antonio Expedito Carvalho Perera surgiu da observação de Cardoso; uma espécie de subproduto de uma outra matéria, como uma daquelas bonecas russas, as matrioshkas. *Dentro de uma boneca há uma outra — e assim sucessivamente. Em fevereiro de 1998, três ex-integrantes de organizações revolucionárias armadas que atuaram no Brasil nas décadas de 1960 e 1970 estiveram na redação do Fantástico, na sede da Rede Globo, na zona sul do Rio de Janeiro, para uma sessão especial de um filme. Jaime Cardoso, Reinaldo Guarany e René de Carvalho foram ver um 16mm que registrou, no dia 13 de janeiro de 1971, o embarque para o Chile de 70 presos políticos que haviam sido libertados pela ditadura militar em troca do resgate do embaixador suíço no Brasil, Giovanni Enrico Bucher, seqüestrado por organizações guerrilheiras.*

O documentário fora descoberto no acervo da polícia política, coleção que estava sob a guarda do Arquivo Público do Rio de Janeiro. Em uma das pastas, pesquisadores encontraram um embrulho com o rolo do filme: um documentário sem som, em preto-e-branco, com cerca de três minutos — um registro malfeito do embarque dos banidos. Muitas das imagens eram tremidas; outras, fora de foco. A precariedade das imagens permitia supor que o cinegrafista não passasse de um soldado da Aeronáutica escalado às pressas para registrar um pedaço da história que se desenrolava naquela noite na Base Aérea do Galeão, na zona norte do Rio.

Entre os presos, que, como se formassem uma delegação de esportistas, posavam diante do Boeing da Varig, estavam Cardoso, Guarany e Carvalho. Quase trinta anos depois, eles foram convocados para ver aquelas imagens e, assim, viabilizar uma reportagem para o Fantástico. Não dava para fazer uma matéria para um programa de TV aberta apenas com o velho filme — sua evidente importância histórica não seria suficiente para prender a atenção do público. Era preciso humanizar aqueles metros de película, ouvir pessoas que, involuntariamente, tinham se transformado em estrelas daquele documentário.

Os três ex-exilados me ajudariam a dar vida àquele filme, seriam alguns dos personagens da matéria. Caberia a eles — e a outros dois ex-banidos, João Carlos Bona Garcia e Bruno Piola, este, radicado na Itália — falar como tinham sido as horas que antecederam ao vôo, dizer como fora organizada aquela pose, contar detalhes daqueles momentos (dava para ver no filme soldados dando socos em presos que levantavam os braços e tentavam fazer a velha saudação comunista). Nas entrevistas, foi até possível apurar como tinha sido o serviço de bordo até Santiago: nada além de um copo de suco de laranja, pouco para cerca de quatro horas e meia de vôo, mais do que suficiente para aqueles homens e mulheres que trocavam a prisão e a tortura pela perspectiva de liberdade. A presença dos entrevistados na matéria traria emoção e atualidade a uma história passada 27 anos antes, uma época em que boa parte do público do Fantástico não era nascida ou era jovem demais para saber que vivia sob uma ditadura militar.

A entrevista com os três fora gravada dias antes na casa de Guarany, em Santa Teresa, região central do Rio, quando eles haviam visto uma cópia do documentário em VHS, fita utilizada nos vídeos domésticos. A ida à sede da Globo fora para permitir uma melhor visualização do filme — lá eles poderiam assistir a uma cópia em vídeo profissional, capaz de revelar mais detalhes daquelas cenas tão precariamente registradas. E foi durante essa sessão, com o filme sendo mostrado em um monitor no fundo da sala, que Cardoso apontou para a tela e, dirigindo-se aos outros dois, identificou Expedito entre os que seriam banidos.

No Brasil dos anos 60 e 70 havia, entre outras, uma guerra de palavras: para os militares, os que lutavam contra o regime e a favor da implantação do socialismo pela via revolucionária eram "subversivos" ou "terroristas"; estes, em sua maioria, se diziam "guerrilheiros". Uma distinção clara, consagrada pelo uso: terrorista era quem praticava o terror, uma violência que, muitas vezes, não escolhia suas vítimas, que matava inocentes, que levava ao extremo a lógica dos fins que justificam os meios. Já os guerrilheiros, não. Estes seriam combatentes do bem; a palavra guerrilha remetia a uma luta romântica, que parecia receber lufadas dos ventos que, anos antes, haviam soprado em Sierra Maestra.

O golpe militar de 1964 que depôs o presidente João Goulart foi a senha para uma divisão entre correntes de esquerda que havia alguns anos se desenhava.[2] De um lado, a direção do Partido Comunista Brasileiro, o PCB, que, alinhada com as diretrizes de Moscou, apostava em uma transição pacífica para o socialismo, apoiada no chamado trabalho de massas e na progressiva infiltração nos aparelhos estatal e sindical. A vitória dos militares golpistas reforçou os argumentos daqueles que, em discordância com a cúpula partidária e entusiasmados com a vitória da Revolução Cubana, apostavam no acirramento dos conflitos e na tomada do poder pelas armas. A opção pela luta armada acabaria sendo adotada por muitos dispostos a fazer a hora; resistir de forma pacífica era sinônimo de esperar acontecer.

Ao contrário do que viria a ser praticado por grupos revolucionários árabes e europeus nos anos 70, atentados contra pessoas e instituições não foram priorizados pela guerrilha brasileira. Ações terroristas de cunho propagandístico ou de caráter vingativo — como a explosão de um carro-bomba na sede do 2º Exército em São Paulo ou o assassinato do capitão norte-americano Charles Chandler — não se constituíam em um denominador comum dos

---
[2] Ver Luís Mir, *A revolução impossível, a esquerda e a luta armada no Brasil*, e Jacob Gorender, *Combate nas trevas*.

grupos que, em sua maioria, sonhavam com a eclosão de uma guerrilha rural. O mais importante era conseguir armas e dinheiro para a Revolução, daí os ataques a instalações militares e assaltos — chamados de "expropriações" — a pedreiras, casas de armas e, principalmente, bancos. Os seqüestros de diplomatas estrangeiros tinham como principal objetivo libertar integrantes das organizações.

A preferência por ações que não se encaixariam em um repertório usual de organizações terroristas não impediu que, de acordo com um dos principais agentes da repressão, o coronel Carlos Alberto Brilhante Ustra, 105 pessoas fossem mortas e 343 acabassem feridas em ações de grupos guerrilheiros.[3] As mortes em confronto, os "justiçamentos", os assaltos a bancos e os seqüestros permitiram ao governo militar estabelecer uma clara ligação entre o que ocorria na Europa e no Oriente Médio com o que acontecia no Brasil. Assim, todos os envolvidos na luta armada eram terroristas. Até mesmo um dos maiores líderes da esquerda armada, Carlos Marighella, chegou a escrever que a acusação de "terrorista" já não tinha o "sentido pejorativo que se lhe dava antes".[4] Mas a maioria dos que se engajaram naquela luta rejeita esta palavra. Antonio Expedito Carvalho Perera teria mais dificuldades para não aceitar o rótulo.

A revelação da existência de um brasileiro que se enquadrava na definição de terrorista consagrada pela mídia internacional era, para mim, uma grande novidade. Renderia uma bela reportagem, sem dúvida. A matéria sobre o filme — que também teve a participação do repórter William Waack, que gravou a entrevista com Piola e sua família no interior da Itália — foi concluída naquele fim de semana. Mas, antes mesmo de terminá-la, começava a pensar em uma outra: a história do "Chacal brasileiro". A boneca que estava dentro da outra era ainda mais valiosa.

---

[3] Carlos Alberto Brilhante Ustra, *Rompendo o silêncio*, pp. 182 a 193. Texto do livro disponível em http://www.livrorompendosilencio.hpg.ig.com.br/index.htm. O *Dossiê dos mortos e desaparecidos* do Comitê Brasileiro pela Anistia, seção do Rio Grande do Sul, lista, como vítimas da repressão, nomes de 192 mortos e de 134 pessoas desaparecidas. O grupo Tortura Nunca Mais estima em 400 o número de mortos e desaparecidos.

[4] Carlos Marighella, *Manual do guerrilheiro urbano e outros textos*, citado em Elio Gaspari, *A ditadura escancarada*, pp. 141 e 142.

Choro

Em quase sete anos de casamento, Nazareth jamais presenciara uma cena como aquela. Seu marido, Antonio, um bem-sucedido advogado e funcionário público de 33 anos, chora deitado sobre seu colo. Era a primeira vez que via aquele homem austero e tão seguro de si deixar-se vencer por algum tipo de contrariedade. Naquela manhã de outubro de 1964, na casa da rua Pirajá, no bairro de Ipanema, em Porto Alegre, Antonio, em lágrimas, parecia admitir que, pela primeira vez, fora derrotado. Como no samba-canção composto por Maysa, caíra o mundo daquele advogado especializado em direito comercial, congregado mariano, militante do Partido Democrata Cristão, o PDC.

A sentença que definia a queda estava ali, sete linhas em forma de decreto publicadas no canto inferior direito da página 6 da edição de 8 de outubro de 1964 do Diário Oficial do Rio Grande do Sul:[5]

> O governador do Estado do Rio Grande do Sul, no uso de suas atribuições e tendo em vista o que consta no processo GG/12.001/64, resolve demitir o Assessor Técnico do Tribunal de Contas, à disposição da Junta Comercial, bacharel Antonio Expedito Carvalho Perera, como incurso em sanção prevista no artigo 7º, § 1º, do Ato Institucional, de 9.4.1964, regulamentado pelo Decreto nº 53.897, de 27.4.1964, e de acordo com a Resolução nº 140 da Comissão Estadual de Investigação.
>
> Palácio Piratini, em Porto Alegre, 8 de outubro de 1964.
>
> Ildo Meneghetti
> Governador do Estado

---
[5]Diário Oficial do Rio Grande do Sul, 8-10-1964.

Naquele momento, Perera via-se acuado, sem alternativas. Em abril de 1964 jogara uma cartada decisiva, um jogo quase que marcado, de vencedor praticamente definido — ele. Em um só lance conseguiria vingar-se de ex-companheiros e alcançar uma posição ainda superior àquela que, em tão pouco tempo, conseguira chegar. Não haveria como errar. Mas ele subestimara seus adversários, confiara demais em sua capacidade de definir o resultado de uma disputa. Errara na dose. Em prantos, agarrado à mulher, ele a ouvia dizer o que já sabia:

— Você errou, Antonio. Você não podia ter feito o que fez.

O decreto que demitiu Antonio Expedito Carvalho Perera era mais um das centenas assinados pelo governador, a partir de abril de 1964, com base no Ato Institucional baixado pelo governo militar que tomara o poder a partir da deposição do presidente João Goulart. Durante meses, os cidadãos gaúchos — em um processo que se repetia no nível federal e nas outras unidades da federação — acostumaram-se a ver publicados no Diário Oficial os nomes dos indesejados pela nova ordem. Uma lista ampla, nela cabiam comunistas e simpatizantes de outros partidos de esquerda, corruptos ou suspeitos de atos de improbidade administrativa e até simples adversários de quem acabara de assumir o poder. Independentemente do instrumento encontrado para definir a punição — demissões, aposentadorias compulsórias —, vulgarizou-se a utilização do verbo *cassar*, que de início definia a retirada de mandatos obtidos pela via eleitoral. Cinco páginas e meia da edição em que foi anunciada a demissão de Perera foram ocupadas pela publicação de medidas semelhantes. Alguns decretos justificavam as demissões ou aposentadorias compulsórias pelo fato de o funcionário "ter tentado contra o regime democrático".

O ímpeto moralizante do novo governo definiu os *cassados* em dois subconjuntos, formados por "subversivos" e por "corruptos". O bacharel Antonio Expedito Carvalho Perera, funcionário público concursado, ficaria entre estes últimos. Sua *cassação* se dera ao fim de uma investigação sumária destinada a apurar irregularidade supostamente cometida no exercício da função de assessor jurídico da Junta Comercial. Ele fora acusado de ter falsificado a cópia de uma ata da assembléia dos cotistas da empresa Lojas Video Ltda. ocorrida no dia 8 de março de 1963. A cópia da ata arquivada na Junta

Comercial era diferente da que fora publicada no Diário Oficial. Perera, além de cotista da empresa, era seu procurador e atuou como secretário da tal assembléia.

O escândalo da suposta falsificação da ata foi tema de debates na Câmara Municipal, chegou às páginas de jornais como o *Correio do Povo*.[6] O governo gaúcho determinou a investigação do caso. Em 30 de setembro de 1964, Perera encaminhou sua defesa à Comissão Estadual de Investigação, CEI: 31 páginas com sua argumentação e mais 136 com o que chamou de "provas documentais", um histórico de sua atuação como funcionário público e como líder político, cópias de artigos publicados em jornais gaúchos e de documentos das Lojas Video Ltda.[7] Argumentou ser vítima de perseguição de origem política e afirmou que a suposta falsificação não passara de um equívoco burocrático: faltava uma página na cópia da ata enviada para a Junta. Mas, seis dias depois, a CEI divulgaria sua Resolução nº 140: Perera foi considerado culpado e sua demissão, sugerida ao governador do Estado.[8]

A derrota e a humilhação seriam determinantes para traçar os caminhos que, a partir dali, iria percorrer. Antonio faria da tragédia um ponto de partida para aventuras que o levariam a situações inimagináveis. Sua trajetória iria marcar e surpreender aqueles com quem convivera em Porto Alegre. De um jeito ou de outro, aos tropeços, ele construiria uma história original, feita de sucessivas negações e afirmações, em que o passo anterior em nada indicaria o seguinte. Em todos os momentos, conservaria marcas essenciais de sua personalidade: a capacidade de sedução, a vaidade, a busca por um lugar de destaque.

Sua ascensão por um caminho conservador tinha sido travada por um erro de cálculo, avaliara mal o seu cacife, suas cartas eram muito inferiores ao blefe que anunciara. Nas rodadas seguintes, que se estenderiam por mais de três décadas, ele mostraria que aprendera uma parte da lição. Cometeria novos erros, mas não voltaria a perder todas as fichas. O jogo tinha que continuar. Atacar pela direita ou pela esquerda era apenas uma decisão tática, um detalhe em direção ao objetivo maior, a vitória. Ele se revelaria um jogador incansável e, como se passaria a dizer anos depois, polivalente.

---

[6]*Correio do Povo*, 21 e 22/5/1964.
[7]Processo arquivado no Arquivo Público do Rio Grande do Sul
[8]Processo arquivado no Arquivo Público do Rio Grande do Sul

Pistas

De Cardoso, Guarany e Carvalho recebi também a indicação de um livro que mencionava Expedito: Até o fim do mundo — a caçada a Carlos, o Chacal, o terrorista mais procurado do mundo, *do inglês David Yallop, publicado em 1993 no Brasil e que traria informações sobre a carreira do advogado na Europa. Pedi um exemplar do livro à editora e fui ao Arquivo Público do Rio de Janeiro conferir as eventuais referências a Expedito nos documentos ali recolhidos. O Arquivo então funcionava em um casarão antigo e mal conservado na rua do Riachuelo, no centro velho da cidade. Era a sua segunda sede provisória — ainda haveria uma outra, na praia de Botafogo, antes que o governo autorizasse sua transferência para o prédio do antigo Dops (Departamento de Ordem Política e Social), base da repressão política desde as primeiras décadas do século 20. Até o fim do primeiro semestre de 2003, o acervo ainda permanecia, em condições precárias, no prédio de Botafogo.*

Para viabilizar a utilização do chamado Acervo Dops, a direção do Arquivo optara por manter os critérios adotados pela polícia. O acesso aos documentos — as "entradas", no jargão dos pesquisadores — era feito com base no sistema de catalogação criado pelos policiais. Não apenas os critérios eram os mesmos: as fichas, agora consultadas por pesquisadores, eram as que tantas vezes haviam sido manuseadas pelos burocratas da repressão. Todas continuavam acondicionadas nos mesmos arquivos de aço.

As fichas funcionavam como bússolas para as pastas onde estavam os documentos. Pastas numeradas, batizadas com nomes bem claros: "comunismo", "terrorismo", "subversão". As pastas propriamente ditas eram embrulhos de papel pardo amarrados com barbante. Nelas ficavam armazenadas histórias, traições, acusações, confidências. Manusear aqueles documentos dava a sensação de tocar a própria história, talvez pela quase certeza de que a última pessoa a mexer ali tenha sido um agente a serviço de uma das ditaduras brasileiras que marcaram o século passado.

No acervo, papéis de uma série de órgãos de informações, inclusive militares. Durante muitos anos da história brasileira, particularmente no período iniciado em 1964, as polícias estaduais eram utilizadas como forças auxiliares e operacionais do regime. Assim, suas delegacias e departamentos especializados no controle da ordem política e social, como o Dops, eram constantemente abastecidos com documentos produzidos por outras fontes da chamada "comunidade de informações" — o SNI (Serviço Nacional de Informações, órgão da Presidência da República) e os centros de informações de cada uma das forças armadas. Este intercâmbio de informações, que contava com a colaboração de órgãos internacionais ou de agentes no exterior, permitiu que ali fossem encontrados alguns documentos sobre Expedito vindos de diversas fontes.

O conteúdo das pastas confirmava as primeiras informações: elas continham não apenas relatos das ligações de Expedito com a VPR, mas também fotos e a cópia de um relatório apócrifo e confidencial sobre atividades do Exército Vermelho Japonês, JRA, sigla em inglês para Japan Red Army.[9] Neste relatório datilografado, intitulado "Livro de identificação dos terroristas japoneses", surge, entre nomes orientais, o de um brasileiro: "Antônio Expedito Pereira Carvalho", ali apresentado como um fornecedor de armas para a organização terrorista. As supostas ligações de Expedito com o JRA indicavam que o brasileiro, no exílio, tinha-se dedicado a algo mais excitante que pilotar trens de metrô ou fazer pós-graduação em sociologia. Mais: o documento mostrava que os passos do advogado gaúcho continuaram a ser acompanhados pelos serviços de informação.

No livro de Yallop, o brasileiro Antonio Expedito Carvalho Pereira — "Pereira", com "i" — é citado nominalmente em oito páginas.[10] É apresentado como um homem de importância fundamental para grupos que atuavam na

---

[9]Arquivo Público do Rio de Janeiro. Em 2002, um levantamento produzido pela Abin, Agência Brasileira de Informações, revelaria que o relatório fora produzido pelo SNI, Serviço Nacional de Informações.
[10]David Yallop, *Até o fim do mundo — a caçada a Carlos, o Chacal, o terrorista mais procurado do mundo.*

Europa nos anos 70. Chega a ser classificado pelo autor como um "bilhete premiado". Estão ali relatadas suas ligações com o JRA e com o Comando Boudia, ligado a "Carlos". O nome deste grupo era uma referência a Mohammed Boudia, o árabe que seria assassinado em junho de 1973, em Paris. O livro diz também que Expedito, na vida legal, atuava como gerente de uma galeria de arte na capital francesa — uma foto do brasileiro é acompanhada de um pequeno texto: "Marchand em meio expediente, terrorista em tempo integral." Yallop conta que o brasileiro forneceu armas para uma das mais espetaculares ações de "Carlos" — a invasão e o seqüestro, por militantes do JRA, de diplomatas na embaixada francesa em Haia, na Holanda. Japoneses, armas, "Carlos": tudo indicava que o caminho estava correto, as informações convergiam e se completavam.

O escritor inglês chegou a publicar, em um dos apêndices do livro, um perfil de Expedito. Um texto de três páginas que traz algumas informações importantes, ainda que permeadas de uma visão estereotipada e romântica do que seria um advogado latino-americano comprometido com os direitos humanos em uma ditadura militar. Expedito era apresentado como um idealista, pelo menos enquanto atuava no Brasil. Um homem que, por defender os direitos de seus clientes, fora preso e torturado. O personagem, como se verá adiante, é muito mais rico, sua trajetória contradiz qualquer rótulo.

Para Yallop, sua atividade nos tribunais "o colocava na categoria dos 'intelectuais perigosos'":

> Como advogado que também defendia estudantes, trabalhadores simpatizantes da esquerda e, em certa ocasião, o líder guerrilheiro Carlos Lamarca, era apenas uma questão de tempo para que o regime viesse buscá-lo. Vieram em 3 de março de 1969.[11]

O escritor registra as torturas sofridas por Expedito, por seus irmãos e por sua mulher — Nazareth; diz também que a filha do advogado, Teresa Cristina, então com dez anos, foi igualmente presa e torturada, sob os olhos do pai. O livro conta o banimento de Expedito, sua passagem pelo Chile e Argélia, o

---
[11] David Yallop, obra citada, p. 589.

exílio em Paris. As últimas frases do perfil citam que o advogado envolveu-se com terroristas árabes e com "uma brasileira rica". Yallop afirma que o brasileiro conheceu "Carlos" em 1973.

Os documentos do Dops e o livro representavam apenas o ponto de partida para uma matéria. Não poderia construir uma reportagem de TV apenas com papéis incompletos e com informações de segunda mão, meio antigas — a obra tinha sido publicada cinco anos antes no Brasil. Outro problema: Yallop não detalha algumas de suas fontes de informação. Chega a citar entidades internacionais que não são nomeadas, uma "fonte do serviço secreto francês" e "indivíduos que foram íntimos de Pereira". Era preciso localizar amigos, parentes de Expedito. Talvez o próprio, quem sabe? Não havia qualquer indicação sobre seu paradeiro. Segundo Yallop, ele desaparecera "nas névoas de Milão".

Eu não tinha, naquele momento, nenhuma pista aparente que pudesse seguir. Pior: nessa época, ainda em 1998, eu cometera um dos pecados mortais de um repórter — o de comunicar à chefia, no caso à direção do programa, que eu tinha uma ótima matéria. A partir desse momento, em que se oferece o que não se tem, cria-se uma expectativa em torno de algo inexistente. A história do "Chacal brasileiro" tinha sido por mim comentada na redação — e a cada vez que eu voltava a citar o tema, a relatar meus tímidos progressos, percebia um certo ceticismo. Eu mesmo, por muitas vezes, chegara à conclusão de que jamais conseguiria avançar na pauta.

Com algumas informações, parti para um recurso óbvio e muitas vezes desprezado: a lista telefônica. Fui em busca de parentes do advogado nas listas de São Paulo, Itaqui — cidade do oeste gaúcho onde Expedito nascera — e Porto Alegre. Tinha alguns nomes, todos retirados do texto de Yallop. Nazareth ("Nazaré", no livro) não é um nome tão comum. Procuraria também pelos outros Pereira, seus irmãos. A pesquisa deu em nada, mesmo porque, até então, eu procurava integrantes da grande família Pereira. Não descobrira — isso só viria a ocorrer quase um ano depois — que a família era outra, bem menor, mais facilmente localizável em listas telefônicas: Perera, sem o "i". Até então eu estava perdido, sem ter para onde correr em busca do "Chacal brasileiro". Outro agravante: por mais que a direção do programa tivesse se entusiasmado com a reportagem, não dava para, simplesmente, parar minhas outras matérias em troca de uma história que se mostrava incerta.

Diante da falta de uma perspectiva mais concreta, adotei uma prática simples: passei a perguntar por Expedito a qualquer ex-exilado que entrevistava. A maioria dizia que nunca tinha ouvido falar no sujeito. Alguns prometiam apurar e ligar de volta — ninguém telefonou. No início do segundo semestre de 1999, mais de um ano depois de saber da existência de Expedito, estive no apartamento de um outro ex-integrante do grupo dos 70. Para não fugir ao hábito, perguntei sobre o misterioso companheiro do vôo Rio—Santiago. Para minha surpresa, ele tinha uma pista. Ficara sabendo que a família do advogado tentara obter do governo brasileiro uma das indenizações concedidas a desaparecidos políticos, em geral pessoas assassinadas sob tortura e cujos corpos jamais viriam a ser encontrados. Algumas dessas vítimas tiveram seus corpos queimados em fogueiras alimentadas por pneus, como relata no livro Xambioá — guerrilha no Araguaia *o coronel da reserva Pedro Corrêa Cabral (anos depois, a prática de eliminação de corpos e provas em fogueiras seria adotada por traficantes de drogas cariocas).*[12]

Expedito não era um desses desaparecidos, seu nome não consta das listas divulgadas por entidades como o grupo Tortura Nunca Mais. Fora torturado, mas escapara com vida. Até prova em contrário, optara por desaparecer, não tinha sido assassinado. Recorri então à comissão — descobri que o processo de Expedito fora indeferido, não havia evidência de que ele desaparecera por ação de agentes da ditadura. E a família dele? Onde poderia encontrar alguém? Fui salvo por uma das mais intrigantes tradições brasileiras, a da falta de respeito a leis e regulamentos. Pelas normas da comissão, eu não poderia ter acesso aos dados relativos a parentes do ex-preso político. Na prática, isso foi possível graças a um funcionário que eu não conhecia e com quem nunca mais viria a ter contato. Um brasileiro cordial, sensibilizado pelo velho argumento do "quebra esse galho pra mim, por favor". O galho foi quebrado com a cessão de um número de telefone em Pirenópolis, Goiás, a meio caminho entre Brasília e Goiânia, cidade natal de Nazareth Antonia Oliveira, ex-mulher de Antonio Expedito Carvalho Perera. O número era da casa de parentes. Nazareth vivia em Nova York, onde, enfim, conseguiria localizá-la, por telefone.

---

[12]Pedro Corrêa Cabral, *Xambioá — guerrilha no Araguaia*, pp. 248-249.

Por Nazareth, chegaria a Teresa Cristina, filha única do casal, uma bailarina e coreógrafa que tivera o fim da infância e toda a juventude marcados pela prisão e posterior desaparecimento do pai. Durante muitos anos ela tentara encontrá-lo: não conseguiu, mas acumulara informações que me seriam valiosas. A partir de 1991 ela tentara conseguir na Justiça uma declaração de ausência do pai, o que equivaleria a uma presunção de sua morte. Isto daria a Cristina o direito à herança deixada por ele, uma casa em Porto Alegre. Possibilitaria conseguir, ainda que apenas no aspecto legal, um fim para aquela busca que tanto a angustiava. A partir daí, das conversas com Nazareth e Cristina, a apuração começaria a andar. Os sinuosos caminhos da vida de Perera — até então imaginava que ele tivesse vivido apenas uma — poderiam, enfim, começar a ser percorridos.

O contato com Cristina me renderia também a descoberta de que pedaços da história de Perera tinham sido publicados no Brasil, em jornais e na revista IstoÉ. As reportagens tinham como ganchos — jargão jornalístico que define fatos que geram interesse por assuntos correlatos — a prisão de "Carlos", em agosto de 1994, e uma decisão da Justiça gaúcha favorável a Cristina. Em 1996, esta decisão seria revista pelo Superior Tribunal de Justiça, STJ. Quase todas as reportagens faziam referência ao livro de Yallop. As do Correio Braziliense, de autoria do repórter Otto Sarkis, baseavam-se em documentos dos serviços de informação brasileiros. Publicadas nos dias 17 e 20 de agosto de 1994, indicavam que o brasileiro era o responsável pelas finanças de "Carlos". O Correio informava que Perera estaria vivendo na Itália, com o nome falso de "Paulo Parra".[13]

A edição 1.299 da IstoÉ, de 24 de agosto de 1994, informava, na reportagem "O Chacal brasileiro", que o repórter Marco Brando localizara "Paolo Parra" — "Paolo", com "o" — em Milão, mas que este negara ser Perera, apesar da semelhança entre ambos. A reportagem trazia também depoimentos de ex-guerrilheiros que conviveram com o advogado.[14] A IstoÉ voltaria ao assunto em maio de 1996, em uma reportagem que enfatizava o processo movido por Cristina e o sumiço de Perera, apontado como o homem que "teria denunciado Carlos".[15]

---

[13]*Correio Braziliense*, 17 e 20/8/1994, reportagens de Otto Sarkis.
[14]*IstoÉ*, nº 1.299, 24/8/1994, reportagem de Jayme Brener e Marco Brando.
[15]*IstoÉ*, nº 1.389, 15/5/1996, reportagem de André Jockyman.

Em abril de 1996, o Jornal do Brasil *publicaria que Perera "teria sido ligado" a "Carlos". A reportagem mencionava histórias que Perera protagonizara em Porto Alegre e relacionava alguns nomes de amigos e desafetos. Esta lista de nomes viria a ser muito útil entre 2002 e 2003, na apuração deste livro.*[16] *Cristina também guardara uma edição da revista francesa* Le Point, *número 198, de 21 de junho de 1976, que publicou uma reportagem sobre "Carlos". A revista citava um homem identificado inicialmente como "Achme" para, em seguida, dizer que seu verdadeiro nome era "Perera Carvalho", um fornecedor de armas que jamais tinha sido preso.*[17]

Ao contrário do que eu imaginava, a história de Perera não era inédita na imprensa brasileira. Muitas questões, porém, continuavam obscuras, as versões publicadas se chocavam — aqui Perera era ideólogo de "Carlos"; ali, responsável por suas finanças; mais adiante, seu fornecedor de armas e, mesmo, seu delator. Quem seria este Parra, "Paulo" ou "Paolo": médico? psicólogo? Como provar que Perera e Parra eram a mesma pessoa? Afinal, onde é que ele vivia? — se é que não estava morto. Ficou claro que a apuração deveria prosseguir. As reportagens deveriam ser encaradas como fontes de informação. Delas eu poderia retirar novos nomes e fatos, teria outras pessoas a procurar. Seria fundamental checar se a tal ligação de Perera com o terrorista venezuelano existira ou se não se passara de uma lenda inventada pelos serviços de informação e divulgada, boca a boca, por ex-exilados brasileiros. Não poderia haver dúvidas sobre a ligação entre eles, seria preciso encontrar uma prova ou um depoimento definitivo. Isto justificaria uma nova reportagem.

---

[16]*Jornal do Brasil*, 30/4/1996, reportagem de José Mitchell.
[17]*Le Point*, nº 198, 21/06/1976.

Olhos verdes

Filho do delegado de polícia Firmino Fernandes Perera e de Neusa Carvalho Perera, Antonio Expedito foi registrado como tendo nascido no dia 4 de janeiro de 1931 na casa de seus pais, em Itaqui. Seu nascimento só viria a ser formalizado mais de dois anos depois, no dia 5 de junho de 1933 — o registro consta da folha 171 do livro A-21, do Registro Civil de Itaqui, sob o número de ordem 1.122. Ele era o mais velho de um total de seis filhos que Firmino e Neusa viriam a ter — os outros cinco são João, José Firmino, Francisco Tiago, Maria das Graças e Catarina.

A vida nômade de um delegado de polícia, que com freqüência era transferido de uma cidade para outra, poderia comprometer a educação dos filhos. Para que isto não ocorresse, Antonio vai para Porto Alegre, onde viveria com a avó, Conceição Passos de Carvalho. Em 1938, é matriculado no Colégio Anchieta, da ordem dos jesuítas, um dos mais tradicionais da cidade. Com a morte de dona Conceição, Antonio passa a morar com uma tia, América, a "tia Meca". Anos depois, voltaria a morar com os pais, na capital gaúcha.

A formação religiosa do Anchieta se transformaria em uma referência permanente na vida de Perera. De acordo com o currículo que incluiu em sua defesa encaminhada à CEI, ele estudou no colégio dos jesuítas por nove anos — quatro anos no primário; dois dos quatro anos do ginasial e os três anos do curso clássico, que corresponde ao atual ensino médio. Entre seus amigos da época de colégio estava Luiz Osvaldo Leite, dois anos mais novo do que ele. Hoje professor do Instituto de Filosofia da Universidade Federal do Rio Grande do Sul, Leite tinha na fé e na vocação religiosa os principais pontos de identificação com Perera, com quem conviveria na escola e nas temporadas de verão na Casa da Juventude, mantida pelo Anchieta em Caxias do Sul, na serra gaúcha.

— Ele era extremamente católico, eu conheci o Perera sabendo que ele iria ser padre jesuíta — diz o amigo.

Os dois seriam também companheiros na Liga dos Kostkas, uma entidade criada no Anchieta para reunir alunos que demonstrassem vocação religiosa e que poderiam vir a engrossar as fileiras da Companhia de Jesus. Ao contrário do amigo, Leite viria a se tornar um sacerdote. Em janeiro de 2003, na condição de ex-padre — "padre casado" na curiosa denominação adotada pela Igreja Católica —, ele seria um dos velhos amigos que ajudariam a reconstituir a história de Perera.

O depoimento é respaldado com fotos da juventude. Nelas, Perera aparece ora elegante, de *blazer* escuro e cigarro na mão esquerda, à frente de um grupo de amigos em algum salão de Porto Alegre; ora no campo, pilchado — vestido com roupas tradicionais gaúchas. Ao lado de Leite está a psicóloga Izar Aparecida de Moraes Xausa, viúva de Leônidas Xausa, um ex-companheiro de lutas políticas de Perera. Ela, que preferiu ir ao apartamento do velho amigo para dar entrevista, destaca um outro aspecto do jovem Perera: a vaidade, ponto que seria abordado por outras pessoas que o conheceram na época.

— Perguntei onde ele cortava os cabelos, quem os cortava tão bem. Ele me respondeu que no Toucha, que era um cabeleireiro feminino. Um dia, ele apareceu com uma gravata verde. Eu disse: "Que linda!" Ele respondeu: "É para combinar com os meus olhos" — relembra a psicóloga, que não esconde um discreto sorriso ao falar do comentário daquele jovem. Um rapaz que Leite define como "um tipo impávido, altaneiro, orgulhoso, cheio de si, com muita facilidade verbal". Um homem que falava bem, que sabia argumentar.

Era a época em que os alunos do Anchieta freqüentavam festas como as promovidas no salão de bailes da União São José, que ficava atrás da igreja dedicada ao santo, no centro da cidade. Lá Perera desfilava seus ternos bem cortados e seus cabelos — longos para os padrões da época. E, claro, exibia seus olhos verdes.

— Ele chegava para as mulheres, tirava os óculos *ray-ban* e dizia: "Veja que olhos bonitos eu tenho" — lembra o advogado Félix Back, que também mora em Porto Alegre.

A aparência de um jovem vaidoso escondia uma alma angustiada, perplexa diante das contradições entre o mundo dos homens e o de Deus. Um fascínio que encontra identificação na vida de dois santos católicos, os místicos santa Teresa d'Ávila e são João da Cruz. O catolicismo de Perera era grandioso, exagerado, sofrido, radical.

— Havia época em que ele levava vida de eremita, ficava meditando sobre esses santos. Certa vez, chegou a raspar completamente a cabeça, isto para confirmar sua devoção a santa Teresa d'Ávila. E esse era um gesto muito significativo, porque as mulheres adoravam a cabeleira dele — ressalta Leite.

No terceiro ano do clássico, época em que deveria confirmar sua decisão de ingressar no seminário, Perera comunica que não iria para o noviciado da Companhia de Jesus. Diz inicialmente que não se sentia maduro para tamanha decisão. Depois, comentaria com Leite que buscava uma ordem mais severa que a dos jesuítas; mais contemplativa, com menos vínculos terrenos. Chegou a citar a dos carmelitas como exemplo de ideal de prática religiosa.

A eventual opção pelo sacerdócio traria como conseqüência a adoção da castidade — algo impensável para quem conhecesse o Perera adulto, um conquistador que chegaria a seduzir a própria advogada.

— Evidentemente que nós sabíamos que para ser padre um dos votos fundamentais era o da castidade. A formação religiosa daquela época, principalmente a formação moral, era muito calcada na castidade. Então é claro que havia toda uma preparação, um tipo de formação de que os jovens de hoje até ririam, mas era uma formação na base do medo, do temor, dos perigos de uma vida desregrada — diz Leite.

— O Perera tinha medo do inferno?

— Certamente. E não consta que na juventude, estou falando do tempo de colégio porque não o acompanhei na universidade, o Perera tivesse uma vida devassa do ponto de vista sexual. Para mim o Perera era um rapaz que observava as normas, ele era um congregado mariano, observava o sexto mandamento, que era o mandamento em relação à sexualidade.

Mas não existia apenas o medo do inferno. Naqueles tempos de sexo restrito, em que as aventuras dos jovens eram praticamente limitadas a experiências com prostitutas, a castidade era vista como garantia de tranqüilidade não apenas na vida futura, no Céu, mas também por aqui, na Terra.

— Um dos grandes argumentos para a observância da castidade eram as doenças venéreas. Não havia a aids, mas existia a gonorréia. Tu pegas os livros da época, eles listavam as conseqüências de andar com prostitutas — lembra o amigo.

Pelo menos uma prostituta teria papel importante na vida do jovem Perera. Uma meretriz ficcional, presente no título de uma peça de Jean-Paul Sartre. Em 1951, a companhia da atriz gaúcha Maria Della Costa correu o Rio Grande do Sul com a peça *A prostituta respeitosa*, ou, na pudica versão da época, *A p... respeitosa*. As reticências não seriam suficientes para aplacar o incômodo causado pela presença, entre a família gaúcha, de uma peça que certamente divulgaria preceitos contrários à tradição católica. A temporada, conta Della Costa, que vive em Paraty, no Rio de Janeiro, foi tumultuada.

— Tivemos problemas em todo o Rio Grande. Em Pelotas, um tanque de guerra teve que ser colocado diante do teatro para garantir a exibição da peça.

Em Porto Alegre, as apresentações foram marcadas para o tradicional — tinha sido inaugurado em junho de 1858 — teatro São Pedro, no centro da cidade. Na noite da estréia, entre 15 e 20 jovens, a maioria estudantes da Pontifícia Universidade Católica, entram no teatro e esperam a abertura das cortinas. Felix Back afirma que o grupo fora arregimentado por um padre jesuíta.

— Ele convidou todos os católicos para irem lá fazer uma manifestação contra a Maria Della Costa — diz o advogado. Back estava entre os jovens. — Eu fui porque queria conhecer o São Pedro — justifica.

Ao abrir das cortinas, cápsulas de um gás malcheiroso são quebradas na platéia por vários dos rapazes, entre eles, o futuro advogado da Vanguarda Popular Revolucionária (VPR), Antonio Expedito Carvalho Perera. Há correria entre o público, a peça não é apresentada naquela noite.

— O Sandro Pollonio, marido da Maria Della Costa, foi ao proscênio e disse que Porto Alegre era uma cidade provinciana, tacanha, atrasada — conta Leite. — Ele prometeu que sempre que viesse aqui faria questão de montar a peça.

O curso clássico fora concluído em 1948, quando Perera tinha 17 anos. No ano seguinte, ele entrou no curso de direito da então recém-fundada Universidade Católica do Rio Grande do Sul, que, dois anos depois, receberia do Vaticano o título de Pontifícia: Perera foi um dos que atenderam aos apelos dos padres que estimulavam os jovens católicos a prestigiar a universidade comprometida com os ensinamentos da Igreja Católica. A opção pela vida laica não o afastou de vez da intenção do sacerdócio. Leite, que chegou a ser visitado pelo amigo no seminário, diz que alguns padres comentavam que o filho do dr. Firmino ingressaria na vida religiosa assim que concluísse a faculdade. Ao mesmo tempo, Perera demonstrava ter adquirido outro tipo de preocupação, que marca a dubiedade que apresentaria ao longo de toda a sua vida.

— Ele sempre dizia que o sonho dele era casar com uma mulher bonita e muito rica — afirma Leite.

Naqueles anos do pós-guerra e de início da guerra fria entre União Soviética e Estados Unidos, ser católico representava ser um anticomunista. A identificação era imediata, não se poderia imaginar uma tentativa de conciliação entre as duas visões de mundo. Um bom católico deveria investir-se da condição de defensor da causa da liberdade, da democracia — ou seja, não poderia tolerar o comunismo. Perera era um bom católico. Na faculdade, ele aproxima-se da Juventude Universitária Católica (JUC) e de colegas como Félix Back e Leônidas Xausa. Um grupo que, nas palavras de Back, "sempre lutou contra a esquerda". Esta luta materializa-se com sua filiação ao Partido Democrata Cristão, o PDC, afinado com a chamada doutrina social da Igreja Católica.

No documento apresentado à comissão de investigação, Perera diz ter sido um dos co-fundadores do partido, secretário do diretório regional e secretário geral do diretório de Porto Alegre. Em 1951, dois anos antes de concluir a faculdade, presta concurso para o Tribunal de Contas do Estado e é admitido no serviço público. Em 1954, candidata-se a deputado estadual pelo PDC. A religião é o seu grande cabo eleitoral.

— Ele era muito católico, ultrafanático. Alguém me disse que votaria nele porque ele era muito católico — lembra Izar Xausa.

A ata das eleições arquivada no Tribunal Regional Eleitoral registra que a fé não foi suficiente para remover os obstáculos que o separavam de uma cadeira de deputado. Ele recebeu 1.322 votos, foi o quarto mais votado do partido, que não elegeu sequer representante na Assembléia Legislativa.[18]

Apesar de sua identificação com o PDC, Perera chegou a pedir sua dissolução "face à orientação que tomava o partido neste Estado" — naquele momento afloravam divergências quanto às posições que o partido deveria tomar. Discordâncias relacionadas aos matizes ideológicos da agremiação. Perera, como ele próprio registraria, estava entre os que defendiam uma postura mais conservadora: "(...) o signatário foi publicamente atacado por 'tomar posição doutrinária de direita radical' em contraste com a 'abertura para a esquerda', 'linha que o Partido adotava internacionalmente'."[19]

O curso de direito viria a ser concluído em 1953. Izar Xausa conta que Tina, mãe do seu então noivo, Leônidas, tinha uma sala no edifício Célia, na rua dos Andradas, no centro de Porto Alegre. A sala é cedida para Perera, para o também advogado Alexandre Grutzinski e para Leônidas — este, embora ainda não estivesse formado, trabalharia no escritório. Perera acumula o exercício da advocacia com o exercício de cargos público. Em 1956, colocado à disposição do governo do estado por dois anos, o funcionário matriculado sob o número 10.237.372 passa a exercer a função de chefe de gabinete do secretário de Educação, Liberato Salzano Vieira da Cunha. Neste mesmo ano, Antonio Expedito Perera — como assinava na época — lança a Ação Democrática no Estado, outra entidade destinada a arrancar das mentes a possibilidade de contaminação pelas exóticas e ameaçadoras idéias marxistas.

Já formado e eleito vereador em Porto Alegre, Xausa afasta-se do escritório. Perera convida Félix Back, também companheiro no PDC, para trabalhar com ele. De acordo com Back, isto ocorreu por volta de 1955. Apesar de o escritório ser mais dedicado ao direito civil, Perera não recusava causas criminais. As despesas eram partilhadas entre os sócios — três, ao todo. De um modo geral, cada um cuidava de seus próprios clientes, o que evita-

---

[18] Tribunal Regional Eleitoral do Rio Grande do Sul.
[19] Defesa de Perera apresentada à CEI, Arquivo Público do Rio Grande do Sul.

va problemas na hora da divisão dos honorários. Mesmo assim, Back observa:

— Ele [Perera] gostava de dinheiro. Disso, ele sempre gostou.

No início de 1957, Perera é procurado pelo secretário de Educação, que a ele confia uma missão especial: representar o Rio Grande do Sul no Instituto Superior de Estudos Brasileiros, o Iseb, instituição de forte influência de esquerda sediada no Rio de Janeiro. Mas o que um democrata-cristão como Perera faria no Iseb? Em 1964, depois do golpe, ao defender-se da acusação de corrupção, ele próprio responderia. Fora cursar o Iseb, em período integral, "a fim de apresentar relatório circunstanciado e sigiloso pelas denúncias que, na época, se faziam de infiltração comunista".[20] Inflado pelos ventos vitoriosos do golpe de 1964 e com medo de ser condenado no processo sobre a falsificação da ata, declarou que fora indicado para fazer o curso no Iseb com a finalidade de espionar as atividades daquele grupo de intelectuais.

---
[20]Defesa de Perera apresentada à CEI, Arquivo Público do Rio Grande do Sul.

Déa e Tônio

Ao ligar para Nova York, no segundo semestre de 1999, previ um obstáculo: Como será que Nazareth receberia aquele repórter desconhecido que telefonaria para sua casa a fim de tratar de um passado doloroso? Sempre achei estranha a prática usual de um jornalista ligar para um desconhecido, apresentar-se com algumas poucas palavras e, em seguida, sacar perguntas sobre escândalos financeiros ou sexuais, pedir declarações sobre a queda do dólar, questionar afirmações sobre a influência da alta da bolsa da Tailândia no mercado de capitais brasileiro. Nunca deixei de achar curioso que, na maioria das vezes, o sujeito procurado aceitasse falar.

Os temores se revelaram exagerados. Nazareth, apesar de desconfiada com aquele passado que lhe chegava via ligação internacional, foi solícita. Confirmou em linhas gerais a história do seu ex-marido — ela pedira o desquite depois que perdera contato com ele — e me indicou a leitura de seu livro. Ela escrevera sobre o caso. O livro chama-se Pesadelos vividos...*, fora lançado em 1990 com o selo da editora Thesaurus. Para obter um exemplar, tive que telefonar para uma amiga de Nazareth, que morava no Rio de Janeiro. É um livro de 284 páginas, que conta a história de Nazareth, desde a infância no interior de Goiás até as agruras relacionadas com a atividade política do marido e com o seu banimento do Brasil.*

Ao longo das páginas, Nazareth relata a história de "Déa", uma mulher que se vê envolvida no processo guerrilheiro dos anos 60 e 70. Mais: descobre que alguns dos mais procurados homens do país — Carlos Lamarca, o sargento Darcy Rodrigues e o ex-sargento Onofre Pinto — estiveram escondidos em seu apartamento em São Paulo, levados por seu marido, "Tônio". O livro e as sucessivas entrevistas com Nazareth trariam novas e importantes revelações sobre a história e o caráter de Perera.

O romance de "Déa" e "Tônio" começa com um encontro no hotel Regina, no bairro do Flamengo, zona sul do Rio, onde ambos estavam hospedados no Carnaval de 1957. O apartamento em que ela vivia com os irmãos estava em obras e seu noivo, "Milo", decidiu que seria melhor ela ficar no hotel por alguns dias. Ele, como era norma nos anos 50, não ficava hospedado com ela. Ia à noite pegá-la para que juntos fossem a bailes e, na madrugada, a deixava na portaria. O café-da-manhã de "Déa" era tomado tarde, no horário limite estipulado pela gerência. Na primeira manhã, o restaurante quase vazio, ela notou que ali também estava aquele mesmo jovem bonito, de olhos verdes, que vira na véspera, na portaria do hotel. Aquele que dirigira o olhar para suas pernas.

Na manhã seguinte, voltaram a se encontrar no café: ele pediu licença para sentar-se com ela, "Déa" não fez objeção. Começaram a conversar, o rapaz falou no curso do Iseb, ela prestou atenção nos seus olhos e na sua maneira de falar. Gostou de seu sotaque gaúcho, da correção de seu português, que contrastava com o linguajar — "cheio de gírias" — dos cariocas. Ao fim do café, ele a convidou para passear na praia do Flamengo.

Durante o passeio, ela contou que vivia no Rio havia sete anos, que dava aulas de educação física, que fazia dança moderna, tocava piano e era atleta do Fluminense. À noite, foi com o noivo a outro baile de Carnaval. Na manhã seguinte, um novo encontro com "Tônio" na hora do café e um outro passeio pela praia: desta vez, não se limitaram a conversar. Diante do mar, ele a beijou, um beijo que seria repetido, pouco depois, no quarto de "Tônio".

O noivado com "Milo" foi encerrado, Nazareth e Antonio casaram-se no dia 19 de dezembro de 1957 na igreja da Santíssima Trindade, na rua Senador Vergueiro, nas proximidades do hotel.

Pouco antes, Perera terminara o curso no Iseb. Sua tese de conclusão é intitulada "Ser — idéia e humanismo", que, segundo suas próprias palavras "refuta a ideologia do instituto". No mesmo documento em que declarou ter ido cursar o Iseb para investigar a tal "infiltração comunista", Perera relatou um incidente ocorrido na defesa de seu trabalho. Um dos integrantes da banca, Guerreiro Ramos, abandonou o local do exame, "ofendido pela posição tomista" do examinando — a referência de santo Tomás de Aquino acompanharia o advogado por todas as suas vidas.

Perera citaria outro ataque sofrido no Iseb: revelou que outro integrante da banca, Roland Corbisier, classificou o examinando de "produto acabado de um sistema filosófico perdido no tempo e na eternidade". O terceiro examinador, Álvaro Vieira Pinto, ressaltou a cultura e a seriedade do autor do trabalho, mas lamentou que ambas não tenham sido suficientes para romper "a muralha de um realismo cristalizado". Apesar das críticas e do incidente com Guerreiro Ramos, Perera disse ter obtido a primeira colocação no curso.

Anos depois, em 1964, acusado de corrupção, ele mencionaria sua acidentada trajetória no Iseb para mostrar que, como anticomunista, não merecia ser punido pelos militares recém-chegados ao poder. Chega a afirmar que se recusou a comparecer à solenidade de conclusão do curso em protesto pela escolha do marechal Henrique Teixeira Lott para paraninfo da turma.[21] Ministro da Guerra que, em 1955, garantira a posse do presidente Juscelino Kubitschek, Lott, em abril de 1964, na reserva, declarou em uma nota ser "completamente antidemocrático e contrário aos interesses nacionais procurar depor um presidente da República mediante uma insurreição".[22]

O contato com o pensamento de esquerda no Iseb não abalou as convicções de Perera. Pelo menos é o que ele garantiria, anos depois — possivelmente em 1962 —, em uma entrevista ao repórter religioso Irmão Flávio, publicada no jornal católico *Voz de Assis*.

> — Gostaríamos agora saber se se filiou também à conhecida orientação marxista professada pelas principais figuras do referido Instituto?
> — Aos menos avisados poderá parecer que alguém tenha necessidade de seguir qualquer orientação intelectual ministrada por homens de excepcional inteligência e talento como, no caso, os ilustres professo-

---

[21]Defesa de Perera apresentada à CEI, Arquivo Público do Rio Grande do Sul.
[22]*Dicionário histórico-biográfico brasileiro*, Pós 1930. http://www.cpdoc.fgv.br/nav_jk/htm/biografias/Henrique_Teixeira_Lott.asp

res do Iseb. Todavia, uma sólida formação e a estrutura particular de um temperamento foram uma barreira psicológica intransponível. E ao mais das vezes, reage-se inversamente ao desafio do ambiente, na linguagem de A. J. Toynbee. Nossa posição, assim, foi totalmente contrária ao intento do Instituto. Nossa tese de conclusão foi uma réplica ao Instituto. Mostramos que há verdades eternas e imutáveis, independentes da fluidez do momento que corre, longe do regato de Demócrito.[23]

A firmeza ideológica de Perera parecia, então, inabalável. Nada faria mudar suas convicções — os ensinamentos do Colégio Anchieta, as lições de santo Tomás de Aquino haviam se transformado na pedra sobre a qual se erigia a personalidade daquele jovem pensador e advogado.

Do Rio para o interior gaúcho. Após o casamento, Nazareth e Perera foram para Passo Fundo, onde passara a viver a família do delegado Firmino Perera. O primeiro contato com os parentes do marido representou uma prévia das dificuldades que seriam a marca do relacionamento entre Nazareth e a família Perera. Ela diz que sua sogra abraçou seu marido e disse: "Coitado do meu filho, se casou!"[24]

De volta a Porto Alegre, Perera recebe uma promoção: a portaria número 36, de 21 de janeiro de 1958, o autoriza a permanecer à disposição do governo do estado. Ele é designado para trabalhar na Junta Comercial e, em agosto do mesmo ano, é nomeado substituto legal do diretor-secretário da Junta. Perera começa a roçar o poder. Em seu livro, Nazareth derrama-se em elogios à inteligência do marido, exercitada nas atividades do PDC.

Todas as semanas havia reuniões do partido, e ele era doutrinador e líder da juventude. Era um idealista! Eu o acompanhava em tudo: convenções, conferências, reuniões de cúpula etc. Tinha apenas 27 anos e

---
[23] Defesa de Perera apresentada à CEI, Arquivo Público do Rio Grande do Sul.
[24] Nazareth de Oliveira, *Pesadelos vividos...*, p. 131.

era respeitado por sua capacidade intelectual, vivacidade e fluência oratória.[25]

A radicalização da luta política daqueles anos era ainda mais forte no Rio Grande do Sul, estado marcado por uma tradição de antagonismos e de polarizações: o Gre-Nal — a disputa entre Grêmio e Internacional, os dois principais times locais — parecia ter começado antes mesmo da invenção do futebol. Em uma escalação metafórica, o Perera da época envergaria o preto, branco e azul gremistas, cores que, nos gramados, representavam a elite gaúcha. Isto, em oposição aos adeptos da camisa vermelha, inspirada na Internacional Socialista, do Sport Club Internacional. O advogado avança pela ponta-direita e, apesar da derrota sofrida em 1954, não desiste de conquistar cargos pela via eleitoral. Izar Xausa lembra um incidente que precedeu à escolha do candidato do PDC às eleições para a prefeitura de Porto Alegre. O novo prefeito assumiria em 1960 e seria o sucessor do petebista Leonel Brizola:

— Ele foi ao nosso apartamento para uma conversa com o Leônidas. Lembro que a conversa foi na cozinha. Em determinado momento, meu marido vira-se para ele e diz: "Já sei quem devemos lançar para a prefeitura." O Perera perguntou quem seria o escolhido, e o Leônidas respondeu: "O Loureiro da Silva", que tinha sido prefeito da cidade. O Perera olhou para o Leônidas, bateu na mesa e disse: "Eu pensei que tu fosses dizer o meu nome." A Teresa, uma moça que trabalhava lá em casa, levou um susto, olhou para ele assustada.

Apesar da irritação de Perera, a decisão de Xausa se revelaria correta: Loureiro da Silva acabou eleito. A vitória não seria suficiente para aplacar a frustração de Perera — dali a poucos anos, ele tentaria vingar-se de Xausa.

Os documentos mantidos nos acervos das polícias políticas seguem uma lógica rígida: neles são freqüentes as remissões a outros órgãos e papéis. O Estado de inspiração policial fazia questão de não perder o fio que levava aos seus suspeitos. Há casos de cidadãos que tiveram suas vidas acompanhadas por mais de cinqüenta anos. Este percurso pode ser reconstituído com

---
[25]Nazareth de Oliveira, obra citada, p. 132.

relativa facilidade, pois as fichas costumam trazer indicações sobre documentos anteriores produzidos sobre aquela pessoa. O mesmo cuidado não contaminou outras esferas da administração pública — o Estado, cioso no vigiar e punir, revela-se menos eficiente ao tratar de informações mais banais, relacionadas ao cotidiano de seus funcionários. Documentos sobre Perera estão dispersos em diferentes arquivos e mesmo em pastas isoladas de uma mesma instituição.

A boa vontade dos funcionários do Arquivo Público do Rio Grande do Sul permitiu que fossem encontrados alguns expedientes e ofícios relacionados à investigação do caso da ata das Lojas Video. Mas faltava o principal, um documento que reunisse acusação, defesa e conclusão. Parecia não haver pontes entre as estantes que guardavam aqueles papéis. Esta ligação só viria a ser feita a partir da localização do decreto de demissão de Perera publicado no Diário Oficial. Uma procura feita página a página — um dos adversários do advogado me informara que o decreto fora publicado em outubro de 1964, um dos últimos a serem assinados pelo governador Ildo Meneghetti com base no primeiro ato institucional do regime militar.

O decreto trazia o número do processo — GG/12.001/64 — e o da resolução da CEI. A partir destes dados, os pesquisadores do Arquivo Público localizaram os documentos da comissão de investigação. Além de permitirem a análise detalhada de todo o procedimento administrativo, os papéis guardavam uma preciosidade: a defesa apresentada por Perera. Nela, o acusado, além de tentar provar sua inocência, fazia um balanço de sua vida, de sua atuação como funcionário público e como líder político. Naquele momento da história brasileira era importante deixar claro seu passado de rusgas com comunistas e assemelhados. O advogado não poderia imaginar as mudanças que ocorreriam no mundo e na sua própria vida. Acabou deixando um depoimento fundamental, em que confessava sua participação em episódios que constrangeriam o Perera de anos depois. O documento tinha o peso de uma entrevista exclusiva, daquelas em que o personagem decide fazer um balanço de sua vida. No caso, de sua primeira vida.

Religião, pedras e chicotes

A presença do bispo conservador Vicente Scherer à frente da Arquidiocese de Porto Alegre estimulava, em terras gaúchas, o jogo da guerra fria, uma partida que então parecia estar sendo disputada em todos os estádios do mundo. O bispo liderou, em 29 de março de 1958, a divulgação de um memorial ao presidente da República. Também assinado pelos outros oito bispos que atuavam no estado, o memorial é um protesto contra a suposta intenção do professor Anísio Teixeira, então diretor do Instituto Nacional de Estudos Pedagógicos (Inep), de implantar um sistema exclusivo de educação pública no país, com o conseqüente fechamento das escolas particulares.

Para Scherer e os demais bispos, por trás da defesa da escola pública, o que havia era a intenção de se preparar uma "Revolução social, através da escola". E acrescentam:

> (...) a tradição cristã do povo brasileiro frontalmente repele e repudia os mesmos fundamentos do socialismo como doutrina. "Socialismo religioso, socialismo cristão — disse admiravelmente Pio 11 — são termos contraditórios: ninguém pode ser, ao mesmo tempo, bom católico e verdadeiro socialista" (Quadragesimo Anno, 46).[26]

---

[26]*Memorial dos bispos gaúchos ao Presidente da República sobre a Escola Pública Única*. Vozes. Petrópolis, v. 52, maio 1958. p. 362-364. Citado em Biblioteca Virtual Anísio Teixeira, www.prossiga.br/anisioteixeira.

Políticos identificados com a esquerda também rezavam o catecismo anticomunista. Como Leonel Brizola, do PTB, candidato vitorioso ao governo gaúcho em 1958.

> Leonel Brizola repudiou nossos votos, como mandava o figurino mais reacionário daquele tempo. (...) Vencedor, recebeu várias manifestações de felicitação e regozijo pela sua vitória. Entre tais manifestações, estava o telegrama da direção do PCB, que o novo governador devolveu solenemente.[27]

Em janeiro de 1959, o triunfo da Revolução Cubana acirra ainda mais os ânimos das torcidas a favor e contra o socialismo. No início dos anos 60, o secretário geral do PCB, Luiz Carlos Prestes, recém-saído da clandestinidade, retoma algumas atividades políticas e participa de comícios no Rio Grande do Sul, estado onde nascera. O jornalista Flávio Tavares, na época editor de política da edição gaúcha do jornal *Última Hora*, lembra que os problemas começaram em um comício em Caxias do Sul. Ele diz que a confusão foi organizada por grupos católicos, especialmente por um padre que chegou a ser fotografado com um punhal em uma das mãos. A foto acabou não sendo publicada: *Última Hora* era impresso na gráfica de um jornal católico, o *Jornal do Dia*. Os responsáveis pela gráfica tinham o poder de vetar o que considerassem ofensivo à Igreja Católica.

Na varanda de sua casa em Armação dos Búzios, no litoral fluminense, Tavares relembra as cenas que marcaram uma outra agressão de católicos a comunistas. O novo incidente ocorreu em Porto Alegre, em 1961, dois dias depois do comício de Caxias. O ato foi marcado para o interior do cinema América, em Ponta de Areia, zona norte da cidade. Tavares foi cobrir o evento e acabou testemunhando uma nova rodada de agressões.

— Eu fiquei do lado de fora, junto com a Brigada Militar. Me lembro direitinho quando eles, uma gurizada, começaram a apedrejar.

Também foi escalado para cobrir o comício o repórter Estevam Romano, da rádio Difusora. Em setembro de 2001 ele falou sobre o episódio em de-

---

[27] João Batista Aveline, Depoimento em *Legalidade 25 anos — a resistência popular que levou Jango ao poder*, p. 101.

poimento na Faculdade de Comunicação Social da PUC do Rio Grande do Sul. Ele acompanhou a chegada do líder comunista ao cinema.

> Os irmãos maristas do Colégio São João, que fica perto desse cinema, pediram para os alunos fazer anarquia, anarquizar o comício do partido comunista (...). Quando vai chegando o Luiz Carlos Prestes com a comitiva houve uma saraivada de pedra, inclusive uma me bateu nas costas, e muitas pessoas realmente ficaram feridas (...).[28]

Tavares conta que o cinema era coberto por telhas de zinco. O barulho das pedras no telhado impedia que os oradores fossem ouvidos. A Brigada Militar reagiu e perseguiu os agressores, de 20 a 30 jovens.

— Para sair do cinema, o Prestes teve que entrar numa caminhonete da polícia. Eu me lembro que tivemos uma briga no jornal naquela noite. Havia muitos comunistas na redação, eles reclamaram porque escrevi que, pela primeira vez na vida, o Prestes saía de um lugar protegido por um carro da polícia.

O jornalista — que anos depois se envolveria com a luta armada, seria preso e torturado — não viu. Mas entre aqueles jovens que desafiavam a polícia e o frio da noite de Porto Alegre estava um velho conhecido seu, ex-colega de PUC, Antonio Expedito Carvalho Perera. Ao saber, 42 anos depois, da presença de Perera no ato, ele manifesta surpresa. Apesar das diferenças ideológicas — Tavares, na época, era do Partido Socialista Brasileiro, o PSB —, a convivência entre eles era pacífica. Chegava a existir o que o jornalista classifica de "amizade de corredor".

— Eu era um sujeito muito aberto, além do mais todo mundo sabia que eu não era do Partido Comunista — ressalta.

Perera não contou para o amigo de corredor o que, com orgulho, revelaria três anos depois à CEI. Ele relata o episódio na terceira pessoa e diz que foi o líder do apedrejamento.

> Em 1961, quando da visita de Luiz Carlos Prestes a esta capital, dirige o comício do cinema América, no IAPI, atacando frontalmente a reu-

---

[28]Depoimento de Estevam Romano, projeto Resgate das Vozes do Rádio, Famecos/PUC-RS. Disponível em www.pucrs.br/famecos/vozesrad/.

nião que se realizava, no interior da aludida casa de diversão, com a presença daquele líder extremista.[29]

O advogado, que na época também dava aulas de sociologia na PUC e na Faculdade de Ciências Econômicas de Caxias do Sul, afirmou que sua participação no episódio não seria perdoada por seus adversários.

Principalmente, a partir daí, tornou-se um homem marcado por muitos seguidores da ideologia marxista. Não obstante, continuou em cursos, palestras e aulas a defesa da democracia cristã.[30]

— Um padre jesuíta, que me contou da participação do Perera na história do comício, ficou empolgado com ele: "Aquele rapaz, que rapaz de brio, que fibra" — recorda Luiz Osvaldo Leite.

Nem mesmo o tal rapaz de brio poderia imaginar que, anos depois, seria anfitrião de Prestes na Itália.

Ainda em 1961, no dia 25 de agosto, o presidente Jânio Quadros resolve dar sua contribuição à instabilidade política brasileira e renuncia ao cargo que assumira sete meses antes. Ele fora eleito pela União Democrática Nacional (UDN), partido identificado com o liberalismo, liberal até mesmo para, aqui e ali, admitir o flerte com posições golpistas. O vice de Jânio, o gaúcho João Goulart, o "Jango", fora eleito pelo PTB, Partido Trabalhista Brasileiro, herdeiro do trabalhismo: uma não muito clara tradição ideológica iniciada por uma ditadura de inspiração fascista — o Estado Novo de Getúlio Vargas, que durou de 1937 a 1945 — e que ia, aos poucos, migrando para o campo de uma esquerda nacionalista. A falta de clareza não impedia setores militares de identificar Goulart com a esquerda, com o socialismo, com o comunismo, enfim. Ele chegara à vice-presidência graças a uma característica da legislação, que então permitia que fossem eleitos presidente e vice de chapas diferentes. O vice era, desde a eleição, um opositor do presidente.

---

[29]Defesa de Perera apresentada à CEI, Arquivo Público do Rio Grande do Sul.
[30]Idem.

A renúncia surpreende Goulart em uma viagem oficial à China. No Brasil, os ministros militares tentam antecipar o golpe que acabaria ocorrendo três anos depois e anunciam que não permitiriam a ascensão do vice à Presidência. Já governador do Rio Grande do Sul, Brizola, genro de Goulart, organiza a resistência ao golpe anunciado e comanda, do palácio Piratini, sede do governo gaúcho, a Campanha da Legalidade, uma mobilização civil e militar que conta inicialmente com o apoio da Brigada Militar, mas que teria também a adesão do então Terceiro Exército, sediado no estado.

Para os gaúchos, havia, além da defesa da Constituição, uma outra causa em jogo: sentiam-se mais uma vez ameaçados pela prepotência do eixo do poder nacional. Em 1954, Vargas encontrara no suicídio a saída contra a atuação do que classificou de aves de rapina, ávidas pelo sangue do povo brasileiro. Aves semelhantes se coordenavam e agiam contra outro gaúcho: não se tratava de um Gre-Nal, mas de outro jogo, mais antigo: República Piratini contra Resto do Brasil. Até mesmo dom Vicente Scherer e Perera aderem à Campanha da Legalidade.[31] O movimento, vitorioso, é parcialmente frustrado com a decisão de Goulart de aceitar uma proposta conciliadora: ele assumiria a Presidência, mas sob um regime parlamentarista, aprovado às pressas pelo Congresso na sessão do dia 31 de agosto.

O apoio à campanha liderada por Brizola repercute na entrevista à *Voz de Assis*. Afinal, Perera estava com os ensinamentos da Igreja ou se afinava com as idéias do radical genro de Goulart? De que lado estava? Irmão Flávio, o desconfiado repórter, que então não poderia imaginar o grau de profecia embutido em suas dúvidas, quer saber:

> — Consta que o senhor na época da "Legalidade" fundou um comitê de resistência, como então, explica seu "A Pedido" no *Jornal do Dia*, apoiando a denúncia do Sr. Arcebispo acerca da infiltração comunista nos referidos comitês?
>
> — Temos a honra de haver tomado a mesma atitude inicial do Sr. Arcebispo. Foi ele ao palácio e se solidarizou publicamente com o governador. Fizemos o que deveríamos ter feito. Fundamos um comitê. Mas cabe aqui uma lembrança triste. Vimos que os chamados líde-

---

[31]Sobre a adesão do bispo, ver depoimento do deputado Cunha Vieira durante comemoração dos 40 anos da Campanha da Legalidade, em 28/8/1961. Página do PDT na internet, www.pdt.org.br.

res católicos se ausentaram e se omitiram da luta. Permitiram que as paixões pessoais, os recalques e derrotas sofridas afogassem o grito de solidariedade ao governador. O verdadeiro democrata deve culturalmente saber perder. Eles abandonaram seu governador. Deixaram-no só, e então, o espaço vazio de sua omissão foi ocupado pela dinâmica invejável dos opositores do próprio regime, os comunistas.[32]

Em 1957, Perera aceita o convite de um ex-colega do Centro de Formação de Oficiais da Reserva — CPOR, Eduardo Viana Pinto, e passa a trabalhar em seu escritório, no edifício Amazonas, número 159 da rua Andrade Neves. A amizade se fortalecera quando Viana Pinto preparava-se para ingressar na faculdade de direito: Perera então lhe dera aulas de latim. Formados, passam a dividir o mesmo espaço, ainda que com clientes e honorários separados. O ex-sócio de Perera guarda recordações que parecem brigar entre si. Logo no início da convivência, Perera demonstrou sua solidariedade. Viana Pinto lhe confidenciara que iria à Caixa Econômica empenhar seu anel de formatura para conseguir quitar prestações atrasadas do escritório.

— Ele então tirou o próprio anel de formatura do dedo. Um anel ainda maior que o meu, cheio de brilhantes, e disse que o empenhasse também. Foi um gesto bonito, que não esqueço.

Anos depois, Perera revelaria que seu espírito solidário tinha limites. Ele cuidava dos interesses de um grande cliente, a Companhia Carlos Termignone de Couros e Derivados. O trabalho em torno da companhia cresceu e Viana Pinto acabou se envolvendo na causa. Isto implicaria, porém, divisão de honorários, e Perera — que, como observara de forma irônica Félix Back, "gostava de dinheiro" — tomou uma atitude que magoaria o sócio.

— Ele preferiu acabar com a sociedade para ficar sozinho com o cliente. Me senti traído, apunhalado — conta Viana Pinto, que, no início de 2003, presidia a Associação dos Juristas Católicos.

Em 1962 Perera está envolvido em diversas atividades, profissionais e políticas. Advogado, assessor da Junta Comercial, professor universitário. A advocacia é exercida ao lado de Jerônimo Ribeiro, em um escritório no edi-

---

[32]Defesa de Perera apresentada à CEI, Arquivo Público do Rio Grande do Sul.

fício Condor que logo passaria a abrigar mais um colega: Ely Souto dos Santos, que antes convidara Perera para dar aulas na PUC. A gentileza era retribuída com o convite para participar do escritório. Santos, que tinha escritório próprio, aceitou ir trabalhar com os colegas.

— Eu o achava muito vaidoso, mas ele me deu provas de confiança. Eu não iria entrar com dinheiro, por que não aceitar? — diz Santos, em janeiro de 2003, em um restaurante em um shopping de Porto Alegre.

Mas não bastava expandir-se nos negócios, era preciso salvar o Brasil do comunismo. Perera aproxima-se do coronel do Exército Américo Leal, comandante da Companhia de Guarda e ex-chefe de polícia da Secretaria de Segurança, um homem que procurava transformar em atos suas preocupações com os rumos do país.

— Eu não tinha partido político nenhum, mas cheguei à conclusão de que o Brasil ia soçobrar. Então, eu e outros amigos formamos um curso, o Educando para a Democracia — conta Leal, que, em 2003, era vereador em Porto Alegre.

O curso era itinerante, a caravana percorria o interior do estado, promovendo palestras sobre os riscos da esquerdização do país. Perera, "um bom orador", lembra o coronel da reserva, era um dos principais palestrantes. Para ajudar na mobilização, Leal fundou um jornal, *O Guerrilheiro*, em que Perera viria a colaborar. Um guerrilheiro que nada tinha a ver com os barbudos cubanos.

— O jornal era um guerrilheiro contra aquela turma ignorante da esquerda — explica o porquê do título.

Perera não dispensava as trincheiras dos jornais para as suas guerrilhas, profissionais e políticas. O cargo na Junta Comercial o transforma em fonte de reportagens sobre questões relacionadas ao comércio. Em 1961 e, principalmente, ao longo de 1962, colabora com diversos artigos para publicações gaúchas. Escreve no *Jornal do Comércio* sobre direito comercial; na *Voz de Assis* aborda aspectos éticos e morais da religião e, no *Jornal do Dia*, trata de política e sociedade. Aos poucos, transforma-se em uma pessoa conhecida e respeitada no estado. Seus comentários sobre a defesa dos chamados valores cristãos e contra o comunismo são enfáticos. Ele fez questão de reunir os recortes em seu documento de defesa no caso das atas:

Não cabe lembrar o que seja comunismo. Será (...) nossa memória tão fraca que já esqueceu o massacre da Hungria e não registra o muro da Alemanha Oriental? *Jornal do Dia,* 27/10/1961.

As forças destruidoras da democracia estão corrompendo ciclopicamente o país. (...) De um momento para o outro, o país afundará no caos preestabelecido por uma minoria organizada. *Jornal do Dia,* 14/2/62

Enojou-nos falarem em apoio completo do povo cubano ao déspota traidor dos ideais de Sierra Maestra. *Jornal do Dia,* 8/2/1962 (comentário sobre declarações de dois jovens gaúchos que haviam retornado de Cuba).

Como procedeu aqui o homem? Uma única palavra: deificou-se. Assumiu o ápice da imensa pirâmide. E o seu limite tornou-se unicamente o limite da pirâmide. (...) o Comunismo, vivência, realidade monstruosa, irracional e inumana daquela negativa, portadora de uma carga de destruição. *Voz de Assis,* 1962.

O equilíbrio social repousa na existência e na harmonia das classes, obedecendo uma hierarquia natural de valores. *Jornal do Dia,* 1/3/1962.

O comunismo não admite diálogos. Só entende as palavras da miséria e o revide da violência. É pena que só agora se tenham compreendido estas verdades.
 Kennedy aceitou o desafio da história. Incontestavelmente, assumiu a liderança na defesa dos reais valores da humanidade. Kennedy tornou-se o porta-voz do direito de legítima defesa.
 (...) O comunismo não admite diálogos. O mesmo comportamento que ora assume o Comandante deve ser imitado por todas as Nações em sua luta de libertação, embora tardia. Vamos sacudir dos cantos de nossa frouxidão e de nossa indiferença a pústula da traição. Varramos do solo pátrio, de uma vez por todas, a imundice pestilenta desse materialismo escravizante e hipócrita. Não mais palmadas, não mais termos suasórios, mas a chibata, o látego, o azorrague. Lim-

pemos nossa terra do fedor da intriga e do descaramento, do engodo e do disfarce.

O comunismo não admite diálogos. Felizmente, surgiu um cirurgião neste momento. As cataplasmas e os analgésicos estão ultrapassados. A operação está em início. Apresentemos todo o instrumental ao nosso alcance para que o resultado venha breve.

(...) Unam-se os democratas. Enfilere-se a Cristandade. Entrincherem-se os homens de bem. Nós somos invencíveis.

(...) Estejamos vigilantes. Obedeçamos e prestigiemos as verdadeiras autoridades. Mas, com denodo, sem titubeios, deflagremos agora, neste instante, já, em o nosso Brasil, o sagrado combate de expurgo do Comunismo.[33] *Jornal do Dia*, 24/10/1962 (artigo escrito em meio à crise dos mísseis, quando o presidente dos Estados Unidos, John Kennedy, ameaçou invadir Cuba caso a União Soviética não retirasse os mísseis nucleares lá armazenados).

Menos de seis anos depois, em um quartel de São Paulo, Perera sentiria na carne a chibata, o látego e o azorrague dos que, como ele pregava em 1962, se utilizavam de todos os meios disponíveis para acabar com a ameaça comunista no Brasil — "imundice pestilenta desse materialismo escravizante e hipócrita". O apelo daquele advogado de 31 anos não fora em vão.

---
[33]Defesa de Perera. Arquivo Público do Rio Grande do Sul.

Golpes

Na vida doméstica, alegria com o nascimento, em 9 de novembro de 1958, de Teresa Cristina e problemas com a mulher. Nazareth é aprovada em um concurso de títulos e começa a dar aulas de educação física. Nessa época ela também estava envolvida com atividades artísticas: participava de grupos de teatro ao lado de jovens atores como Paulo José, Lilian Lemmertz, Paulo César Pereio e Nilda Maria, que ela reencontraria anos depois, em São Paulo.

— Eu me criei no palco. Desde menina eu escrevia peças e atuava na escola e no teatro de Pirenópolis — diz Nazareth.

No início dos anos 60, Nazareth passa em um teste e começa a trabalhar na TV, como atriz e apresentadora. Flávio Tavares lembra-se de tê-la encontrado, quase sempre com o marido, nos cafés e restaurantes da cidade. Cercado de artistas e jornalistas, Perera, ao contrário da mulher, parecia sentir-se pouco à vontade naqueles ambientes.

— A idéia que tenho é que o Expedito não falava, ele ficava totalmente dominado pela mulher e também se mantinha retraído, porque ali estavam os papas, os intelectuais de Porto Alegre. Eu era um dos mais humildes... — conta Tavares.

Perera não suportaria por muito tempo uma suposta posição de inferioridade em relação a Nazareth. Naquela casa, o predestinado ao brilho era ele, não a mulher.

— Ele começou a ficar com ciúmes, dizia que não era mais o dr. Perera, mas o "marido da Nazareth, o marido da Gina Lollobrigida" — lembra-se Nazareth da queixa e da comparação irônica com a atriz italiana.

Ela diz que, em 1963, chegou a receber quatro propostas para trabalhos em TV. Foi quando ouviu do marido a queixa: "Eu não tenho mais mulher."

— Ele me disse: "Meu bem, tu tens que escolher entre a carreira e o casamento." — Nazareth optou por ficar com o marido.

Deste período, a memória de Nazareth guarda detalhes sobre referências intelectuais e artísticas do marido. Algumas, no futuro, se revelariam proféticas, como a admiração nutrida por Joseph Fouché, um ex-seminarista, personagem da Revolução Francesa, célebre por sua capacidade de mudar de posição de acordo com as conveniências de cada período. Um moderado que, sintonizado com anseios das ruas de Paris, surpreende os antigos aliados e passa a formar ao lado dos radicais. Nomeado para reprimir uma revolta no sul da França, age com tamanha violência que passa a ser conhecido como o "carniceiro de Lyon". Um homem que, segundo Stefan Zweig, conseguia "esquecer de forma assustadoramente rápida o seu passado". "Bastam-lhe vinte e quatro horas, às vezes uma hora apenas, um minuto, para arremessar longe a bandeira de sua convicção e desfraldar outra ruidosamente."[34]

Nazareth lembra também do prazer com que Perera assistiu ao filme *O grande impostor* (*The Great Impostor*), dirigido por Robert Mulligan, estrelado por Tony Curtis e que foi lançado em 1961. O filme conta a história real de Ferdinand W. Demara Jr., um precursor de Frank Abagnale Jr., retratado em 2002 no filme *Prenda-me se for capaz* (*Catch Me If You Can*), de Steven Spielberg. Nos anos 50, Demara Jr. enganou a muitos passando-se por monge, cirurgião da Marinha canadense, professor e guarda de uma prisão. Um homem que conseguia ser muitos, capaz de interpretar com perfeição cada papel que adotava.

— Ele adorou este filme — diz Nazareth.

Mas Perera, naquela época, ainda não adquirira a sutileza necessária para um aspirante a Fouché ou mesmo para protagonizar um papel como o interpretado por Tony Curtis. A ansiedade em obter conquistas o leva a gestos bruscos, impetuosos, ao tudo ou nada. Em uma destas ocasiões, vislumbra uma oportunidade de conseguir uma cadeira de deputado federal. Uma chance também de superar a frustração por não ter sido escolhido para disputar a

---

[34]Stefan Zweig, *Joseph Fouché, retrato de um homem político*.

prefeitura de Porto Alegre. Em 1962, durante uma convenção do PDC, Leônidas Xausa, que seria candidato à Câmara dos Deputados, sente-se mal e é levado para pronto-socorro. Izar conta que o diagnóstico foi muito ruim:

— O médico chegou para mim e disse que ele sofrera um enfarte brutal e que não sabia se ele ia sobreviver.

Transferido para o hospital da Beneficência Portuguesa, Xausa, então secretário municipal, é obrigado a ficar internado por muitos dias. Ainda no hospital, ao lado do marido, Izar recebe um exemplar de um jornal de Porto Alegre. Nele, destacava-se um anúncio mandado publicar por Perera, uma nota. Mulher de gestos elegantes, de fala baixa, ela chega a alterar a voz quando se lembra do que leu.

— Ele [Perera] dizia que o Xausa tinha sofrido um enfarte terrível e que provavelmente não iria sobreviver. E pedia que os eleitores do meu marido votassem nele. Eu, que estava grávida, *fervi* quando li aquilo.

Dias depois da publicação da nota, Izar, acompanhada de sua mãe, vai à prefeitura pegar uma parte do salário do marido. Quando o carro em que estavam passa pela avenida Borges de Medeiros, ela vê Perera.

— Eu disse para o motorista parar o carro. O Perera me viu, abriu os braços e, sorrindo, me perguntou: "Como vai o nosso Leônidas?" Eu não agüentei aquilo e comecei a gritar, "seu sem-vergonha, seu vagabundo, você deveria ganhar um tapa por causa daquela nota" — relata. — Um brigadiano que viu a cena ficou assustado, virou-se para ele e perguntou se ele havia desrespeitado uma senhora grávida.

De volta ao hospital, Izar sofre uma ameaça de aborto e também é obrigada a ficar internada. A nota acabaria trazendo outros problemas para Perera. De acordo com Izar, o partido decidiu vetar sua candidatura à câmara. Para ela, o episódio revela um sintoma do jeito Perera de ser.

— Ele nunca foi meu cliente, mas não tenho dúvidas de que ele tinha dupla personalidade. — A psicóloga Izar seria a primeira, de uma série de entrevistados, a diagnosticar um traço particular deste homem que admirava Fouché e se encantara com as façanhas de um grande impostor.

Na vida profissional, outros problemas. Seus sócios no escritório davam sinais de insatisfação.

— Nós começamos a nos desentender por causa da divisão dos honorários — conta Jerônimo Ribeiro, um simpático senhor de cabelos e ternos brancos, que, em fevereiro de 2003, finalmente aceitou falar sobre Perera. Em outubro de 2002, localizado em sua casa, por telefone, ele se recusara a dar entrevista. Disse que prometera à mulher nunca mais falar sobre o ex-sócio: "Até hoje, ela tem medo dele", justificou, na ocasião.

No seu escritório da rua Andrade Neves, longe da vigilância da mulher, ele demonstra tranqüilidade e mesmo bom humor ao narrar episódios ocorridos há tanto tempo. As divergências em torno da divisão dos honorários fizeram Ribeiro propor a Perera que, a partir daquela época, ambos passassem a trabalhar separadamente, ainda que no mesmo escritório. Perera, conta Ribeiro, preferiu ficar sem o sócio e comprou sua parte na sociedade.

Depois foi a vez de outro sócio, Ely Souto dos Santos, deixar o escritório. Mais uma vez, divergências relacionadas com a divisão do dinheiro.

— Eu era o "pé-de-boi", quem tocava o escritório — afirma o advogado que, como Ribeiro, era filiado ao PTB. — O Expedito era um excelente relações-públicas. Nós nos completávamos.

Com o fim da sociedade, os clientes foram convidados a optar entre os advogados. Santos afirma que a maioria preferiu ficar com ele; sua capacidade de trabalho teria vencido a luta contra o poder de sedução e os belos olhos de Perera. Santos lamentou a separação — "poderíamos ter ficado ricos" —, mas não imaginou que o fato seria fonte de novos problemas no futuro. Como um amante orgulhoso, Perera não absorveu o fato de ter sido descartado. Como Fouché diante uma derrota, ele esperaria a oportunidade de reparar a desfeita.

A chance se apresentaria em 1964, com a deposição de João Goulart. O golpe se deu após um processo acelerado de radicalização da atividade política. De um lado, uma classe média assustada com os rumos esquerdizantes do governo, a Marcha da Família com Deus pela Liberdade e a campanha movida por organizações como o Ipes (Instituto de Pesquisas e Estudos Sociais) e Ibad (Instituto Brasileiro de Ação Democrática) e pelos jornais. O *Correio da Manhã* chegara a gritar em sua primeira página: "Basta!".[35] Do

---

[35]Para uma análise da atuação de grupos empresariais nas articulações golpistas ver René Dreifuss, *1964: a conquista do Estado — ação política, poder e golpe de classe*. Denise Assis em *Propaganda e cinema a serviço do golpe* analisa os filmes de propaganda do Instituto de Pesquisa e Estudos Sociais (Ipes).

outro lado do campo, revolta dos marinheiros, comício do presidente da República na Central do Brasil, a defesa de uma quebra institucional pela esquerda — a pregação de reformas que viriam "na marra ou na lei" e a possibilidade de se criar um artifício legal que permitisse a reeleição de "Jango".

As conspirações aumentam. Em 31 de março, uma ação desordenada de generais e coronéis dá início ao golpe que se mostraria vitorioso no dia 1º de abril.[36] O perigo do comunismo parecia ter sido afastado. Mas, para garantir que este risco não voltaria, era preciso eliminar todas as cabeças desta hidra. No dia 9 de abril, o novo governo publica um Ato Institucional, que não trazia número, era para ser único. Na mira do Ato, todos os que tivessem atentado contra os objetivos da nação, em particular, os subversivos e os corruptos. O país precisava ficar limpo de comunistas e de ladrões do dinheiro público. Assim como ocorrera na Campanha da Legalidade, Perera aposta no lado certo. Desta vez, apoiaria não mais a ascensão, mas a derrubada de Goulart.

> Veio a *revolução*, e ele entrou direto no movimento. Atuou em vários setores e estava feliz, porque tinham ganho a parada.[37]

Em uma entrevista em Pirenópolis, em março de 2003, Nazareth faria outras revelações sobre a participação de Perera no golpe. Disse que ele chegou a distribuir entre amigos as armas que então colecionava. Um gesto que marcaria sua adesão aos militares. Seu marido lhe confessara uma ação ainda mais ousada: pretendia assassinar Leonel Brizola, apontado como um dos responsáveis pela esquerdização do governo Goulart.

— Ele fez planos, disse que, com outros amigos, mataria Brizola quando ele chegasse ao Rio Grande do Sul — contou.

---

[36]Para uma descrição detalhada do golpe, ver Elio Gaspari, *A ditadura envergonhada*, pp. 45 a 125. As articulações da esquerda no período anterior ao golpe estão em Luís Mir, *A revolução impossível*, e em Jacob Gorender, *Combate nas trevas*.
[37]Nazareth de Oliveira, obra citada, p. 148.

Brizola não foi morto. Resgatado entre o fim de abril e o início de maio em uma praia gaúcha por Manoel Leães, que pilotava um avião de Goulart,[38] o ex-governador foi para o exílio uruguaio sem tomar conhecimento das ameaças de Perera. Lento no gatilho, o advogado demonstraria ser rápido na caneta. Logo nos primeiros dias de abril de 1964, procura o vereador e capitão licenciado do Exército Luiz Augusto Sommer de Azambuja, que também apoiara o golpe. Ao encontrá-lo, saca duas folhas de papel do bolso. Uma, voltada para o futuro, é uma lista de pessoas que queria ver nomeadas para cargos federais no estado. O primeiro nome da lista é o dele, Perera. Em seu escritório de advocacia, no centro de Porto Alegre, Sommer revela que Perera queria um cargo importante.

— Queria nada mais nada menos que a Secretaria do Tesouro, da Fazenda, cargo federal, Petrobras, não sei mais o quê. Tudo cargo-chave, ele e seu grupo iam dominar economicamente.

Jerônimo Ribeiro e Ely Souto dos Santos afirmam que Perera espalhava pela cidade que seria escolhido para dirigir a Caixa Econômica Federal no Rio Grande do Sul. Santos vai além. Diz que Perera comentava que era "informante do Exército" e que teria "muitos favores a distribuir".

A outra folha de papel entregue por Perera aponta para o passado. É uma outra lista com nomes — sete, segundo Sommer Azambuja; cinco, de acordo com Ribeiro e Santos. Esta relação tem como objetivo impedir que os homens nela citados conquistem qualquer favor dos militares; ao contrário, deveriam ser punidos. Sobre os nomes, a frase manuscrita: "São comunas." Perera acusa seus adversários de serem comunistas. Poucas acusações seriam mais graves naqueles tempos. Santos diz que, ao saber do episódio, chegou a se esgueirar pelas ruas, com medo de ser preso. Perera fora seu padrinho de casamento, em novembro de 1962.

— Dos sete eu conhecia três ou quatro, era tudo gente boa. Um era o Jerônimo [Ribeiro], que tinha sido sócio dele no escritório, o outro era o Ely [Souto dos Santos], que acho que também tinha trabalhado com ele e tinha um terceiro, Pinto, não me lembro do primeiro nome... — revela Sommer de Azambuja.

---

[38] Para detalhes da fuga de Brizola, ver Geneton Moraes Neto, *Dossiê Brasil,* pp. 230-233.

— Eduardo Pinto?

— Eduardo Pinto, dono de um posto de gasolina. Tinha um outro que foi procurador geral do estado, o Manuel André da Rocha.

Jerônimo Ribeiro diz que a lista incluía Leônidas Xausa e nega que Viana Pinto fizesse parte da relação. Segundo ele, o quinto nome seria o de um funcionário de uma companhia de seguros que, com o fim da sociedade entre Perera e Santos, optara por continuar cliente deste.

Apesar das discordâncias quanto ao número e nomes de denunciados, todos concordam em um ponto: Perera foi o autor da lista, a forma que encontrara para vingar-se dos que, de alguma forma, o prejudicaram anos antes. O advogado, porém, cometera uma imprudência. Desconhecia que o anticomunista Sommer de Azambuja era parente distante de Alaíde, mulher de Santos. A solidariedade familiar venceu a disputa ideológica — o oficial levou uma cópia do bilhete para o marido de Alaíde. Sommer de Azambuja afirma que entregou cópias da lista não apenas para Santos, mas para todos os denunciados. Nazareth diz que também viu o bilhete, acredita que a cópia lhe foi mostrada por Santos. Este, ao ver a lista e encontrar seu nome e os nomes dos colegas, reconhece a letra do ex-sócio e, ameaçado pela delação, toma uma atitude ousada. Partiria para o ataque.

— O Azambuja disse que não iria levar a denúncia adiante. Eu disse que não, ele deveria levar o bilhete às autoridades. Só que eu fazia questão de ir junto com ele.

O então major do Exército Léo Etchegoyen, chefe de polícia do Rio Grande do Sul, assistiria a uma cena inusitada. Dois supostos comunistas — Santos e Ribeiro — lhe pediam tempo para provar que o autor da denúncia não era digno de crédito, que seu passado desmerecia o conteúdo do bilhete.

— Ele diz que nós somos comunistas. Podemos provar que ele é corrupto — diz então Santos ao oficial.

A fraude

Santos e Ribeiro sabiam que, para salvar a pele, teriam que acabar com Perera. O primeiro estava ainda mais irritado. Quase quarenta anos depois, ele ainda se exalta.

— Eu falei para o Jerônimo [Ribeiro]: "Vou provar que ele é um patife. Se não provar, eu o mato." E botei o revólver na cintura, eu tinha boa mira, não errava tiro.

Não foi preciso usar o revólver. Santos tinha outras armas, com potencial de fogo quase tão arrasador. Ex-sócio de Perera, ele conhecia detalhes de suas atividades. Apontou em dois alvos, ambos tinham Perera no centro: a importação, supostamente irregular, de um automóvel Oldsmobile 1957 e a existência de diferentes versões da ata de uma assembléia de cotistas das Lojas Video.

O caso da ata viera à tona em agosto de 1963, quando o corretor Lourenço Hildo Ferreira ingressou na Justiça com uma ação contra as Lojas Video. Alegava que fora contratado para vender ações da empresa sem que seus acionistas tivessem aprovado o necessário aumento de capital. Ele dizia ter sido lesado, pois não tivera o que vender. Para sustentar a ação, ele contratou o advogado Eduardo Viana Pinto, um ex-sócio de Perera. Como prova a favor de seu cliente, Viana Pinto apresentou a ata da assembléia publicada no Diário Oficial de 11 de maio de 1963, que não fazia qualquer referência à autorização para a abertura do capital da empresa. Perera foi escalado para defender os interesses das Lojas Video — ele atuava como procurador da empresa, era um de seus acionistas e fora secretário da assembléia de 8 de março de 1963, fonte de toda a discussão. Uma viagem fez com que ele deixasse o caso nas mãos de seu então sócio Ely Souto dos Santos. Este ficaria íntimo de todo o processo, o que lhe seria muito útil no ano seguinte. A ação caminhava de forma lenta na Justiça, a defesa das Lojas Video sustentava que o aumento de capital fora aprovado, o corretor é que não cumprira com suas obrigações.

O episódio da apresentação da lista dos supostos comunistas, em 1964, transforma em aliados Viana Pinto e Santos, adversários no processo judicial. Eles eram companheiros na lista de Perera, ambos haviam sido denunciados como comunistas. Santos, que não mais trabalhava com Perera, sabia onde encontrar uma prova contra seu ex-sócio, afinal atuara no processo das Lojas Video. Vai ao diretor-secretário da Junta Comercial, Enio Gualdi, e pede acesso à versão da ata que lá estava arquivada. Depois de alguma hesitação — "ele me disse que o pessoal do arquivo era ligado ao Perera" —, recebe o documento. A diferença entre as atas era clara: a que estava ali arquivada tinha uma página a mais que a publicada no Diário Oficial. O documento encontrado na Junta registra o aumento de capital, era possível que tivesse sido fraudado com a finalidade de reforçar a versão apresentada por Perera em defesa das Lojas Video.

— Juntei o material e decidi, com o Jerônimo, pedir a abertura de um inquérito na Junta — conta Santos.

No dia 15 de maio, ocorre um crime: Gualdi, que, segundo Santos, comunicara a Perera a possibilidade de uma investigação na Junta, é atingido em seu gabinete por quatro tiros disparados pela sua ex-mulher, Ermínia Corrêa Guimarães. Chega a ser levado para o pronto-socorro por seu substituto imediato, Perera, mas morre dois dias depois. No dia 20 de maio, o caso das atas estoura na Câmara Municipal e vai parar nos jornais da cidade: Sommer de Azambuja afirma, no plenário, que Antonio Expedito Perera respondia a inquérito por falsificação de atas.[39] Perera passa a ser acusado pelo homem que ele procurara para denunciar seus adversários. No dia seguinte, o vereador recebe uma carta do secretário do Interior e Justiça, Mário Mondino. Nela, Mondino revela que a queixa contra Perera era datada de 14 de abril e partira de Eduardo Viana Pinto. Cinco dias depois, ele, Mondino, determinara a abertura de uma sindicância. Diz também que, no dia 20 de

---

[39]*Correio do Povo*, 21/5/1964.

maio, pela portaria número 120, "o sr. Antônio Expedito Perera foi suspenso de suas funções".[40] A conspiração começa a surtir efeito.

Documentos do acervo do Arquivo Público do Estado do Rio Grande do Sul revelam que o inquérito contra Perera demorou a ser instaurado na prática. Em 17 de agosto, o secretário de Interior e Justiça, Paulo Brossard de Souza Pinto, é informado de que um dos integrantes da comissão de inquérito, auditor Georges Mario Victor Lartigau, desistira de compor o grupo. Motivo: achava-se preterido por não ter sido escolhido para presidir os trabalhos. Expediente não assinado, escrito em papel timbrado da Secretaria do Interior e Justiça e endereçado ao governador reclama: "O inquérito não saiu." De acordo com o expediente, ninguém aceitou substituir Lartigau.

> Esquivanças de toda ordem, imotivadas alegações de quebra de hierarquia, vaidade hipertrofiada ou susceptibilidades que se eriçam sem qualquer motivo — tudo isso vem impedindo a realização de uma simples, comum e rotineira atividade administrativa: a apuração de uma irregularidade.[41]

O expediente — possivelmente do secretário Brossard — propõe que a sindicância seja encaminhada à Comissão Estadual de Investigações, constituída com base no Ato Institucional. A sugestão é aceita e, no dia 25 de setembro, Perera assina o recebimento da acusação. De acordo com o documento da comissão, Perera teria falsificado a ata com o objetivo de "fazer prova em juízo" em defesa da empresa da qual era sócio e advogado, as Lojas Video.[42]

Cinco dias depois, o advogado apresenta sua defesa. Das 31 páginas — fora os anexos —, quatro são usadas para expor seu currículo; uma, para explicitar suas posições políticas. Logo em seguida, ele passa a analisar seus supostos acusadores, três, segundo ele: Ely Souto dos Santos, Eduardo Viana Pinto e um não nomeado — este desempenhava, segundo ele, uma "função eletiva", era "egresso de um clube esquerdista e que, certamente, ainda chora o fracasso e a desilusão de seu antigo líder". Perera diz que Santos militara

---
[40]*Correio do Povo*, 22/5/1964.
[41]Arquivo Público do Rio Grande do Sul.
[42]Arquivo Público do Rio Grande do Sul.

no PTB e era "conhecido por sua posição ideológica". Acusa-o também de ter atuado a favor de uma paralisação dos bondes. E sugere que a comissão peça informações sobre Santos ao órgão da polícia que cuida da vigilância política.

> O que aqui se diz somente pode ser comprovado mediante certidão do Arquivo Geral da Dops, como órgão eficiente que é.[43]

O acusado também procura desqualificar Viana Pinto e afirma estar sendo vítima de um "plano de difamação". Insiste que o corretor Lourenço Ferreira é que deixara de cumprir suas obrigações com as Lojas Video e que a empresa decidira romper o contrato por via judicial — isto, antes de Ferreira dar entrada em sua ação. Ele admite as diferenças entre a ata publicada do Diário Oficial e a arquivada na Junta, mas atribui o fato a um erro burocrático. Insiste que a assembléia aprovara o tal aumento de capital e que não seria "infantil, inocente, estúpido ou louco para alterar um documento após sua publicação".

As explicações de Perera não são suficientes para convencer os três integrantes da comissão, entre eles, o major Léo Etchegoyen. No dia 6 de outubro de 1964, eles decidem propor a demissão do investigado, "por ter praticado ato de improbidade" previsto em artigo do Ato Institucional.

O advogado Justino Vasconcellos, que depois seria presidente da seccional gaúcha da Ordem dos Advogados do Brasil (OAB), afirma que Perera foi injustiçado. Diz que a origem do problema da ata foi um equívoco causado, segundo ele, por um erro de português, uma colocação errada de pronome, o que obrigou a direção da empresa a mandar refazer o documento. Teria havido então diversos enganos que culminaram com o envio de uma versão incompleta para publicação no Diário Oficial. Nazareth também sustenta que seu então marido foi inocente no caso das atas. Para ela, a condenação foi uma conseqüência da tentativa de incriminar seus ex-sócios.

— Eu falei que ele não deveria ter feito aquilo, que ele tinha errado. Ele deitou no meu braço e ficou quase a noite inteira contando tudo para mim. Pela primeira vez ele virou um homem humilde e teve coragem de se abrir para

---

[43]Defesa de Perera encaminhada à CEI. Arquivo Público do Rio Grande do Sul.

a mulher dele. Eu só falei: "Por que você não pensou antes de fazer isso? Você não sabia que a mulher do Ely era prima do Azambuja?" E ele chorava, chorava — recorda Nazareth. Tantos anos depois, ela ainda aparenta inconformismo com o erro de Perera e com a decisão que arruinou sua carreira no Rio Grande do Sul. Conta que um psiquiatra, amigo do casal, a aconselhou a esconder o revólver que o marido tinha em casa: "Esconde que ele está à beira do suicídio. O Expedito nunca perdeu, e ele não sabe perder."

O psiquiatra era José Mariano Haensel, com quem Nazareth se submetia a sessões de psicanálise. Sua viúva, a advogada Ecilda Gomes Haensel, confirma que Perera ficou muito deprimido com o resultado da investigação. Afirma que, em um daqueles dias, ela e o marido foram acordados por Nazareth, que foi procurá-los por volta das 6h30. O motivo: temia que seu marido não suportasse a execração pública e tentasse o suicídio. Ecilda diz que ela e Mariano foram até a casa de Perera.

— Ele estava mal, de cama.

Demitido em meio a um caso de repercussão na opinião pública, o promissor advogado Antonio Expedito Carvalho Perera, 11 anos depois de formado, sofria a sua primeira grande derrota. Ely Souto dos Santos manda lhe dizer, por um intermediário, que só o deixaria em paz caso ele saísse do estado. Sem outra alternativa, Perera decide ir para São Paulo, onde começaria uma nova vida e acabaria adotando uma visão de mundo em tudo contraditória à que durante anos pregara. Aos 33 anos, ele sofria sua primeira morte — como em um daqueles jogos de crianças, ele cometera um erro fatal, teria que voltar ao ponto de partida.

Segundo movimento

Antonio Carvalho Perera

Papéis

O acervo é o do Departamento de Ordem Política e Social, Deops, da Secretaria da Segurança Pública de São Paulo. Na sala de consultas especiais do Arquivo do Estado, nas proximidades da rodoviária do Tietê, eu teria acesso a todo material que fizesse referência a Perera. Poderia gravar imagens dos documentos, mas na época, em 1999, não seria possível obter cópias daqueles papéis.

A seqüência de documentos compõe, aos poucos, o retrato do personagem: confirma informações, complementa outras. Espaços vão sendo preenchidos. Aqui, em uma de suas fichas, o registro de sua prisão, ali, do envolvimento com estudantes, operários e movimentos de esquerda: "Homiziou em sua residência os subversivos Onofre Pinto e o falecido capitão Carlos Lamarca, assim como Wilson Fava, Renata Guerra de Andrade, Ladislau, cabo José Mariano, Afonso Cláudio Figueiredo e sargento Darcy Rodrigues [e] Campos Barreto." Nomes apareciam embaralhados, incompletos; fatos eram misturados, ameaçavam perder o nexo. A imagem — embora gasta — de um garimpo faz algum sentido. Separar o que é valioso do que é seixo; limpar, lapidar.

Entre os registros, fotos tiradas nas prisões: de frente, de lado. Jornal com fotos dele e de outros banidos. Uma ficha com suas impressões digitais completa o pacote de identificação. Em outro lote, cópia do documento em que o advogado aceita ser banido do território nacional. Depoimento do preso Roberto Cardoso Ferraz do Amaral, prestado em 8 de maio de 1979, registra que ele vira Perera e Nazareth serem torturados. Mais um maço de documentos, a conexão entre Perera e "Carlos" é reforçada.

As andanças do advogado eram acompanhadas de perto pelos serviços de espionagem do Brasil. O Informe 2.710 do Serviço Nacional de Informações, *datado de 11 de maio de 1976, registra que Perera seria um dos falsificadores ligados à frente do terrorista George Habash. Diz também que a organização de "Carlos" possui um dos mais perfeitos dispositivos de falsificação de documentos e dólares. Anexadas ao Informe, reproduções de fotografias de Carlos.*[44] *Outro documento do arquivo dizia que Perera, ainda no Brasil, estivera envolvido com a fabricação de dólares.*[45]

O mais importante é que as informações vindas de diferentes documentos, produzidos em épocas distintas, apontavam praticamente em uma mesma direção, não havia contradições aparentes. Outro depoimento, desta vez de Yolanda Cerquinho da Silva Prado, filha do historiador e ex-deputado Caio Prado Jr., proprietário da editora Brasiliense. Caio Prado estivera preso em São Paulo — na cadeia, Danda conhecera o advogado Antonio Expedito Carvalho Perera. Em 1971, ao partir para o exílio, Perera reencontraria Danda, que morava em Paris desde o ano anterior. Ela também saíra do Brasil em conseqüência de sua luta política.

A pesquisa no Arquivo do Estado, além de fornecer elementos para futuras entrevistas, reforçou a convicção de que Perera tivera uma atuação relevante em organizações ligadas ao terrorismo internacional. Claro que poderia haver falhas e exagero na documentação, mas era difícil imaginar que todo aquele material fosse mentiroso. Mas aqueles papéis, apesar de confirmar que eu estava na direção correta, traziam um problema: não seria razoável pensar em apenas enumerá-los na edição da reportagem. Papéis que emocionam ao serem manuseados, ou mesmo reproduzidos em páginas de jornais ou revistas, perdem força na tela de uma TV. É possível, em alguns casos, desejável até, construir uma reportagem para jornal com base em documentos. Isto é mais difícil em televisão — aqui o que conta mais é o testemunho de um personagem, a relação com o público é mais direta. A TV gosta de rostos, de olhos, de bocas, de gestos. Trata-se, afinal, de uma conversa quase pessoal, entre personagem e espectador. Ouvir alguém nos contando um episódio de sua vida costuma ser mais interessante do que ler um relatório sobre aquele mesmo assunto. O que vale para nossas relações cotidianas também vale para a conversa eletrônica. Os papéis recolhidos em São Paulo deveriam assim ser encarados

---

[44]Acervo do Deops. Arquivo do Estado de São Paulo.
[45]Idem.

mais como referências, a partir deles eu deveria chegar aos protagonistas daquelas histórias.

Quatro anos depois, na apuração deste livro, eu voltaria ao Arquivo do Estado para uma nova pesquisa sobre Perera e pessoas ligadas a ele e aos movimentos revolucionários da época. Papéis que antes faziam pouco sentido ganhavam mais importância, solidificavam fatos que, na primeira consulta, apresentavam pouca conexão entre si.

Tempestade em Pinheiros

Domingo, 2 de março de 1969. Chove em São Paulo. Um raio cai nas proximidades do Morumbi, quando os torcedores começam a deixar o estádio — o Corinthians acabara de vencer o São Paulo por 4 a 2. O raio provoca um corre-corre na multidão. O tumulto faz com que um dos muros do estádio desabe, alguns torcedores caem de uma altura de cerca de quatro metros, um deles morre. Do outro lado do planeta, choques entre os exércitos da União Soviética e da China, na fronteira entre as duas potências comunistas, inquietam o mundo. Em Toulouse, na França, Jean Turcat, piloto de provas da Aerospatiale, faz o primeiro vôo do supersônico Concorde.

Em um apartamento do bairro de Pinheiros, em São Paulo, não há nada que lembre o gracioso vôo do Concorde: choques entre exércitos se anunciam, um raio está prestes a cair. Um homem bate com insistência na porta do apartamento 61 da rua Henrique Schaumann número 546. Nazareth abre a porta e vê Nelson, assustado, molhado pela chuva. Nervoso, ele pergunta por Perera e por César. Ela diz que o marido estava dormindo e que César estava no outro quarto, com o Braga. Nelson se dirige ao aposento ocupado por César. Nazareth vai para seu quarto e percebe que Perera fora acordado. Todos aqueles homens estão agitados, demonstram nervosismo, parecem ter pressa em deixar o apartamento. Ela ainda pergunta ao marido o que está acontecendo, ele dá uma resposta que a deixa ainda mais confusa.

— Você não sabe de nada — afirma para uma atônita Nazareth, que não consegue entender o porquê de todo aquele desespero nem a razão da frase do marido: ela realmente não sabia de nada. Perera não esclarece o que ocorre. Diz que depois te explico, você pode emprestar seu carro para o Nelson? Ela concorda. Antes de sair do apartamento, César — um dos "amigos do sul" que Perera trouxera para ficar uns dias em casa — dá um beijo no rosto de Nazareth, agradece a acolhida e diz que o período em que ali ficara tinha sido o melhor dos últimos tempos.

— Um dia nós vamos precisar de você, de suas poesias, de seus protestos — ainda tem tempo de dizer, antes de sair correndo ao lado de Perera.

Nazareth não sabia que "Nelson" era Ladislas Dowbor, dirigente e um dos principais ideólogos da VPR, Vanguarda Popular Revolucionária, uma das organizações que optaram pela luta armada para derrubar a ditadura militar e implantar um regime socialista no país. "Braga" era Valdir Carlos Sarapu, outro integrante da organização e que também usava o codinome "Rui". "César" também não era o nome verdadeiro daquele sujeito magro, de pouco mais de trinta anos. Um homem agitado, que fumava muito e que chegava a esvaziar três garrafas térmicas de café em um dia. "César" era o capitão do Exército Carlos Lamarca, um dos homens mais procurados do país, o oficial que, havia pouco mais de um mês, no dia 24 de janeiro, desertara do 4º Regimento de Infantaria de Quitaúna, em Osasco, levando armas para a Revolução. Nazareth também não sabia que seu marido, que seria preso no dia seguinte, era advogado da VPR. Poucas horas depois, sob tortura, ela descobriria muito mais.

A vida em São Paulo, para onde Nazareth fora no início de 1965, prometia ser mais tranqüila do que a experimentada em Porto Alegre. A sofreguidão que regera os gestos de Perera até o início dos anos 60 parecia ter dado lugar a uma certa placidez, seu entusiasmo parecia estar canalizado para a construção de uma sólida carreira profissional. Depois de tantos contratempos no sul, Perera demonstrava estar concentrado em seu trabalho. Era preciso recomeçar a vida. Seus contatos com a hierarquia católica foram úteis para que conseguisse uma carta de apresentação dirigida a outro advogado gaúcho, Adib Salomão, ex-colaborador do governo Leonel Brizola. Além de tocar seu escritório de advocacia, Salomão era responsável pela representação do Rio Grande do Sul em São Paulo.

Soube de Salomão ainda em Porto Alegre, no início de fevereiro de 2003. Comemorei a descoberta: afinal encontraria alguém que pudesse reconstruir os primeiros anos de Perera em São Paulo, uma pessoa que com ele convivera. Ainda do hotel liguei para a casa do advogado, seus telefones constavam da lista telefônica que pode ser consultada pela internet. Passei então pelo constrangimento de pedir para falar com uma pessoa que morrera alguns meses antes. O dr. Salomão levou com ele muitas informações sobre Perera em São Paulo. Informações que ele gostaria de revelar. Um de seus filhos, Cláudio Salomão, disse que, ao assistir à segunda reportagem sobre o caso, em maio de 2002, seu pai ainda tentou entrar em contato comigo.

A boa vontade de Cláudio e de seu irmão Edgar supriu, em parte, o hiato na história de Perera, do "tio Expedito", como até hoje eles se referem àquele simpático e bem-falante advogado. A intimidade se explica: mais do que sócios — até abrir sua própria banca, na rua do Riachuelo, Perera ocupou uma parte do escritório de Adib —, os advogados gaúchos se tornaram grandes amigos. A ponto de, por alguns anos, morarem no mesmo prédio, o da Henrique Schaumann. Os Perera no sexto andar, os Salomão no primeiro. Uma amizade que se estendia aos filhos, todos crianças. A memória de ambos registra pequenos aspectos do cotidiano: "Eu tomava banho na mesma banheira que a Cristina", lembra o advogado Edgar, entre risos. Uma convivência que incluía lanches dominicais com cachorro-quente e chocolate. Encontros que incluíam uma invariável performance do "tio Expedito". Ele sentava-se ao piano para tocar e cantar Granada: "Ele cantava maravilhosamente bem", lembra Edgar.

A vida do casal incluía freqüentes idas a boates para ouvir músicos de bossa nova. Volta e meia, Nazareth enfrentava problemas com os relacionamentos extraconjugais do marido e desavenças com os sogros: estes e seus filhos haviam se mudado para São Paulo. De acordo com Nazareth, Perera passou esta primeira fase paulistana afastado da política — integrava a Ordem Rosa-Cruz, fazia planos para ingressar na maçonaria, mas mantinha-se concentrado no trabalho. O escritório de Adib Salomão era especializado em direito cível e comercial. Os irmãos Edgar e Cláudio e o agente de viagens Eduardo Mansur — cunhado de Adib — afirmam que Perera seguia esta mesma linha de trabalho. Ele continuava a sonhar alto, a prosperidade de São Paulo combinava com seus desejos de ascensão. Com freqüência, explicitava para a mulher seus projetos de conquistar novos sinais aparentes de riqueza e prosperidade.

Agora ele comprou um Gálaxie zero quilômetro e contratou um chofer. Não está muito satisfeito porque este não é preto. Tem a mania de dizer que será um segundo Onassis e que, após os quarenta, estará despachando dentro de um avião particular, viajando para todos os lugares do mundo.[46]

A carreira em São Paulo era ascendente. Perera montara duas empresas: uma de fornecimento de mão-de-obra, outra de cobranças. No escritório, além de cuidar da sua especialidade, direito comercial, atendia a casos criminais. Segundo Nazareth, ele se surpreendeu com algumas liberalidades encontradas em São Paulo, especialmente com a facilidade para subornar autoridades.

— Ele chegou para mim e disse: "Sabe de uma coisa? Lá no sul, para a gente chegar ao delegado, para comprar... juiz nem se fala..., a gente vai por um caminho muito sinuoso. Aqui não, é só chegar e, 'quanto que tu levas, doutor?' E se não perguntar, o delegado é que diz: 'e eu, como é que fico nessa?'" Ele disse que o dia em que ficou mais chocado foi quando estava tratando com um juiz e o juiz falou: "Quanto é que eu levo nessa?"

Mais uma vez, porém, sua vida ameaçava se misturar aos descaminhos da política brasileira. A exemplo de algumas lideranças que haviam defendido o rompimento da institucionalidade em 1964, Perera parecia estar assustado com o quebrar de ovos necessário para o preparo da omelete que vinha sendo servida pelos militares. Nazareth lembra que seu marido começou a demonstrar indignação com a violência do regime. Segundo ela, esta preocupação se tornou mais evidente em 1968, ano de grandes manifestações estudantis. No dia 12 de outubro, a Polícia Militar invadiu uma fazenda em Ibiúna — entre São Paulo e Sorocaba —, onde a União Nacional dos Estudantes, UNE, realizava seu 30º Congresso: 920 estudantes foram detidos.[47]

— Ele chegou em casa horrorizado, dizendo que os estudantes estavam sendo torturados pela polícia — diz.

---

[46]Nazareth de Oliveira, obra citada, pp. 170 e 171.
[47]*Veja*, 16 de outubro de 1968, citada em Elio Gaspari, *A ditadura envergonhada*, p. 325. Para Luís Mir, obra citada, p. 334, foram 972 detidos. Jacob Gorender, obra citada, pp. 161 e 162, fala em 739 presos. Para uma visão mais ampla do movimento estudantil nos anos 60, ver José Dirceu e Wladimir Palmeira, *Abaixo a ditadura*.

Em depoimento na 2ª Auditoria da 2ª Região Militar, em 25 de fevereiro de 1970, Perera afirmou que, a partir da metade de 1968, passara a defender operários envolvidos na greve dos metalúrgicos de Osasco e estudantes de São Paulo. Disse ter impetrado mais de 140 *habeas corpus* para beneficiar esses clientes.[48] Em outro depoimento, no dia 12 de março de 1969, na Delegacia Especializada de Ordem Social, declarou que, entre julho e agosto do ano anterior, fora procurado, por um homem que se identificara como Laércio, para assumir a defesa em juízo de José Groff, um dos operários acusados de envolvimento na greve de Osasco.[49]

A atuação de Perera em defesa de estudantes e de outros presos políticos passou despercebida para outros advogados que, naquele período, tentavam trazer para dentro dos limites da lei uma força repressiva originada de um ato de força, a deposição de um presidente constitucional. Antônio Mercado Neto — que, por um curto período, chegou a ser advogado de Perera — não se recorda de ter visto seu cliente atuando em defesa de outros presos. Mário Simas, que começou a defender presos políticos em 1963, antes mesmo do golpe militar, afirma também não se lembrar de Perera entre os colegas que batiam às portas do Deops e das auditorias militares. Uma declaração semelhante à de Iberê Bandeira de Melo: "Pode ser que sim, mas não era nosso conhecido", diz. "Ele era advogado trabalhista quando foi preso", completa.

Belisário dos Santos Jr. diz ter ouvido que ele "teve alguma atuação", mas ressalta que integrou a segunda geração de advogados de presos políticos, posterior à de Perera. A advogada Maria Regina Pasquale também só se lembra de ver Perera preso. Presidente do Sindicato dos Metalúrgicos de Osasco na época da greve e ex-integrante da VPR, José Ibrahim negou que Perera tenha sido acionado para defender os operários indiciados. Wilson Fava, o "Laércio" citado por Perera em seus depoimentos, desmentiu que o tivesse procurado para defender Groff. O ex-operário, hoje aposentado, confirmou: não foi atendido por Perera. Eduardo Mansur, cunhado de Adib Salomão, e que foi amigo de Perera, também não tem dúvidas.

— Ele não defendeu estudantes.

---

[48] Arquivo do STM, processo 4.523, fl. 2.527.
[49] Arquivo do STM, processo 139/69, fls. 143 a 146.

Mas João Chakiam, que atuou na defesa do líder da VPR, o ex-sargento Onofre Pinto, lembra-se de menos um caso em que Perera chegou a ser advogado de um estudante: Fúlvio Abramo, que tinha sido preso em uma manifestação em São Paulo. A tarefa foi breve. Chakiam conta que, a pedido da família do rapaz, assumiu a causa no dia seguinte à prisão, e que foi ao escritório do colega para comunicar que ficaria com o caso.

No dia 4 de dezembro de 1998, por iniciativa do então vereador José Mentor, do PT, que seria eleito deputado federal em 2002, a Câmara Municipal de São Paulo homenageou 54 advogados que, nos anos 60 e 70, atuaram na defesa de presos políticos. Entre os advogados citados em seu discurso na sessão solene, Mentor incluiu o nome de Antonio Expedito Carvalho Perera. A homenagem ressaltava que, dos 54, sete estavam mortos — Perera estava na lista dos vivos.[50] Mentor é casado com a advogada Maria das Graças Perera de Mello, irmã do homenageado.

Em outro de seus vários depoimentos, todos arquivados no Superior Tribunal Militar (STM), Perera relatou um caso de defesa de estudante, o da jovem Elisabeth Salomão. O processo de Elisabeth, de número 883/66, também está nos arquivos do STM. Ela e outros três estudantes foram presos no dia 20 de abril de 1966, na praça Princesa Isabel, em São Paulo, acusados de distribuírem "panfletos subversivos". O primeiro advogado dela foi Eugênio Nogueira Ferraz Filho, logo substituído por uma mulher que viria a ter um papel fundamental na vida de Perera: Annina Alcantara de Carvalho.

Annina foi levada ao caso por Ângela Mendes de Almeida, amiga de uma das presas, Neusa Maria Cesar Marcondes: "Fiquei preocupada com a prisão de Neusa e, por indicação de outras pessoas, cheguei ao nome da Annina", contou. Defensora de três dos quatro acusados — de Elisabeth, inclusive —, Annina começou a apresentar problemas de saúde no segundo semestre de 1968, como revelam atestados médicos anexados ao processo. A fragilidade de sua saúde deve ter contribuído para que ela abandonasse o caso. Em 3 de janeiro de 1969 ela substabeleceu para o advogado Antonio Carvalho Perera os poderes conferidos pela procuração de Elisabeth. Na véspera, a estudante

---

[50] Registro da homenagem na página do vereador José Mentor na internet, www.josementor.com/o_cmm5.htm.

assinara a procuração para Perera que, no dia 8 de janeiro, requereu ao juiz auditor da 1ª Auditoria Militar a juntada dos documentos ao processo.

Estes documentos, além de confirmarem que Perera teve algum tipo de atuação na defesa de estudantes, revelam uma curiosidade. Nesta nova vida profissional iniciada em São Paulo, o advogado optou por deixar sepultado em Porto Alegre o nome pelo qual era mais conhecido — Expedito. Nos três documentos, de Annina, de Elisabeth e do próprio Perera, o nome do advogado é Antonio Carvalho Perera. O papel timbrado do advogado com escritório no 13º andar do número 275 da rua Riachuelo também não traz o nome Expedito. A assinatura também mudara. A requisição encaminhada à Justiça Militar é firmada por um A.C. Perera.

Nos artigos escritos para os jornais gaúchos, ele assinava "Expedito Perera", "Antonio Expedito Perera" ou mesmo "A. Expedito Perera". Seu carimbo que autentica as cópias de documentos encaminhadas à CEI imprimia Antonio Expedito Perera. Ao concluir sua defesa, ele assinou A. Expedito Perera. Em Porto Alegre, ele preferia omitir o Carvalho do nome. Em São Paulo, foi a vez de ocultar o Expedito, nome que poderia aguçar a memória de alguém que conhecesse os problemas em que ele se metera no passado. Era melhor não arriscar. A referência ao "tio Expedito", feita por Edgar e Cláudio Salomão, mostra que, na intimidade, entre os amigos, o nome ainda era utilizado. Mas, para efeitos profissionais, era melhor bani-lo. Perera, afinal, renascia em São Paulo, nada melhor que um novo nome para marcar esta ressurreição.

VPR

Diversos ex-integrantes da VPR respondem de forma semelhante à pergunta sobre como começaram as relações entre a organização e aquele advogado de passado desconhecido, que nunca militara na esquerda. Todos apontam para um contato inicial com o ex-sargento do Exército Onofre Pinto:

— O Onofre tinha um monte de entradas, de contatos, e era uma área meio nebulosa (...). O Perera vem desta área — Valdir Sarapu;

— Foi através do Onofre — Roberto Cardoso Ferraz do Amaral;

— Eles [Onofre e Perera] já se conheciam antes — Diógenes Oliveira;

— Só pode ter sido via Onofre — Maria do Carmo Brito;

— A gente [ela e Wilson Fava] resolveu procurar o Perera, que era a pessoa que o Onofre Pinto tinha indicado — Renata Ferraz Guerra de Andrade.

Outro que respondeu na mesma linha foi Wilson Fava, um assessor de centrais sindicais que, nos anos 60, revezava a militância na esquerda revolucionária com a vida legal de estudante de sociologia e ajudante na padaria do pai, em Santo André, no ABC paulista. Ex-integrante de um grupo de resistência ao golpe de 1964, Fava aproximou-se da Polop — Política Operária, organização de influência trotskista fundada por jovens intelectuais no início dos anos 60 —, que chegou a realizar três congressos antes da derrubada de Goulart.[51]

Em meados de 1966, uma dissidência da Polop fundiu-se com o MNR, Movimento Nacionalista Revolucionário, organização liderada por Onofre Pinto, que reunia diversos ex-militares de baixa patente, quase todos veteranos de um fracassado projeto de insurreição que se estruturara em torno do

---
[51]Para origens da Polop, ver Jacob Gorender, obra citada, p. 40.

ex-governador Leonel Brizola, exilado no Uruguai. Era no MNR que atuava Flávio Tavares.[52] Da fusão surge a Organização, ou, simplesmente, O. O grupo, que contaria com a adesão de sindicalistas de Osasco, só ganharia o nome de Vanguarda Popular Revolucionária em dezembro de 1968.[53]

A vitória dos militares e a conseqüente derrota da tese de conquista do poder por um processo que combinasse ascensão na máquina do Estado, aliança com setores militares e aumento dos movimentos de massa reforçou os que, desde antes de 1964, defendiam uma ruptura radical. A divisão dentro do PCB é aguçada — alinhada com as determinações vindas de Moscou, a direção do partido rejeita propostas de luta armada. Atitude que, para muitos de seus quadros e mesmo dirigentes, significava quase uma rendição. O mundo da esquerda estava marcado pelo triunfo da Revolução Cubana, estimulado pela aventura guerrilheira de Ernesto "Che" Guevara na Bolívia e pelo surgimento de movimentos revolucionários em diferentes países. A referência não estava no socialismo consolidado e burocratizado de Moscou, mas em Havana, em Pequim — os comunistas chineses continuavam a demonstrar apoio a insurreições armadas. Era hora de avançar, não de promover um outro recuo estratégico.

> Do Exterior, a movimentação alentava. Chilenos fundavam o Movimento de Esquerda Revolucionária — MIR. Tupac Amaru, o líder inca, ressurgiu nos tupamaros uruguaios liderados por Raúl Sendic e verteu latinidade sobre os estudantes brasileiros. O padre Camilo Torres engajou-se na guerrilha colombiana, Douglas Bravo e Fabricio Ojeda criaram um novo grupo guerrilheiro na Venezuela.[54]

Em 1966, representantes de grupos e partidos de esquerda criam a Olas, Organização Latino-Americana de Solidariedade, que buscaria estimular e servir de referência a diferentes iniciativas guerrilheiras. No ano seguinte, o dirigente comunista Carlos Marighella, veterano do levante de 1935 e deputado na Assembléia Constituinte de 1946, viaja para Havana, sem autoriza-

---

[52]Flávio Tavares, *Memórias do esquecimento*.
[53]Jacob Gorender, obra citada, pp. 142 e 143. Sobre as origens da VPR ver também Luís Mir, obra citada, pp. 292 a 294; e Luiz Maklouf Carvalho, *Mulheres que foram à luta armada*.
[54]Judith Lieblich Patarra, *Iara — reportagem biográfica*, 4ª edição, Rio de Janeiro, Rosa dos Tempos, 1993, p. 102, citando Marco Aurélio Borba, "Na trilha do Che", *Em Tempo*, 19 de setembro de 1979.

ção do partido, para participar da conferência da Olas. A defesa do caminho revolucionário e as críticas à direção do PCB se tornam mais enfáticas.

> Definidos igualmente estamos quanto ao caminho armado da Revolução Brasileira. (...) Na maioria dos países latino-americanos — e aí se incluem Venezuela, Colômbia, Peru, Bolívia, Argentina, Brasil — amadurecem condições que levarão à luta armada.[55]

Em entrevista ao jornal cubano *Juventud Rebelde*, Marighella resume o que toda a esquerda sabia.

> A direção do PCB não quer saber de Revolução.[56]

Não queria mesmo. Em seu 6º Congresso, entre setembro e dezembro de 1967, o PCB expulsa de seus quadros alguns de seus mais destacados integrantes. Entre eles, Marighella, Jacob Gorender, Mário Alves, Joaquim Câmara Ferreira e Apolônio de Carvalho.[57] Em outubro, um documento de Marighella citava um samba de Jamelão e Tião Motorista para ditar o compasso da Revolução:

> Quem samba fica,
> Quem não samba
> vai embora[58]

A porta da rua é apontada para que os que queriam sambar fora da cadência moscovita. As punições estimulam a criação de outras organizações, como o PCBR, Partido Comunista Brasileiro Revolucionário, e a ALN, Ação Libertadora Nacional — esta, liderada por Marighella e Câmara Ferreira. O novo samba começa a esquentar na forma de ações armadas, como assaltos a

---

[55]Explanação de Carlos Marighella contra as teses do 6º Congresso Nacional do PCB, em Luís Mir, obra citada, pp. 210 e 211.
[56]Marco Aurélio Garcia, "Contribuição à história da esquerda brasileira", *Em Tempo*, novembro de 1979, São Paulo, citado em Elio Gaspari, *A ditadura envergonhada*, p. 249.
[57]Jacob Gorender, obra citada, p. 101.
[58]Daniel A. Reis Filho e Jair Ferreira de Sá (orgs.), *Imagens da revolução*, citado em Elio Gaspari, *A ditadura envergonhada*, p. 250.

bancos e ao vagão pagador do trem Santos—Jundiaí — *expropriações* que, em tese, garantiriam recursos para a organização da luta armada no campo. Em entrevista publicada em 1969 na coletânea "La lutte armée au Brésil", em *Les Temps Modernes*, Marighella justifica as ações da ALN.

> Quando recorremos aos atos terroristas, sabemos que eles não nos levam diretamente ao poder.
> Todo ato terrorista revolucionário é uma operação tática tendo por objetivo a desmoralização das autoridades, o cerco das forças repressivas, a interrupção de suas comunicações, o dano às propriedades do Estado, dos grandes capitalistas e latifundiários. (...)
> Ao terrorismo que a ditadura emprega contra o povo, nós contrapomos o terrorismo revolucionário.[59]

A falta de um nome de batismo não impedia que a Organização formada pelo MNR e por dissidentes da Polop deixasse de atuar. No último dia de 1967, um comando rouba dez caixas de dinamite e 200 espoletas da pedreira Cajamar, em São Paulo; em março de 1968, a Organização joga uma bomba no consulado norte-americano em São Paulo; em junho, outro assalto a uma pedreira para a coleta de explosivos.[60] Também em junho, no dia 22, ocorre uma ação ainda mais ousada. Um comando orientado por Wilson Fava invade o corpo da guarda do Hospital Militar, no Cambuci, e rouba entre sete e 11 fuzis.[61] O comandante do 2º Exército, general Manoel Rodrigues Carvalho Lisboa, lança um desafio.

> Atacaram um hospital! Que venham atacar o meu quartel![62]

A O. aceita a provocação e, na madrugada do dia 26 de junho, uma Veraneio dirigida por Fava lidera um comboio formado por mais três car-

---

[59]Jacob Gorender, obra citada, p. 106.
[60]Arquivo do STM.
[61]Jacob Gorender, obra citada, p. 143; Luís Mir, obra citada, pp. 310 e 311; Emiliano José e Oldack Miranda, *Lamarca, o capitão da guerrilha*, p. 42; site Ternuma — Terror Nunca Mais. As fontes divergem quanto ao número de fuzis roubados na ação — 11 (Gorender; José e Miranda), **sete** (Mir) e nove (Ternuma). Em seu depoimento no Dops, em 20 de março de 1969, Onofre Pinto diz que foram levados nove fuzis automáticos leves (FAL).
[62]Zuenir Ventura, *1968 — O ano que não terminou* p. 227.

ros que serviriam de apoio para a operação. Nas proximidades do Quartel-General do 2º Exército, São Paulo, Fava salta da Veraneio — dentro do veículo havia 50 quilos de explosivos. No pára-brisas, um alerta: "Não se aproxime: explosivos." O carro perde a direção, bate em um poste e explode antes de colidir contra o quartel. O soldado Mário Kozell Filho, que estava de sentinela, correra em direção àquele veículo que desrespeitava o limite de velocidade e não teve como ler o aviso. Morreu estraçalhado na explosão.[63]

Em setembro de 1968, a direção da O. aprova a execução do capitão do Exército norte-americano Charles Rodney Chandler, que atuara na guerra do Vietnã. Ele viera para o Brasil como bolsista, matriculado na Escola de Sociologia e Política da Universidade de São Paulo. A Organização — convencida de que Chandler era um agente da CIA (Agência Central de Inteligência dos Estados Unidos) — decidiu que ele deveria ser morto no dia 8 de outubro, para marcar o primeiro aniversário da morte de Che Guevara. A execução ocorre quatro dias depois, na manhã do dia 12, quando Chandler saía de casa, na rua Petrópolis, no Sumaré. O crime é assistido pela mulher do oficial, Joan, e pelo filho, Darryl. Participam da ação o ex-sargento da Força Pública de São Paulo Pedro Lobo de Oliveira, Diógenes de Oliveira e Marco Antônio Braz de Carvalho, o Marquito, este, representante da ALN.

Brasil, Vietnã da América.
Criar um, três Vietnãs, eis a palavra de ordem do Comandante Che Guevara, que foi cruelmente assassinado na Bolívia por agentes imperialistas do nível deste Chandler, notório criminoso de guerra no Vietnã, e hoje punido e executado pela Justiça Revolucionária pelos seus crimes de guerra no Vietnã.[64]

A revolta com as torturas sofridas por estudantes parecia não ser suficiente para justificar uma adesão de Perera a um grupo com objetivos e méto-

---

[63]Para detalhes do atentado, ver Luís Mir, obra citada, pp. 311 a 313; e Jacob Gorender, pp. 143 e 144.
[64]Texto do panfleto jogado no local da morte de Chandler, citado em Percival de Souza, *Autópsia do medo*, p. 189.

dos como os da VPR. Dezenas de outros advogados, a maioria sem qualquer vinculação com as organizações clandestinas, indignaram-se com os métodos de interrogatório utilizados nos porões da ditadura. Isto, porém, não os levou a ingressar na guerrilha. O que teria motivado Perera a ter uma ligação com a VPR, como explicar a conversão de um católico conservador em militante de uma organização capaz de praticar atos como os que vitimaram Kozell e Chandler? Nas entrevistas, ex-integrantes da VPR reagiam a esta pergunta de uma maneira quase consensual: Perera não era um quadro da organização e Onofre Pinto precisava de um advogado capaz de resolver questões relacionadas ao dia-a-dia de um grupo clandestino. Um advogado que não fosse conhecido pela polícia como alguém atuante na defesa de presos políticos.

O fio que conduziu à identificação e à perseguição da VPR só viria a ser descoberto em janeiro de 1969: até então, a organização desfrutava uma quase absoluta clandestinidade, não reivindicava a autoria de suas ações. Utilizar, em questões cotidianas, um advogado ligado a presos políticos poderia despertar a desconfiança da repressão. Perera se encaixaria bem no perfil procurado pela O. Flávio Tavares afirma que, em janeiro de 1969, durante um encontro com Onofre, este se referiu de forma elogiosa a um advogado gaúcho, possivelmente Perera.

— Ele me disse algo como "tem um conterrâneo seu que nos quebra os galhos na parte jurídica" — lembra.

A análise dos processos arquivados no STM reforça a versão de que Perera não era um integrante da VPR, pelo menos até seu banimento do Brasil, em janeiro de 1971. Os presos são unânimes em classificá-lo como um advogado que prestava serviços profissionais. São depoimentos, muitos concedidos sob tortura, bem detalhados. Levados a ultrapassar o limite da resistência física, poucos foram os militantes que não ofereceram algum tipo de informação sobre os integrantes do grupo — nomes, codinomes, endereços, autoria e mecânica de ações. Mas em nenhum depoimento o nome de Perera surge como o de alguém envolvido de forma orgânica na VPR. Ele também não é mencionado no organograma da organização feito pela polícia. Outro detalhe importante: o advogado é sempre identificado pelo seu nome verdadeiro. Ter um codinome — ou mais de um — era uma condição básica de segurança e uma espécie de marca do militante clandestino. De acordo com os processos, Perera foi sempre o dr. Perera.

— Ele era um simpatizante — definiu, em entrevista em sua casa, em Bauru, o ex-sargento Darcy Rodrigues, que desertou do quartel de Quitaúna ao lado de Lamarca.

— Ele não era um militante, passou do estágio de simpatizante para o de colaborador — definiu Izaías Almada, em março de 2003.

Para pelo menos dois ex-integrantes da VPR — Wilson Fava e Izaías do Vale Almada — a prestação de serviços por parte de Perera tem origem em um episódio ocorrido por volta das 22h30 do dia 31 de agosto de 1968, quando eles e outros dois companheiros, Ladislas Dowbor e Oswaldo Antônio dos Santos, foram presos na avenida Indianápolis, em São Paulo. Eles rodavam pela cidade em um Volkswagen emprestado à procura de outro carro, que deveria ser *expropriado* para viabilizar uma ação. Dowbor, que, além de "Nelson", utilizava o codinome "Jamil", dirigia o fusca. O carro com aqueles quatro homens chamou a atenção de policiais que estavam em uma patrulha. Houve perseguição e troca de tiros. A polícia conseguiu render os suspeitos e com eles encontrou três revólveres. Preocupados em não dar pistas que os vinculassem a uma organização clandestina, eles mentiram. O relatório do delegado Antônio Olivieri, que posteriormente seria anexado ao processo contra a VPR, registra que eles declararam ter saído à rua com "a intenção de 'apanharem umas mulheres'".[65] Uma desculpa que não foi suficiente para acabar com a desconfiança dos policiais.

— Os caras perceberam que não éramos bandidos: um era professor, o outro, estudante. Notaram algo estranho e vislumbraram a possibilidade de nos torturar, queriam mostrar serviço, dizer que eram mais eficientes que a polícia política — diz Fava, que, por ter participado das ações contra o hospital e o quartel, tinha muitas razões para ficar preocupado com a possibilidade de ser identificado como integrante de um grupo guerrilheiro. — Por sorte não nos mandaram para o Deops, mas para o presídio Tiradentes — afirma.

---

[65]Arquivo do STM, processo 139/69, fl. 2.584.

Fava atribui à rivalidade entre os policiais o fato de eles não terem sido encaminhados para o setor especializado em investigações de presos políticos. A Organização — no caso, Onofre — agiu com rapidez e contratou um advogado para cuidar da situação dos presos. Como afirma Fava: "Alguém que conhecesse delegacia, capaz de passar uma grana para o policial e, assim, resolver tudo." Alguém — de acordo com declarações de Nazareth — como Perera. Fava acredita que ele tenha sido chamado nesta época.

A suspeita de que Perera atuou direta ou indiretamente neste caso é compartilhada por dois dos então dirigentes da VPR: Quartim de Moraes e Diógenes de Oliveira.

— O Onofre recorreu aos serviços do Expedito, que cuidou da libertação deles, na base de suborno da polícia — afirmou Quartim, professor da Universidade Estadual de Campinas (Unicamp).

— Acho que foi ele que conseguiu libertar os caras. Foi tudo na base do *acerto* — confirma Diógenes.

Um dos detidos, Izaías Almada reforça:

— Acredito que o Perera estivesse entre os advogados que atuaram no caso, parece que não foi um só.

A história policial da VPR está reunida em 33 volumes arquivados no STM sob o número 139/69, que identifica o processo que rastreou as atividades do grupo guerrilheiro. Nas pastas estão os depoimentos que apresentam diferentes versões para o contato inicial entre Perera e a organização. No dia 12 de março de 1969, Perera, recém-saído da tortura, contou que fora procurado por "Laércio", entre julho e agosto do ano anterior, para defender o operário José Groff. E que, no dia 11 de janeiro de 1969, "Laércio" voltara ao seu escritório, desta vez acompanhado por "Augusto". Nesta ocasião, "Laércio" perguntou se ele, Perera, "como fizera de outra feita", poderia "emprestar seus serviços advocatícios na defesa de elementos a serem apresentados por ele, desde que se verificasse a eventualidade de prisões de companheiros do mesmo".[66] "Laércio" era Fava; "Augusto", Onofre.

---

[66] Arquivo do STM, processo 139/69, fl. 143.

No dia 4 de julho de 1969, ao depor no IPM (Inquérito Policial-Militar) que apurava o envolvimento do capitão reformado do Exército Afonso Cláudio de Figueiredo com a VPR, Perera declarou que o contato para defender operários de Osasco ocorrera em janeiro daquele ano.[67] No dia 25 de fevereiro de 1970, quase um ano depois de sua prisão, Perera depôs na 2ª Auditoria da 2ª Região Militar. Disse então que começara a defender "operários de Osasco e estudantes de São Paulo" por volta da metade de 1968. O primeiro encontro com "Laércio" passa para "o final de 1968 ou para o início de 1969". Na ocasião, de acordo com o mesmo depoimento, "Laércio", que estava acompanhado por "Augusto Waldemar" (Onofre), lhe repassou oitocentos cruzeiros novos como pagamento de parte de honorários. Em seguida, Perera afirmou que os dois retornaram ao seu escritório para perguntar se ele aceitaria defender outros casos como os dos operários de Osasco.[68]

Preso no dia 2 de março de 1969 e levado para a tortura logo que chegou às dependências do Exército, Onofre Pinto formalizou suas declarações, 18 dias depois, em um longo depoimento ao Deops. As 24 páginas datilografadas do Auto de Qualificação e Interrogatório revelam que os torturadores conseguiram quebrar a resistência daquele ex-sargento do Exército, cassado em 1964. Onofre detalhou uma série de ações da VPR, ainda que tenha conseguido omitir algumas informações (disse, por exemplo, não se lembrar das condições em que fora decidido o assassinato do capitão Chandler). Sobre Perera, apresentou uma versão que, em linhas gerais, é compatível com a do advogado: diz que foi levado ao seu escritório por "Laércio" em dezembro do ano anterior.[69] No dia 30 de maio de 1969, em depoimento no IPM do caso do ex-capitão Figueiredo, Onofre repetiria a mesma versão. Acrescentou que Fava fora pagar o advogado por um serviço que este fizera "para um seu irmão". Disse também que recebeu um cartão de visita de Perera, "que se colocou à disposição dos mesmos caso algum dia necessitassem de serviços profissionais de um advogado".[70]

---

[67]Arquivo do STM, processo 148/69, fl. 110.
[68]Arquivo do STM, processo 139/69, fls. 2.725 a 2.728.
[69]Arquivo do STM, processo 139/69, fl. 499.
[70]Arquivo do STM, processo 148/69, fls. 19 a 21.

Em dezembro de 2002, durante entrevista na cozinha de sua casa, em São Bernardo do Campo, Wilson Fava, o "Laércio", negou que tenha sido o responsável pela aproximação entre Onofre e Perera. Para ele, a citação de seu nome nos depoimentos era explicável. Ele, ao lado de Quartim de Moraes e de outros integrantes da VPR, havia sido expulso da organização em fevereiro de 1969. Desde então caíra na clandestinidade e procurava alternativas para sair do país, o que só viria a acontecer entre abril e maio. Os integrantes da VPR imaginavam que ele estava em segurança e passaram a lhe atribuir atos de que nunca participara. Um estratagema simplório para o grau de repressão que se abatia sobre o país.

Fugas

No dia 13 dezembro de 1968, em meio à mais grave crise política desde o golpe de 1964, o governo do general Arthur da Costa e Silva anunciou a edição do Ato Institucional nº 5, o AI-5. Era a resposta dos militares às primeiras ações dos grupos guerrilheiros, à agitação estudantil, aos protestos que ameaçavam generalizar-se. O pretexto para o AI-5 foi a decisão da Câmara dos Deputados de, na véspera, negar autorização para a abertura de um processo contra um de seus integrantes, Márcio Moreira Alves, do MDB, Movimento Democrático Brasileiro, o partido de oposição admitido pelo regime. Pronunciamentos do deputado, nos dias 2 e 3 de setembro, foram considerados pelo governo ofensivos às Forças Armadas. No primeiro discurso, ele dissera que "no Brasil de hoje torturar presos inermes parece ser motivo de promoção na outrora honrada e gloriosa carreira militar" e perguntava:

Quando não será o Exército um valhacouto de torturadores?[71]

No dia seguinte, o deputado propôs um boicote aos desfiles do 7 de Setembro e sugeriu às namoradas e noivas dos jovens oficiais que "recusassem entrada à porta de suas casas àqueles que vilipendiam a Nação, recusassem aqueles que silenciam e, portanto, se acumpliciam". Na noite daquela sexta-feira, o AI-5 seria lido, do palácio Laranjeiras, na zona sul do Rio, pelo locu-

---

[71]Márcio Moreira Alves, *68 mudou o mundo,* pp. 149 e 150. Para a evolução da crise que culminou com o AI-5 e detalhes da reunião que aprovou o ato, ver também Zuenir Ventura, obra citada, pp. 271 a 286, e Elio Gaspari, *A ditadura envergonhada*, pp. 333 a 343.

tor Alberto Curi, em rede nacional de rádio e TV. O Ato acabava com as ilusões democráticas porventura ainda existentes e revogava todas as disposições em contrário. Fechava o Congresso Nacional por tempo indeterminado, suspendia o *habeas corpus* para acusados de crimes políticos, restabelecia as cassações de mandatos, impedia a liberdade de expressão e opinião. Implantava a ditadura ampla, geral e irrestrita. Elio Gaspari registra, em *A ditadura envergonhada* e em *A ditadura escancarada*, que o número de denúncias de torturas pulou de 85, em 1968, para 1.027, em 1969.

No mesmo dia em que o regime ganhava uma sigla que o identificava e definia, uma das organizações que o combatiam recebia um nome. Em Ubatuba, no litoral de São Paulo, um congresso daquela organização nascida da Polop e do MNR aceitava a proposta de Quartim de Moraes e aprovava o nome do grupo: Vanguarda Popular Revolucionária. Na volta do encontro, militantes da recém-batizada organização descobririam, em meio às curvas da estrada de Santos, que a luta se tornara ainda mais dura.

— Nós ouvimos a notícia da edição do AI-5 pelo rádio do carro — conta Renata Guerra de Andrade.

Apesar do AI-5 o ano-novo prometia muito mais do que dinheiro no bolso, saúde pra dar e vender. 1969, na concepção da VPR, seria uma espécie de ano zero, um ano — este sim — que não mais acabaria, marco da consolidação e ampliação da luta revolucionária no Brasil. O *réveillon* que marcaria o início dos novos tempos não seria na virada do dia 31 de dezembro para 1º de janeiro. A festa seria quase no fim deste mês, no dia 26 de janeiro. Nessa noite, o palácio dos Bandeirantes, sede do governo paulista, iria dormir em chamas, incendiado por lança-rojões. O Quartel-General do 2º Exército sofreria um novo ataque, desta vez um assalto decisivo, com bombas e granadas. A Academia Militar de Polícia viria abaixo, explodida com dinamite. Guerrilheiros invadiriam o Campo de Marte e destruiriam os equipamentos de controle do tráfego aéreo.[72] Até o corte no fornecimento de luz para a cidade fora previsto. A concepção de tamanho estardalhaço provocou baixas na VPR. Contrários à idéia, Quartim de Moraes, Wilson Fava, Renata Guerra de Andrade e Maryse Farhi seriam expulsos da organização.

---

[72]Para detalhes da operação, ver Emiliano José e Oldack Miranda, *Lamarca, o capitão da guerrilha*, pp. 36 a 38.

O armamento que permitiria o soar das explosivas trombetas revolucionárias seria retirado, nos dias 25 e 26 de janeiro, do quartel do 4º Regimento de Infantaria de Quitaúna, em Osasco, na região metropolitana de São Paulo. Lá, a VPR estruturara um núcleo em torno do capitão Carlos Lamarca, do sargento Darcy Rodrigues, do cabo José Mariane Ferreira Alves e do soldado Carlos Roberto Zanirato — todos desertariam do Exército com as armas *expropriadas*. Depoimentos arquivados no STM revelam que, desde meados de 1968, munição de Quitaúna vinha sendo desviada e entregue para Rodrigues, líder de um grupo de discussão política no quartel. O sargento acabou sendo o responsável pela aproximação de Lamarca, até então um simpatizante do PCB, dos grupos que formariam a VPR.

As armas, entre elas 563 fuzis automáticos leves (FAL),[73] seriam transportadas em um caminhão roubado, um Chevrolet fabricado em 1961, placa 74-45-21, que pertencia à Transportadora Radar. O caminhão fora levado para um sítio em Itapecerica da Serra, a 30 quilômetros de São Paulo, onde seria pintado de maneira a ficar semelhante aos utilizados pelo Exército brasileiro. O veículo acabou descoberto dois dias antes da data prevista para a deserção. Acabaram presos Hermes Camargo Batista, Ismael Antônio de Souza, Oswaldo Antônio dos Santos e Pedro Lobo de Oliveira. A apreensão do caminhão marcou o início do inquérito que resultaria no processo contra a VPR. O delegado Wanderico de Arruda Moraes registrou que, além do caminhão, foram encontrados papel para "fazer bombas", cadernetas de telefones pertencentes a Pedro Lobo de Oliveira e a Oswaldo Antônio dos Santos, uma folha com "abecedário em código" e anotações que seriam utilizadas para a fabricação de projéteis.[74]

A *queda* do caminhão forçou uma antecipação dos planos de fuga do quartel e o cancelamento da pirotecnia revolucionária. Era impossível prever por quanto tempo os presos resistiriam à tortura, tinham sido pegos com uma prova irrefutável, um caminhão sendo pintado de verde-oliva e com os símbolos do Exército. No dia seguinte, 24 de janeiro, Lamarca, Rodrigues, Mariane e Zanirato deixam o quartel em uma Kombi — dentro dela, as armas que conseguiram amealhar: 63 fuzis, cinco metralhadoras, revólveres e

---
[73] Carlos Alberto Ustra, obra citada, p. 46.
[74] Arquivo do STM, processo 139/69.

munição. Na pressa, se deram conta de que não tinham para onde ir. Começaria aí a sucessão de trocas de esconderijos que culminaria com diversas prisões, inclusive a de Perera.

O grupo se dividiria. Rodrigues conta que foi para um aparelho na Baixada do Glicério, na cidade de São Paulo, onde também estavam outros dois integrantes da VPR, "Gordo" (José Ronaldo Tavares Lira e Silva) e "Escoteiro" (Hamilton Fernando Cunha). No mesmo dia da fuga, em uma casa no bairro do Itaim-Bibi, a advogada e bibliotecária Benedicta Savi, a Ditinha, funcionária concursada do Tribunal Regional do Trabalho, recebe um telefonema do tio Amaral convidando-a para um chope. "Tio Amaral" era a maneira pela qual ela tratava Joaquim Câmara Ferreira, um dos principais líderes da ALN. "Vamos tomar um chope?" era a senha para seus encontros de emergência. Uma contra-senha — "Vamos comer um cheeseburger?" — indicava o local da reunião. Ela pega seu Volkswagem e vai ver o "tio" em uma lanchonete. Na época ela vivia, "num apartamentinho na rua das Palmeiras", com o juiz do trabalho Carlos Figueiredo de Sá, antigo simpatizante do PCB que, a exemplo de tantos outros, migrara para a rede de apoio da ALN. A união com Sá não impedia que ela passasse alguns dias na casa dos pais, no Itaim-Bibi, principalmente naqueles tempos de muito perigo. No encontro com o "tio", nem chope, nem sanduíche.

— Vamos logo para o apartamento de vocês porque eu preciso pegar uma pessoa que está lá, temos que esconder esta pessoa, ela não pode ficar lá — diz Câmara Ferreira para a "sobrinha". Em fevereiro de 2003, na sala da casa do Itaim-Bibi, Benedicta conta detalhes do que ocorrera havia 34 anos. Lembra que o dirigente da ALN estava muito agitado, dizia que não tinha tempo a perder, era preciso agir com rapidez.

— Quando nós chegamos ao apartamento levei o maior susto, estava lá o Lamarca, ao lado do Carlos [Sá] — relata.

Não foi difícil reconhecer o capitão. Pouco tempo antes sua foto fora publicada em uma reportagem sobre as providências que os bancos estavam tomando para evitar a proliferação de assaltos a suas agências. Até mesmo um oficial do Exército estava colaborando, dando aulas de tiro para bancários. O oficial era Lamarca; agora, um desertor. Surpreendida com a antecipação da fuga do quartel, a VPR se vira obrigada a recorrer à ALN, formada por muitos veteranos do PCB, gente que acumulara mais experiência com a vida na clandestinidade, para esconder o capitão. "Vocês são loucos, como é que põem este homem aqui?", espanta-se Benedicta. Câmara Ferreira sabia que Lamarca não poderia ficar naquele apartamento, um lugar com grandes chances de ser alvo de uma investida policial. As fichas de Carlos Sá nos arquivos da repressão indicam que suas atividades vinham sendo monitoradas havia décadas.

A seqüência das ações confirmaria a precariedade da infra-estrutura e da logística do grupo que sonhava em promover uma onda de atentados jamais vista no Brasil. Um dos homens mais procurados do país, Lamarca se viu obrigado a sair do prédio da rua das Palmeiras, em Santa Cecília, agachado no banco traseiro do fusca ao lado de Câmara Ferreira, um dos dirigentes máximos da outra grande organização guerrilheira. Ambos cobertos por travesseiros e almofadas para que o porteiro não notasse que havia mais gente no carro, além da motorista, Benedicta, e seu acompanhante, Carlos Sá.

— Ficamos rodando por quatro horas, das dez da noite às duas da manhã, para saber onde íamos colocar o Lamarca.

Na dúvida, Benedicta propôs — e o grupo aceitou — uma solução quase doméstica. Tentariam deixar Lamarca na casa do vizinho de sua casa no Itaim-Bibi, José Tabacnik, um químico que era simpatizante da guerrilha: fora o responsável pela fabricação de cápsulas de cianureto distribuídas entre integrantes dos grupos revolucionários. As cápsulas deveriam ser ingeridas em caso de prisão para evitar o sofrimento da tortura e a entrega de informações. Não consta que alguma tenha sido utilizada.

— Eu vim, toquei a campainha, chamei pela Lizete [mulher de Tabacnik] e expliquei para ela que precisávamos esconder uma pessoa lá, seria por um ou dois dias, mas que ela não deveria saber quem era, não poderia fazer nenhuma pergunta. Na época, a Lizete e o Tabacnik estavam construindo um quarto com um banheiro nos fundos da casa. Foi lá que ficou o Lamarca — conta. A presença do capitão durou mais do que o previsto. Segundo Benedicta, ele ficou na casa dos Tabacnik por 12 dias. Depois, foi levado por Câmara Ferreira para o apartamento onde vivia a atriz Lilian Lemmertz.

Neste período, Perera já estava estabelecido como advogado de plantão da VPR. Foi a ele que a organização recorreu para resolver um outro problema relacionado com a descoberta do caminhão. Wilson Fava diz que na agenda de Pedro Lobo apreendida em Itapecerica da Serra constava o telefone de Dulce Maia de Souza, a "Judith". Ela usava um carro que — mais uma falha grave do esquema de segurança — havia sido comprado pela VPR em nome da namorada de Fava, a também militante Renata Guerra de Andrade. Por sua participação em ações armadas, ela passara a povoar a imaginação de São Paulo como sendo "a loura dos assaltos": "Pior é que só participei de um assalto, e usava uma franja preta", afirma Renata em seu escritório em Copacabana, Rio de Janeiro, onde trabalha como editora de uma enciclopédia. A prisão de Dulce no dia 25 de janeiro complicou a situação de Renata: era bem possível que a repressão chegasse a ela por causa do carro, um Volkswagen azul real, fabricado em 1967, placa 27 66 57.

— Ela dirigia o carro, tinha acesso aos documentos do carro e, portanto, conhecia minha identidade legal — diz Renata.

No dia 29 de janeiro, ela recebe a informação de que seu nome "tinha caído", era do conhecimento dos órgãos de repressão. Ela decide então passar na casa de sua mãe, que morava em um apartamento na avenida Brigadeiro Luís Antônio 1.910, "para saber o que estava acontecendo por lá".

— Eu ia dizer que estava saindo da cidade, porque provavelmente *eles* iriam bater na casa dela, era bom que ela soubesse o que dizer.

Renata não consegue visitar sua mãe. Ao chegar às imediações, é informada por um menino que a polícia estava no apartamento. Carro, nome, endereços — tudo desabara. Até mesmo a mãe de Renata acabaria sendo presa. O fusca seria deixado nas proximidades do cemitério da Consolação, não poderia mais ser utilizado. Na manhã do dia 31, Fava e Renata vão ao escritório de um advogado indicado por Onofre para tentar resolver o problema do carro, quem sabe, até mesmo vendê-lo. O advogado é Antonio Carvalho Perera, com escritório na rua do Riachuelo 275, conjunto 1304.

— Eu não conhecia, não sabia da existência dessa pessoa, nunca tinha ouvido falar. Aí o Fava me disse: "Vamos procurar esse advogado" e falou nele como se ele fosse quase um aliado, quase um simpatizante, alguém que tinha uma vida legal, que poderia passar para a polícia, para a repressão, a imagem de um sujeito que fosse simplesmente um profissional, mas que, na verdade, era um pouquinho mais do que isso. Era alguém em que a gente poderia confiar, que não ia fazer uma mutreta com a gente — conta Renata.

— Ele [Onofre] me disse que eu poderia ir lá, que o advogado era de confiança. Imagino que o Perera fosse considerado um simpatizante — afirma Fava.

Nenhum dos dois sabe dizer como o líder da VPR chegara àquele advogado. Renata classifica esta indicação como uma das "coisas do Onofre".

— O Onofre tinha muitas relações esquisitíssimas. Como era uma pessoa um pouco mais velha do que a gente, tinha uma origem completamente diferente, uma experiência muito grande em outras áreas, ele tinha as relações as mais esdrúxulas.

No escritório de A.C. Perera — como seu nome aparece no papel timbrado —, Renata assina a procuração em que o autoriza e a outros dois advogados, Antônio de Almeida e Silva e Nézio Milhin, a usar o carro e, "se possível", vender "o mesmo a terceiros". Renata afirma que não contou para Perera detalhes sobre a vida pregressa do Volkswagen, um carro da VPR. Mas garante que o advogado tinha conhecimento de que não estava diante de uma situação banal.

— Ele sabia que o fusca tinha sido estacionado na rua e que nós não tínhamos coragem de chegar até lá para recuperá-lo. Ele sabia, com certeza, que havia um *enguiço* com o carro.

Ainda no escritório, ela assina uma outra procuração em que constitui advogados para defendê-la "em qualquer juízo, instância ou tribunal". O documento, de caráter preventivo — Renata não chegaria a ser detida —, revela que Perera seria o advogado a ser acionado em caso de novas prisões de militantes da organização. Ela diz que o advogado é que propôs esta segunda procuração.

— Ele sabia no que estava mexendo, disso não há a menor dúvida — conclui.

Naquele mesmo ano, as duas procurações seriam anexadas ao processo que investigava a atuação da VPR.[75]

A fragilidade do esquema de apoio para os desertores de Quitaúna punha em risco não apenas a vida deles, mas também da própria organização,

---

[75] Arquivo do STM, processo 139/69, fls. 701 e 702.

abalada pelo episódio de Itapecerica da Serra. No início de fevereiro, Perera passa a fazer parte do grupo de simpatizantes que tentava esconder os militares e o próprio Onofre Pinto.

Em *Autópsia do medo*, Percival de Souza conta que os interrogatórios aos presos de Itapecerica da Serra provocaram "imensa euforia no quartel da Polícia do Exército" — a repressão tinha acabado de descobrir a existência da VPR.

> Militares e policiais do Dops confraternizavam: em 24 horas, novo marco de resistência humana registrado pelos presos, haviam conseguido esclarecer tudo o que preocupava os órgãos de inteligência desde o ano anterior.[76]

No caso da VPR, os interrogatórios movidos a tortura desvendaram, entre outros casos, os roubos às pedreiras Cajamar e Fortaleza, os atentados ao consulado norte-americano em São Paulo e ao jornal *O Estado de S. Paulo*, o assalto ao hospital do Exército e a explosão do carro-bomba, os assassinatos do capitão Chandler e de um soldado da Força Pública do quartel do Barro Branco e diversas *expropriações* a bancos.

Os que ainda estavam livres sabiam do impacto da tortura e dos riscos que passavam a correr a partir da revelação de algumas informações. Era impossível saber o que tinha sido contado, mas todos eles, além da própria organização, estavam em perigo. A apreensão do caminhão tirara da VPR o poder da iniciativa, o fator surpresa. Eles agora também eram alvo: pior, combatiam contra um inimigo mais poderoso, que, passado o impacto dos primeiros golpes sofridos, começava a se articular de forma mais organizada para derrotar os responsáveis pelos atos de guerra revolucionária e terrorismo. Diante desta ameaça, a VPR não sabia como se safar de um problema mais simples: onde esconder os desertores de Quitaúna e o próprio Onofre, cujo nome, àquela hora, era conhecido pela repressão? A Revolução estava a pé, ao relento, sem ter onde dormir.

---

[76] Percival de Souva, obra citada, p. 116.

Em fevereiro, dois outros homens são mobilizados para garantir a segurança de Onofre e seus companheiros: o capitão reformado do Exército Afonso Cláudio de Figueiredo, que servira com Lamarca em 1962, no mesmo quartel de Osasco, e Antonio Expedito Carvalho Perera. A leitura dos depoimentos de Onofre, Figueiredo e Perera confunde e esclarece. Nenhum dos três poderia negar algum tipo de envolvimento no esquema. Isto, porém, tinha que ser feito de forma a não complicar ainda mais a situação, a deles e a dos outros. As versões se chocam, datas são misturadas: as contradições ocorrem até mesmo em depoimentos das mesmas pessoas.

Em linhas gerais, os três indiciados concordam em alguns pontos: 1. por volta do dia 15 de fevereiro de 1969, Onofre — sob o codinome de "Augusto Waldemar" — procura Perera em busca de abrigo para ele e para um amigo, "César" (Lamarca); 2. Perera — supostamente sem saber quem eram os dois fugitivos — pede a Figueiredo para abrigá-los em uma casa vazia. A casa, no bairro de Santo Amaro, pertencia a Figueiredo, que solicitara a ajuda do advogado para vendê-la; 3. "Augusto" e "César" ficam na casa por alguns dias, mas, por considerá-la insegura, procuram Figueiredo, que estava na casa de seu pai, e pedem para trocar de esconderijo; 4. Figueiredo então reconhece Lamarca, seu ex-companheiro de Exército; 5. "Augusto" e "César" vão para o apartamento de Perera, onde ficam até o dia 2 de março; 6. Figueiredo alega que não denunciou os dois por questões sentimentais; afinal, servira com Lamarca. Em todos os depoimentos, Perera alegaria que só depois de preso é que veio a saber quem eram seus hóspedes, não sabia que abrigara Onofre e Lamarca. Outros depoimentos, e entrevistas feitas em 2003, revelam que a operação foi mais complexa e envolveu outras pessoas.

Aparelho

A atriz gaúcha Nilda Maria — Nilda Maria Toniolo — deixara Porto Alegre e retomara, em São Paulo, a amizade com Nazareth e Perera. A intimidade conquistada no sul permitiu a Nilda perceber que o casal Perera estava prestes a se separar: Nazareth, que voltara a freqüentar sessões de psicanálise, descobrira que o marido tinha uma outra mulher, funcionária do seu escritório. Ao Deops no dia 13 de março, Nazareth disse que o nome dela era Célia, uma nissei. A secretária de Perera chamava-se Célia Hatsumi Heto. Em depoimento, no dia 19 de março, afirmaria que gozara "de muita intimidade" com seu chefe.[77] Ao depor na Justiça Militar em fevereiro de 1970, Perera diria que, na época de sua prisão, estava separado de Nazareth.[78]

Mais por influência dos amigos de teatro — "eu não tinha muita formação política" —, Nilda se aproxima do PCB. Em 1962, se casa com o advogado e fiscal de rendas José Luiz Quadros Barros, amigo do então capitão Afonso Cláudio de Figueiredo. Nilda acaba fazendo amizade com a mulher do oficial, Marly. A amizade com os casais Perera e Figueiredo seria fonte de um episódio que traria graves conseqüências para José Luiz e Nilda. Em 1969, grávida, a atriz tinha um bom papel — de uma guerrilheira — na montagem de *O balcão*, de Jean Genet, que estava sendo apresentada no teatro Ruth Escobar. Lembra que, "em meados de fevereiro", ela e o marido foram solicitados a abrigar pessoas que estavam sendo procuradas.

---
[77]Arquivo do STM, processo 139/69, fl. 183
[78]Arquivo do STM, processo 139/69, fl. 2.725.

Hoje separados, Nilda e José Luiz divergem sobre quem fez o pedido: Nilda diz que foi Figueiredo; José Luiz afirmou, inicialmente, que fora procurado por Perera, mas, logo depois, diria apenas "ter a impressão" de que o pedido viera do advogado. Nos depoimentos que ambos prestaram em 1970, eles concordaram que Perera fora o autor da solicitação. Figueiredo, porém, estava envolvido no mesmo projeto. Apesar das divergências políticas — "o PCB era contra a guerrilha", diz ela —, o casal resolveu dar abrigo não a dois, mas a três guerrilheiros: Lamarca, Darcy Rodrigues ("Souza") e Mariane ("Baiano"), o cabo que também desertara de Quitaúna.[79]

Nilda e José Luiz concordam: sabiam quem eram aquelas pessoas. Não apenas eles: Perera e Figueiredo também conheciam as identidades daqueles homens. Na casa da atriz e do fiscal, no número 3.266 da avenida Ibirapuera, chegaram a ser promovidas algumas reuniões para discussão da situação política. Mas Nilda, que conhecera o austero e conservador Perera em Porto Alegre, não se assustara com a súbita mudança do amigo?

— Naquele tempo, a gente não estranhava nada, até os mais alienados se envolviam. Era uma época de limites extremos — justifica.

E José Luiz, um funcionário público sem atividade política, não ficou temeroso em abrigar aqueles homens e participar daquele tipo de reunião?

— Naquela idade, eu tinha 31 anos, você não se assusta com muita coisa, a gente acreditava que estava colaborando com alguma coisa melhor. Eu também tinha um ideal, não tinha medo de nada — afirma, na sala de reuniões de uma repartição pública de São Paulo.

Os três homens ficaram na casa da avenida Ibirapuera por cerca de dez dias. De lá, houve uma separação. Lamarca e Onofre, que até então estava aos cuidados da ALN, foram levados para um novo esconderijo, a tal casa vazia de propriedade de Figueiredo. Nos depoimentos, o oficial reformado e Perera dariam a mesma versão: o advogado havia sido encarregado de vender a casa, já que Figueiredo estava se separando da mulher. A casa ficava na rua Dona Eponina Afonseca.

— Eu e a Marly — mulher de Figueiredo — íamos até lá para levar comida para eles — recorda Nilda.

---

[79]Depoimentos, possivelmente prestados à polícia, de Nilda Maria Toniolo e José Luiz Quadros Barros, arquivo do autor.

Mariane e Darcy Rodrigues foram transferidos para o apartamento da Henrique Schaumann onde Perera vivia com Nazareth e Cristina. Seriam apresentados a Nazareth como estudantes. Em novembro de 2002, Rodrigues afirmou que foi para a casa dos Perera por volta do dia 10 de fevereiro. Revelou ainda que outro integrante da VPR ficou no apartamento naquele período: José Carlos Barreto, o Zequinha, ex-operário envolvido com a greve de Osasco e que, em 1971, seria morto ao lado de Lamarca, no interior da Bahia.

Rodrigues disse que ficou poucos dias no apartamento, por considerar o esconderijo pouco seguro.

— Eu achava absurdo que eu, do esquema militar, ficasse no mesmo lugar que alguém do esquema de massas, como Zequinha.

Da Henrique Schaumann, Rodrigues foi para o apartamento dos pais de Perera, na rua da Consolação número 1.754, nas proximidades do teatro Record. Zequinha e Mariane também deixaram a residência dos Perera, que, no entanto, não ficaria sem hóspedes por muito tempo. Preocupados com a insegurança do novo esconderijo, o da rua Dona Eponina Afonseca, e com a falta de contato com Perera — o advogado viajara para o interior do Paraná no dia 23 de fevereiro —, Lamarca e Onofre vão até a casa onde Figueiredo estava morando. A casa ficava no número 1.011 da rua Tutóia, quase ao lado do prédio em que funcionava, no número 921 da mesma rua, a 36ª Delegacia. Dali a poucos meses, aquele seria um endereço temido por todos os envolvidos na oposição, mesmo que não-armada, ao governo militar. Lá seria a sede da Operação Bandeirantes, grupo de policiais e militares que, financiado por empresários, banalizaria o uso do terror e da tortura contra os adversários do regime. A experiência da Oban seria a base para a criação, pelo governo federal, de duas siglas que passaram a conviver interligadas, cabeças do mesmo monstro: DOI-CODI (Destacamento de Operações de Informações-Centro de Operações de Defesa Interna). Em setembro de 1970, ao criá-los, o presidente da República, general Emílio Garrastazu Médici, avalizava e institucionalizava o terrorismo de Estado no país.

De acordo com os depoimentos de Onofre, Figueiredo e Perera, o advogado apareceu na casa da rua Tutóia quando os dois foragidos lá se encontravam. Decidiu-se então que Lamarca e Onofre não voltariam para o esconderijo de Santo Amaro: seriam levados para outro endereço, para o apartamento 61 do edifício Buriti, onde Perera vivia com a família. Apartamento que deixara de ser uma típica residência de classe média para transformar-se em um *aparelho* da VPR, local de abrigo para alguns dos homens mais procurados do país. Perera rapidamente evoluíra da condição de advogado para a de simpatizante e, depois, para a de colaborador da organização. Em 2002, Edgar Salomão revelaria um segredo: o "tio Expedito", naquele início de 1969, consultara seu pai — que deixara o apartamento na Henrique Schaumann e vivia em uma casa — sobre a possibilidade de ele abrigar um cliente, envolvido em uma "falência fraudulenta".

— Papai consultou a minha mãe, que não quis saber de foragido nenhum lá em casa — conta Salomão. Seu pai — revela — morreu certo de que escapara do risco de esconder Lamarca.

O apoio dado aos desertores de Quitaúna custou seis meses de prisão para José Luiz e Nilda. Em 1970 eles acabaram denunciados e presos. Chegaram a ser levados para a Oban, na rua Tutóia. Um lugar que eles conheciam bem, haviam morado na casa que em 1969 era ocupada por Figueiredo. Nilda chegara até a levar o filho mais velho para tomar banho de sol no pátio da então tranqüila 36ª Delegacia. Ela acredita não ter sofrido torturas físicas pelo fato de sua prisão ter sido divulgada na Europa, em manifesto assinado pelo próprio Jean Genet. Mas foi obrigada a ficar sem dormir e comer.

— Tinha vivido muito tempo naquela rua, conhecia os vizinhos. Da minha cela dava para ouvir e reconhecer as vozes daquelas crianças. Foi muito doloroso — conta.

A decisão de transformar seu apartamento em uma base da VPR foi tomada por Perera sem consultar Nazareth. Ao contrário do que ocorrera com José Luiz e Nilda, que aceitaram juntos correr o risco, o advogado preferiu não revelar nada sobre aqueles homens para sua mulher.

Pesadelos de Nazareth

— Eu nunca mais tive notícias dele. Ele foi para o Chile na época do Allende [Salvador Allende, presidente socialista que seria deposto por um golpe militar em 1973]. De lá ele mandou uma carta para a Cristina. Depois chegaram uns três cartões dele, de diferentes partes da Europa. O último que chegou foi de 1973 ou 1974 — contou Nazareth.

As primeiras entrevistas com Nazareth e com Cristina foram feitas, ainda em 1999, nos Estados Unidos, por uma equipe do escritório da TV Globo em Nova York. A apuração estava no início, a reportagem ainda era incerta. Não seria razoável pedir à direção do programa para me mandar aos Estados Unidos apurar uma história cujo desfecho ainda era indefinido. Fiz então o usual nessas situações: preparei um roteiro de perguntas e o despachei para Nova York. O produtor David Presas e o repórter-cinematográfico Sherman Costa se encarregariam de ouvi-las.

A fita com a entrevista de Nazareth revela uma mulher magoada, com alguns resquícios de rancor. Ela não fora simplesmente abandonada pelo marido — em 1999, 28 anos depois do banimento de Perera, ela não tinha a menor idéia de onde ele poderia estar. Ao contrário de outras histórias de exilados, Antonio Expedito Carvalho Perera, depois de enviar algumas poucas notícias, deixara de fazer contato com a mulher e a filha. A relação, então abalada, terminou com a ausência: em 1971, ela pediria o desquite.

No processo em que Cristina reivindicava a declaração de ausência do pai, sua advogada, Ecilda Gomes Haensel, incluiu um recorte do Diário da Justiça do Estado da Guanabara do dia 6 de julho de 1972. No jornal fora publicado o *documento em que Nazareth, então Oliveira Perera, pedia o desquite do marido, "encontrado em local incerto e não sabido".*

A ação de desquite revela que, a partir da prisão de Perera, Nazareth tivera acesso ao cofre onde ele guardava documentos e cartas que provariam sua infidelidade conjugal. Entre as cartas, algumas da mãe do advogado, que fazia elogios à sua secretária.

> *Meu filho, gostamos da visita da Célia. (...) É um amor e depois tem amores por você, isso já é tudo para mim.*

No pedido de desquite, o advogado de Nazareth, Francisco Basílio de Oliveira, afirmou que no cofre também foram encontradas cartas de uma peruana, que recheava suas mensagens a Perera como expressões como "vida mia" e "nunca te olvido". A ação cita também o envolvimento do advogado com uma colega, Annina Alcantara de Carvalho, e com uma portoriquenha, Betty.

Nesta primeira entrevista, em Nova York, Nazareth detalhou como seu apartamento se transformara em esconderijo para as principais lideranças da VPR — estudantes, segundo seu marido.

— O nome do Lamarca, para mim, era César.

O relato da convivência daquela família com as principais lideranças de uma organização armada tem momentos de fazer inveja aos mais ousados delírios surrealistas. Em seu livro, Nazareth relata diálogos com Lamarca sobre justiça social e mortandade infantil. "César" mostrava-se particularmente sensível a este tipo de conversa. Nazareth conta também que chegou a cantarolar para o hóspede músicas de protesto que compusera.

> Será que ela vencerá
> a guerra da fome?
> Poucos sobrevivem;
> a maioria vai de roldão
> tomba na batalha travada
> da subnutrição

> Falta vitamina
> falta proteína
> ferro, iodo, cálcio
> fosfato também;
> esse é o quadro triste
> da nossa infância
> que vive ao léu
> sem proteção
> vítima da subnutrição.[80]

Em outra de suas músicas recebidas com entusiasmo por "César", Nazareth cantava o drama de Sebastião, um homem que fora preso por dormir em um túmulo.

> Morava no cemitério
> ainda vivo o cidadão
> dormia na sepultura
> pois não tinha habitação.
>
> Coitado do Sebastião!
> Coitado do Sebastião![81]

Embalada pelas canções de Nazareth, a vida seguia aparentemente tranqüila naquele apartamento. Lamarca chegou a participar de uma amistosa conversa entre a dona da casa e uma amiga, judia húngara que fugira do país depois da invasão soviética de 1956. Diante de "César", desfilaria argumentos anticomunistas. Havia outras visitas, de visão de mundo oposta à da velha amiga da dona da casa. Ao arrepio das mais básicas regras de segurança, o apartamento recebeu, entre os dias 27 de fevereiro e 2 de março, outros simpatizantes ou colaboradores do grupo revolucionário, como José Luiz, Nilda e Figueiredo. Quadros importantes da VPR, Ladislas Dowbor e Valdir Carlos Sarapu também passaram pelo edifício Buriti em, no mínimo, duas ocasiões.

---

[80]Nazareth de Oliveira, obra citada, p. 180.
[81]Nazareth de Oliveira, obra citada, p. 181.

O desprezo pela segurança não se limitava ao vaivém no *aparelho*. Perera estacionara na garagem do prédio o Volkswagen que lhe tinha sido deixado por Renata Ferraz, um carro conhecido e procurado por toda a polícia. Nazareth, que tinha um Gordini, chegou a levar Mariane ao dentista no carro da VPR. Os próprios dirigentes da organização — que conheciam o carro, sabiam de sua história e dos riscos de utilizá-lo — também não vacilaram em colocar o Volkswagen na rua. No depoimento ao Deops, Onofre afirmou que, no dia 1º de março, foi com Lamarca a um encontro no "Volkswagen azul que sabe ser de Cecília" (codinome de Renata). O gesto revela a imprudência e a precariedade de recursos da guerrilha. Uma blitz da polícia que identificasse o carro teria sido suficiente para, naquela noite, dar cabo das duas principais organizações armadas contra o regime militar, a VPR e a ALN: Lamarca, segundo Onofre, o levou para um encontro com "Toledo", Câmara Ferreira, e "Menezes", Carlos Marighella.

A sorte que até então os acompanhava não resistiria a tantas provocações. No domingo, dia 2 de março, Onofre sai do apartamento para um *ponto* — um encontro — com Diógenes de Oliveira, o "Luís". Logo em seguida, Ladislas também sai. Ficam no apartamento Perera, a cunhada Teresa (casada com seu irmão João), Nazareth, Cristina, Lamarca, Valdir Sarapu e duas empregadas da família. Não demora muito para um assustado Ladislas voltar para o apartamento. Sarapu recorda:

— Ele chegou, molhado pela chuva, esbaforido, dizendo que o Onofre tinha *caído*. "Eu vi ele sendo preso", ele dizia. Nós saímos correndo pelas escadas, na tentativa de resgatar o Onofre — conta. O local do *ponto* ficava a cerca de 400 metros do apartamento, a pouco mais de um quarteirão de distância, na praça Benedito Calixto, também em Pinheiros.

Assustada, Nazareth ainda ouve o marido dizer que ela deveria ignorar tudo aquilo, ela que tão pouco sabia e que cada vez mais se convencia de um diagnóstico que fizera do marido: ele tinha dupla personalidade.

Os quatro homens saem em dois carros: Perera e Lamarca no Volkswagen da VPR, Sarapu e Ladislas no Gordini: o Galaxie do advogado andara apresentando defeitos e passara uns dias em uma oficina. Perera leva Lamarca para o apartamento de seu pai, na rua da Consolação. Ladislas e Sarapu seguem para a praça Benedito Calixto. Rodam pelo local, e nada — o líder da VPR, àquela hora, estava sendo encaminhado para a tortura.

— O Ladislas me disse que o ponto seria com os três: ele, Diógenes e Onofre. Por uma questão de segurança, ficou do outro lado da rua, esperando a chegada do Diógenes. Ele não apareceu, no lugar dele veio a polícia — conta Sarapu. Diógenes não poderia ir ao encontro, pois fora preso às 8h30. Além deles, a polícia e os militares conseguiram levar Roberto Cardoso Ferraz do Amaral. A VPR ia sendo desmontada.

Sem saber o que se passava, Nazareth fica em casa com Cristina e as empregadas. Perera manda para lá um de seus irmãos, João. Teresa e Nazareth tinham descoberto que uma mala deixada por "César" estava cheia de dinheiro. Nazareth diz que pegou uma pequena parte do dinheiro e deu para a concunhada. João, por determinação de Perera, deu um outro maço de notas para Nazareth. Logo depois, ele e a mulher saem com a mala. Mais tarde chega outro cunhado, José Firmino. Por determinação do irmão mais velho, ele fora passar a noite com Nazareth e a filha. Ficar no apartamento representava um grande risco, que todos ali ignoravam. Horas depois da fuga do marido e dos três supostos estudantes, Nazareth descobriria que ela também se tornara alvo da repressão. Por volta das quatro da madrugada, seu apartamento é invadido por soldados do Exército:

> Quando dei pelo fato, havia uns 12 homens armados até a alma, já dentro do apartamento, com seus fuzis apontados para mim. Começaram a dar buscas em todos os lugares: armários, guarda-roupas etc. Eu fiquei sem saber o que fazer, andava de um lado para o outro, como uma cobaia presa, tentando ligar as peças do quebra-cabeça. As empregadas choravam e o capitão da Polícia do Exército questionava alternadamente uma e outra, sem dar trégua.[82]

Nem mesmo Cristina, que tinha 10 anos, é poupada do interrogatório. O capitão lhe mostra fotos, pergunta se ela reconhecia aquelas pessoas. Cristina diz que nunca tinha visto nenhum daqueles homens. Desconfiada, nega que conheça o próprio pai. No depoimento à Justiça Militar, Perera citaria o nome do oficial que comandou a invasão de sua casa: capitão Pivato. Disse que sua filha foi por ele ameaçada de receber palmadas.[83] Desespera-

---

[82]Nazareth de Oliveira, obra citada, p. 198.
[83]Arquivos do STM, processo 139/69, fl. 2.725.

da, Nazareth olha para a entrada da sala e vê Onofre: de joelhos, curvado, com as mãos para trás. Acha melhor fingir que não o conhece.

> Depois fiquei sabendo que ele havia sido torturado por mais de 12 horas seguidas, por não entregar o Lamarca e o meu marido. Ele levou a turma a vários lugares diferentes antes de ir até a nossa casa, para despistar e dar tempo para eles fugirem.[84]

Nazareth não sabia, mas também deveria ter fugido. Ela e José Firmino são levados para o quartel da Polícia do Exército. Lá, é recebida com um murro, dado por um homem que ela identificou como Caetano. Ao levantar-se, leva outro soco, e mais outro. É chamada de comunista, de terrorista, de puta. Os militares lhe mostram fotos: ela identifica o marido e "César", o "estudante". Ainda sem saber a razão de tudo aquilo, ela acabara, ao reconhecer "César", de confirmar que Lamarca estivera em sua casa. Ela não sabia onde ele e Perera estavam, mas os torturadores não acreditavam nisso. Nas horas seguintes, Nazareth é espancada, leva choques por todo o corpo. Como se recusasse a dar uma pista do paradeiro daqueles dois homens, é colocada nua e, em seguida, pendurada de cabeça para baixo — seus tornozelos tinham sido amarrados a cordas que pendiam de roldanas presas no teto. As perguntas continuam: Onde eles estão? O que faziam lá?

> Num dado momento vi o Waldemar, digo, Onofre, se aproximar, rastejando, nu, com as mãos algemadas para trás, pois não conseguia ficar de pé, de tanta tortura que sofrera, chegar perto de mim e dizer: "Ela é inocente, vocês estão fazendo a maior injustiça com essa senhora. Eu sou culpado, mas ela não." Imediatamente, um dos caras deu-lhe um pontapé e o atirou longe dali, como não se faz a um cão.[85]

Os militares trazem José Firmino para o salão onde Nazareth estava sendo torturada. Ao ver a cunhada pendurada, ele, segundo o relato de Nazareth, diz que falaria tudo o que sabia, ainda que não conhecesse nada de toda aquela história. Ela diz que José Firmino iria com os militares ao escritório de Perera

---

[84]Nazareth de Oliveira, obra citada, pp. 198 e 199.
[85]Nazareth de Oliveira, obra citada, p. 202.

e a um hotel que ele costumava freqüentar em seus encontros extraconjugais. Mas não os levou à casa dos seus pais.

No dia seguinte, Nazareth é libertada, sob o compromisso de voltar para depor. Até o início de 2003, 34 anos depois, ela continuava a freqüentar um programa mantido pela Universidade de Nova York para vítimas de tortura — o NYU Program for Survivors of Torture, que funciona no hospital Bellevue.

Prisão e torturas

Na manhã do dia 3 de março, depois da *queda* de Onofre, Perera e Lamarca continuam a agir de uma maneira que desprezava qualquer preocupação com a segurança. Após dormirem no apartamento dos pais do advogado, na rua da Consolação, os dois decidem ir para o escritório da rua do Riachuelo, um endereço localizável com uma simples consulta ao catálogo telefônico da cidade. O trajeto seria feito no mesmo Volkswagen azul da VPR. No fusca segue também o comerciário João Carvalho Perera, irmão do advogado. No depoimento ao Deops, no dia 19 de março, João Carvalho confirmou que fora com o irmão e "César" até o escritório. De lá, seguiu para o trabalho, na praça Ramos de Azevedo.

Por volta das 9h30, João Carvalho volta ao escritório do irmão. Logo depois de entrar no prédio, vê "César" sair do elevador.

— Você já vai embora? — perguntou João.

— Vou, mas provavelmente voltarei mais tarde — respondeu.[86]

Em seu depoimento à polícia, Perera admitiu que Lamarca fora com ele até o escritório. Ele procurou caracterizar o episódio como de âmbito profissional.[87] Disse que "César" comentara que estava pensando em se entregar, desde que houvesse alguma segurança para isto. Era um cliente peculiar: Perera afirmou que "César" lhe contara que não poderia revelar quem era

---
[86] Arquivo do STM, processo 139/69, fl. 180.
[87] Quase um ano depois, ao depor na Justiça Militar, ele daria uma outra versão: negou que levara Lamarca para a casa de seus pais e disse que o capitão foi encontrá-lo no escritório na manhã do dia 3. Arquivo do STM, processo 139/69, fl. 2.726.

nem que tipo de crime cometera. O advogado declarou que, pouco depois da chegada de ambos ao escritório, "ali apareceu" um homem que se identificou como "José Carlos", com quem "César" ficou "conversando baixinho". "José Carlos", de acordo com Perera, estivera no escritório outras três ou quatro vezes.

Depois de conversar com o misterioso "José Carlos", "César" diz para Perera que estava indo embora, mas que voltaria entre 18h30 e 19h, "para continuarmos aquele assunto".[88] A nova conversa não ocorreria. Meia hora depois da saída de Lamarca, chegam os policiais — por muito pouco não se encerrou ali a carreira do capitão em seu novo e precário exército. Perera, porém, não escaparia. Na Justiça Militar, ele contou que foi preso pelos cabos Bascon e Passarinho e pelo investigador Parra. Disse que foi puxado pela gravata diante de seus clientes, algemado e levado pela rua até o carro da polícia que o conduziu para o quartel da Polícia do Exército.

No escritório, os agentes apreendem um revólver Taurus, calibre 32, com seis balas. No dia 18 de março, duas semanas depois da prisão, os policiais voltam à rua do Riachuelo para uma nova apreensão: a do Volkswagen placa 27 66 57, de propriedade de Renata Ferraz Guerra de Andrade. Um dos carros mais visados e procurados de São Paulo, o fusca conseguiu ficar em liberdade mais tempo que alguns de seus usuários.[89]

Fontes para o levantamento dos casos de tortura relacionados no livro *Brasil, nunca mais*, os depoimentos dos presos políticos à Justiça Militar revelam que as auditorias representavam o último e frágil vínculo da ditadura com a legalidade. Mesmo depois do AI-5 e a conseqüente suspensão do *habeas corpus* para acusados de crimes políticos, era nas auditorias e no STM que os advogados tentavam ao menos diminuir a carga que pesava sobre seus clientes. Apesar de estarem de alguma forma ligados à lógica do regime militar, as auditorias integravam o Judiciário — em tese, um poder independente mesmo naquele regime de exceção. Nelas se tentava resgatar um vestígio de legalidade em um regime que ignorava qualquer tipo de obstáculo. Nas

---
[88]Arquivo do STM, processo 139/69, fl. 143.
[89]Autos de apreensão anexados ao processo 139/69, Arquivo do STM, fls. 105 (revólver) e 174 (Volkswagen).

auditorias os presos sentiam-se mais seguros para relatar as torturas sofridas, as condições em que tinham sido obrigados a prestar suas declarações à polícia. Foi diante do Conselho Permanente da 2ª Auditoria da 2ª Região Militar que Perera, no dia 25 de fevereiro de 1970, contou como fora torturado ao ser preso, quase um ano antes.

> (...) que foi levado à PE, onde encontra Augusto [Onofre], nu e pendurado num cano, com a cabeça para baixo, e tendo vários fios ligados ao corpo; que, sem qualquer interrogatório prévio, o interrogando foi despido, molhado, e colocado no lugar de Augusto, ao mesmo tempo em que apanhava e sofria choque elétrico; que após cinco horas de sevícia, o interrogando perdeu os sentidos e foi posteriormente socorrido pelo sargento Verdramine, que o tratou muito bem (...).

Em seguida, Perera deu os nomes dos que os torturaram na chegada à PE: Brito, Perrone, Caetano, Valmor, Piere Braga, capitão Pivato, tenente Agostinho e o delegado Quoaiss.

> (...) que no dia seguinte, Caetano, Barra, Valmor, Passarinho e Pascom, além de Corrêa, lhe aplicaram os mesmos suplícios na parte da manhã, inclusive com a introdução de um cassetete eletrizado no ânus e fios elétricos aplicados na região genital e nos dedos dos pés.[90]

Logo depois, ele relata que sua mulher foi levada pelo delegado Rosanti e pelo investigador Cabeça para vê-lo, "despido, após aquele tratamento". Em seu livro, Nazareth relembra o episódio.

> Ao meio-dia, mais ou menos, foram me buscar para assistir à tortura do meu marido. Eles tentaram jogá-lo conta mim, a princípio. Logo que entrei, o Caetano me deu um empurrão, encaminhando-me para onde estava o Tônio. Ele já estava no pau-de-arara, coitado, nu, numa posição humilhante (...). Meu marido estava pendurado numa posição diferente da em que estive. Creio que estava amarrado, não só pelos pés, como fiquei, mas, também pelos punhos (...). Quando entrei no

---

[90] Arquivo do STM, processo 139/69, fl. 2.727.

> *estábulo*, encontrei, além dos meus torturadores, a sala cheia de militares e outras pessoas curiosas. (...) O Tônio estava, naquele momento, negando que houvesse armas em nossa casa, que eles chamavam de *aparelho* (...).

Humilhado, indefeso, Perera grita pelo respeito aos direitos humanos; exige que observem sua condição de advogado. Para desespero dele e de Nazareth, nada adianta. Militares e policiais civis estavam unidos. A aplicação da chibata, do látego e do azorrague não era mais uma figura de retórica. O chicote se transformara em instrumento de governo, de exercício de poder.

> Ele pegou uma peça de madeira, de uns vinte centímetros de diâmetro, e começou a cutucar os testículos do Tônio, com um requinte de maldade que me deixava abismada! Depois, descia-o, para jogar álcool nos seus olhos. Subia as cordas presas às roldana e, outra vez, cutucava seu escroto, com tanta força, que Tônio se contorcia de dor.(...) Depois, pegou o aparelho de dar choques e começou a aplicar choques em todo o seu corpo, começando pela cabeça, e não parava de machucar seus testículos com aquele pedaço de madeira.[91]

Desesperada, Nazareth começa a gritar, a pedir que Perera falasse o que sabia, que pensasse na filha. O advogado, olhos vermelhos, cheios de lágrimas, continuava a exigir seus direitos, a protestar contra o AI-5. Nazareth não resiste à cena e desmaia.

No depoimento na Auditoria, Perera ressaltou que foi torturado durante uma semana, até ser levado para o Deops, onde seria formalmente interrogado no dia 12, nove dias depois da prisão. Perera afirmou à Justiça Militar que fora impedido de ler a transcrição de seu depoimento, por isso se recusou a assiná-lo. A atitude fez com que fosse novamente levado para a PE, onde viria a ser torturado mais uma vez. Disse que só concordou em assinar o depoimento quando Caetano e Parra — aqui o nome de um dos tortura-

---
[91] Nazareth de Oliveira, obra citada, pp. 208 a 210.

dores aparece grafado como "Parra" e não mais como "Barra" — ameaçaram levar sua filha para o quartel. Perera declarou também que seus irmãos José Firmino, Francisco Tiago e João também tinham sido presos e torturados — o último chegara a perder a audição "em virtude de sevícias". Afirmou que sua secretária, Célia, e seu motorista também sofreram maus-tratos.

Mesmo sob tortura, Perera pouco falou. No depoimento à polícia, que declarou ter assinado sem ler, manteve a versão de que agira o tempo inteiro como advogado e que não sabia quem realmente eram "César" e "Augusto". Versão que, ao mesmo tempo, reforçava sua defesa e evitava identificar outros companheiros. A análise do processo e as entrevistas com ex-integrantes da VPR revelam que Perera pouco poderia acrescentar às investigações: tudo indica que ele desconhecia os meandros da organização. Era acionado quando algo não dava certo, quando surgia um problema.

Em seu primeiro depoimento, sequer revelou que também hospedara Rodrigues e Mariane. Apenas no dia 25, em novo interrogatório, ele confirmaria o que Nazareth admitira à polícia: que "Souza" e "Baiano" também tinham ficado em seu apartamento. Confrontado com fotografias de integrantes da VPR, Perera reconheceu "Nelson" (Ladislas) e "Souza" (Rodrigues). Em nenhum momento falou sobre Nilda e José Luiz. O "bom comportamento" de Perera durante os interrogatórios lhe valeu uma dose adicional de respeito por parte de seus companheiros. Apesar da crueza da tortura e da quase impossibilidade de se resistir ao repertório de atos de violência e sadismo, muitos integrantes de organizações de esquerda adotaram a prática de julgar o comportamento de seus companheiros *no pau*. Perera recebeu uma boa avaliação. Isto foi fundamental para conquistar a admiração de um de seus companheiros de PE, Diógenes de Oliveira:

— Vi o cara ser trazido, carregado para a cela. Quebrado, torturado, com o rosto inchado. Fui testemunha ocular da história e ele resistiu bravamente à tortura. Não consta que tenha *falado* — afirmou Diógenes, em sua casa em Porto Alegre.

A decisão de manter Nazareth à parte do que se passava em sua própria casa se revelaria errada. Ao contrário do marido, Nazareth não sabia o que poderia e o que não poderia ser dito. Não tinha a menor noção do que era a VPR, do que representavam aqueles homens. Não poderia exercitar a tentativa de evitar revelar informações mais relevantes. No dia 25 de junho de 1969, diante do delegado Wanderico de Arruda Moraes, da Delegacia Especializada de Ordem Social, Nazareth Oliveira Perera, 37 anos de idade, branca, casada, natural de Pirenópolis, residente na rua Henrique Schaumann 546, apartamento 61, prestou um depoimento formal.

Os agentes lhe mostraram fotos de alguns dos mais destacados integrantes da VPR, queriam saber se ela os conhecia, se eles estiveram hospedados em seu apartamento. Nazareth não sabia seus verdadeiros nomes, mas, ao dizer que sim, que os reconhecia — este é o César, este é o Augusto —, ela confirmava que Antonio dera abrigo aos guerrilheiros. A família do marido e o próprio Perera, segundo estes parentes, nunca a perdoariam por esse depoimento. A desconfiança sobre Nazareth seria utilizada até mesmo para justificar a distância que Perera, na Europa, decidiu manter em relação à filha.

No dia 25 de junho, em novo depoimento, ela reconheceu fotos do sargento Darcy Rodrigues e do cabo José Mariane Ferreira Alves. Disse também que o seu marido, dr. Antonio Expedito Carvalho Perera, informou, na ocasião, em que as ditas pessoas se hospedaram na casa da declarante, que os mesmos eram estudantes, que estavam fazendo um curso e que iriam ficar alguns dias na casa dela declarante e de seu marido — dr. Perera; que, pelo decurso de tempo, a declarante não sabe informar se o sargento Darcy e o cabo Mariane saíram ou não de casa enquanto lá estiveram; que Mariane e Darcy se hospedaram na casa da declarante antes de "César" (capitão Lamarca) e "Waldemar" (Onofre Pinto).[92]

Em 1996 eu estivera em Bauru, interior de São Paulo, para entrevistar o ex-sargento Darcy Rodrigues. Na ocasião, ele me ajudaria em uma reportagem, também para o Fantástico, *sobre alguns dos mais constrangedores episódios da luta armada: os justiçamentos internos, execuções, pelas próprias organizações, de militantes suspeitos de traição ou que demonstravam comportamento supostamente capaz de oferecer riscos às atividades do grupo. Entre 2002 e 2003, para a elaboração deste livro, voltaria a ter novos contatos com ele. Voz tranqüila, pausada, Rodrigues, como outros ex-militantes, ressaltaria características externas de Perera:*

---

[92]Acervo do Deops, Arquivo do Estado de São Paulo.

— Era um sujeito de aparência sui generis. Se vestia muito bem, tinha um comportamento aristocrático, usava cachimbos ingleses, com fumo importado. Ele fazia questão de passar a imagem de uma pessoa que tinha independência econômica, de um profissional muito bem situado na vida. O carro dele era um dos mais caros do mercado.

Mas o que teria levado esse homem a envolver-se com a guerrilha? Rodrigues arrisca uma explicação. Para ele, Expedito buscava posicionar-se para garantir um lugar de destaque entre aqueles que representavam uma "alternativa de poder no Brasil". Na sala de sua casa em Bauru, apoiado em uma mesa de tampo de vidro, Rodrigues agradece a acolhida de Perera, mas é incisivo quando pergunto se o gesto de dar abrigo àqueles homens na casa de sua família não revelava uma certa dose de irresponsabilidade.

— Foi menos ousadia e mais irresponsabilidade. Não acredito que ele estivesse fazendo uma avaliação correta do perigo a que estava expondo sua família.

Este risco se concretizou com as prisões de Onofre Pinto, de Perera, e com a tortura de Nazareth.

— A prisão do Perera foi quase motivo de chacota — lembra Renata Guerra de Andrade. — Em meio àquela tragédia virou quase uma chacota, porque ele fez coisas absurdas e tinha infringido normas básicas de segurança, nem um principiante faria aquilo. Um dos erros foi guardar o Lamarca em casa. — Ela ressalta um mandamento básico, desrespeitado por Perera: não se deve confundir a figura do advogado com a do militante.

Os lordes da cela

Além do inquérito que se transformaria no processo 139/69, Perera foi também obrigado a responder a um Inquérito Policial-Militar (IPM), aberto pelo Exército para investigar a participação do ex-capitão Afonso Cláudio de Figueiredo no esquema de proteção a Lamarca. Em meio a tantas apreensões, o fantasma de Expedito, personagem que o advogado matara ao deixar Porto Alegre, ameaçava assombrá-lo. No dia 19 de março de 1969, o diretor do Dops do Rio Grande do Sul, Firmino Peres Rodrigues, informou, em radiotelegrama enviado ao seu colega de São Paulo, Wanderico Moraes, que Perera, "bacharel assessor técnico Tribunal de Contas à disposição Junta Comercial foi demitido face ter sido incurso sanções previstas Ato Institucional abril 1964".[93]

O telegrama omitia a razão da demissão e reforçava as suspeitas sobre Perera, que, em depoimentos, fazia questão de lembrar que nunca fora simpatizante de idéias de esquerda e que pertencera ao PDC. Agora, o diretor do Dops gaúcho informava que ele fora demitido com base em um ato institucional — ele fora punido acusado de corrupção, mas o telegrama, ao não revelar as causas de seu afastamento do serviço público, reforçava as suspeitas de subversão.

Ainda preso no Deops de São Paulo, para onde fora levado depois das torturas no 2º Exército, Perera redescobre a religiosidade. Abalado pelo isolamento e pela tortura, sentindo-se abandonado, Perera, como Jesus, volta-se para o Pai. A retomada da fé católica fica explícita nas cartas que ele envia

---
[93]Arquivo do STM, processo 139/69, fl. 179.

para a mulher. Todas começavam com uma saudação cristã: "*Pax Christi!*" Nelas, Perera ressaltava a importância da leitura da Bíblia.[94]

> Como vai a Cristina? Tenho a sua fotografia na Bíblia. Esta tem sido minha leitura preferida. (...).
> Não deixes de rezar pelo teu marido. Ele precisa muito. Não se trata de uma fuga para o misticismo. Não. É uma resolução permanente. Estou em paz comigo. Sem querer discutir a aplicação ou a interpretação — da lei — não vejo crime de que me arrepender. Podem ser encontrados elementos circunstanciais, mas erro meu, pessoal, não tenho. Assim, tenho a tranqüilidade do ser. As minhas preces são no sentido de que as autoridades vejam isto: a diferença entre o ser (a realidade objetiva) e o parecer (o crivo circunstancial).
> Tens ido ao analista? Comungaste pela Páscoa?

Em carta datada do dia 15 de abril, ele comenta: "O jornal *Lar Católico* está muito bom" e dá uma boa nova: "D. Vicente é hoje cardeal" (Justino Vasconcelos e Flávio Tavares revelaram que o então arcebispo de Porto Alegre, quando informado das torturas sofridas por Perera, fez questão de visitá-lo na prisão).

Ainda no mês de abril, Perera exulta com a descoberta de um ótimo livro:

> O livro *Poemas para rezar*, de Michel Quoist, presente da Mariza e Bernardus, é extraordinário. Confesso-te, está junto aos livros que mais me impressionaram até hoje: *A dor*, de mons. Bougard, *Assim falou Zaratustra*, de Nietzsche, *Judas, o obscuro*, de Thomas Hardy.

No dia 16 de junho, ele cita uma outra carta, enviada para uma amiga de nome Juçara.

> Fiz uma profissão católica de fé, colocando Deus como o centro de todas as coisas e o homem como fim principal da vida. A sociedade, um mero meio.

---
[94] Transcrição das cartas em Nazareth de Oliveira, obra citada, pp. 222-238.

Perera aventura-se em uma viagem interior, como demonstra em carta datada de 4 de maio. Nela, revela um estado quase de hibernação. Ele afirma que não se considerava vencido, que não estava morto.

> Estou trabalhando o meu *eu*. Injetando nele os estímulos necessários, pois no agudo contraste entre a alegria e a dor é que as mais profundas satisfações da vida são encontradas. Não esmorecer. Não admitir da vida qualquer *Não* peremptório. Lutar sempre, indomavelmente. Reunir os despojos e, de novo, arremeter.

As cartas relacionadas no livro de Nazareth (ela afirmou que jogou fora os originais) mostram um homem deprimido — "Sinto vergonha de mim, da minha inutilidade." —, perplexo com a prisão e com problemas de saúde. Em várias, muitas redigidas quando ainda estava incomunicável, ele manifesta estar com dificuldades relacionadas à memória, conseqüência, talvez, da tortura.

> Não quero ser, como me estou tornando, um meio-homem, sem capacidade plena, sem memória (...).

> Já comecei a tomar o remédio receitado, ou seja, ácido glutâmico. A bula não me assustou. Aliás, nada mais me assusta.

Nas cartas, Perera faz referência a amigos — um casal —, seus sócios na firma de fornecimento de mão-de-obra. Segundo Nazareth, a tal empresa escondia uma outra atividade: a falsificação de dólares. No relatório do inquérito que investigou a VPR, o delegado Wanderico de Arruda Moraes, ao indiciar Perera ressaltou: "Consta ainda, que há algum tempo atrás esteve envolvido em uma tentativa de falsificação de dólares e cruzeiros, fato esse investigado pela Delegacia Especializada de Crimes Fazendários deste Dops."[95] De acordo com Nazareth, o delegado do Dops lhe contara deste inquérito. Ela disse que, posteriormente, confirmou a história com o marido, que lhe confidenciara que a matriz para a impressão do dinheiro ficara com o casal

---
[95] Arquivo do STM, processo 239/69, fl. 1949.

de sócios. Segundo Nazareth, o lançamento de dólares falsos acabou abortado porque o responsável pelo aperfeiçoamento da matriz — "um húngaro ou um polonês" — teve um problema nos olhos, o que o impediu de continuar o serviço.

— Não sei se ele [Perera] estava envolvido ou se estava apenas tentando esconder o caso — afirmou Nazareth. Durante entrevista em Pirenópolis, ela revelaria que Onofre, ao vê-la pendurada, gritou para os torturadores: "Ela não sabe de nada, ela é inocente, o marido dela está metido é com dólar." Nazareth afirmou que não fez referência ao caso em seu livro para não complicar a situação do ex-marido. Na época da edição, 1990, não sabia se ele estava vivo ou morto. José Ibrahim, ex-militante da VPR e ex-presidente do sindicato dos metalúrgicos de Osasco, também citaria o suposto envolvimento de Perera com atividades ligadas à moeda norte-americana. Afirmou, em entrevista por telefone, em 2003, que soubera que Perera "mexia com dólar":

— Ele era o doleiro do Onofre — disse.

Datado de 24 de abril de 1969, o Informe 984/69 da 2ª Seção (informações) do 2º Exército é específico sobre a suposta ligação de Perera com um esquema de falsificação de dólares:

1. Consta que o dr. Antonio Expedito Carvalho Pereira (elemento de ligação à VPR e preso no Dops), alguns dias antes de ser preso, entregou ao sr. Bernardo seu sócio, uma matriz para confecção de dólares falsos, e alguns documentos, para que este os guardasse.
— O sr. Bernardo tinha conhecimento dos documentos e também, para que servia a matriz.
2. Consta que o sr. Bernardo conhece profundamente a IOS (organização que remetia dólares de particulares, para serem depositados em bancos fora do Brasil, sem autorização do governo) e seus componentes, inclusive um de seus irmãos trabalhava naquela organização.[96]

O documento registra que a empresa mudara-se da rua do Riachuelo para a rua Barão de Itapetininga. A Secretaria de Segurança Pública de São Paulo

---
[96]Informe nº 984/69. Arquivo do Estado de São Paulo.

informou, em fevereiro de 2003, que não conseguira localizar o inquérito que teria sido aberto para investigar a acusação. Os processos no STM não fazem outras referências ao caso, o que pode significar que a investigação não tenha chegado à Justiça: falsificação de dólares não seria um crime a ser examinado pela Justiça Militar, mas é razoável supor que informações sobre um eventual processo contra Perera fossem anexadas à sua ficha.

Do lado de fora da prisão, Nazareth tentava reequilibrar a vida, era preciso pagar as contas, entre elas as prestações de uma casa comprada em Porto Alegre. As causas do escritório foram passadas para dois advogados que, segundo ela, eram sócios de Perera. Disse que passou a receber um terço dos honorários pagos pelos antigos clientes do marido. Nas procurações assinadas por Elisabeth Salomão e Renata Ferraz constam os nomes de outros advogados: um prática comum entre sócios de um escritório, que facilita o encaminhamento de processos na eventual ausência do titular da causa. Elvira Milhin, viúva de Nézio Milhin, um destes supostos sócios, vive em São Paulo. Ela disse que seu marido nunca foi sócio de Perera — seu escritório ficava "um andar acima ou abaixo" do dele.

— Eles se conheciam de elevador, se cumprimentavam na entrada e na saída, ele nem sabia ao certo por que o Perera tinha sido preso — contou.

No dia 10 de julho de 1969, Perera é transferido para o presídio Tiradentes, que concentrava mais de uma centena de presos políticos. Mais velho que a maioria dos outros detentos, advogado experiente, ele, aos poucos, conquista algum prestígio na cadeia. É dele, por exemplo, a primeira assinatura de um abaixo-assinado, datado de 17 de dezembro de 1969, em que 107 presos requeriam ao juiz-auditor que fosse colocado em prática o decreto que regulamentava a prisão especial. Um detalhe do documento revela que Perera fora um de seus redatores: uma citação de santo Tomás de Aquino, sua principal referência filosófico-religiosa desde os tempos de Porto Alegre.[97]

— Ele era muito querido no Tiradentes, por suas atitudes. Afinal, era apenas um simpatizante. Ele era bem-visto pelo que tinha feito, pelo que ti-

---
[97]Arquivo do STM, processo 139/69.

nha sofrido — lembra o jornalista Izaías do Valle Almada, outro integrante da VPR que acabou sendo preso naquele março de 1969. — Mas não diria que fosse uma liderança — completa.

A condição de advogado permite que Perera seja levado para uma cela especial, logo apelidada por outros presos de "cela dos lordes"; nela foram reunidos homens mais íntimos das letras do que das armas, entre eles Caio Prado Jr., autor de *Formação do Brasil contemporâneo*. Ele era acusado de ter defendido a luta armada em uma entrevista. Ficaria preso por dois anos, até ser absolvido em 1971.

Na cadeia, Perera mantém hábitos que despertam curiosidade e espanto entre os companheiros.

— Ele parecia um grande burguês. Ficava de *robe de chambre*, fumava um cachimbão, gostava de passear com uns chinelos folgados — diz Almada, que chegou a ficar por algum tempo entre os lordes do Tiradentes.

Almada lembra-se de outro detalhe que servia para diferenciar Perera de outros presos: a religiosidade, algo incomum em meio àqueles detentos. Quase todos marxistas, a grande maioria acreditava mais no poder dos homens do que no de Deus:

— Lembro que o vi rezando algumas vezes. Ele também freqüentava as missas que eram rezadas pelos padres que estavam presos.

Perera torna-se amigo de Prado Jr., que, em 1970, tinha 63 anos. Os cuidados que dispensava ao ex-deputado estadual do Partido Comunista Brasileiro chamam a atenção de Yolanda Cerquinho da Silva Prado, a Danda, filha do historiador.

— O Antonio era o único preso que se preocupava em dar apoio ao meu pai, que valorizava muito a presença dele na cela. Como o pai dele era delegado no sul, o Antonio foi incorporado à vida da cadeia, prestava serviços na direção. Conseguia que meu pai ficasse na janela para pegar comida quando a gente levava — afirma Yolanda, em 2003, diretora-presidente da editora Brasiliense. Em Paris, Danda retribuiria a atenção dispensada a seu pai.

Segredos de Annina

Não parecia haver advogada como Annina. Belga de nascimento, a mulher que viria a desafiar a Justiça Militar veio para o Brasil ainda criança com os pais, Antonio Settepani e Maria de Walgenacre Settepani. Em São Paulo, ela teria uma adolescência marcada por uma relação conturbada com o pai, que, como relata o advogado Aldo Lins e Silva, chegou a interná-la em um hospital psiquiátrico.

Segundo Danda Prado, a internação de Annina, que durou cerca de um ano, provocou indignação. A jovem belga era amiga do então marido de Danda, Paulo Alves Pinto, e seria advogada do casal em seu processo de desquite. Entre os amigos, um consenso: Annina não era louca, apenas vítima de uma perseguição do próprio pai. Um movimento pela sua libertação chega a ser organizado e Annina acaba salva pelo casamento, em 1961, com seu médico-assistente, Ideval Alcantara de Carvalho. Ele passava a se responsabilizar por ela.

O psiquiatra Ideval mora no litoral de São Paulo. Localizei-o, por telefone, em abril de 2003. Ele mostrou-se atencioso e, ao mesmo tempo, discreto. Falou de Annina com carinho, mas disse que não gostaria de dar entrevista sobre o assunto. O casamento terminara havia muitos anos, em 1963. Além da liberdade, Annina ganhara novo sobrenome — Alcantara de Carvalho — e duas filhas, Silvia Marta e Vania, que, como a mãe, viria a se tornar advogada.

Livre da internação, Annina se aproxima do PCB e consegue um emprego no escritório de Lins e Silva, que fora defensor de Luiz Carlos Prestes. No escritório, ela começa a trabalhar na defesa de presos políticos, área em que se tornaria especialista anos depois. Em pouco tempo consegue fazer muitos amigos. Lins e Silva conta que, antes do golpe de 1964, chegou a receber um pedido de Marighella, então importante dirigente "do partido": o veterano comunista queria que a advogada fosse incluída em uma delegação que participaria de uma viagem à União Soviética.

A viagem, ocorrida em junho de 1963, foi registrada pelo Deops.[98] A ficha também revela que em 1961 ela fora presa na sede da União Estadual dos Estudantes (UEE), em São Paulo. E que, em 1966, defendera o estudante Luis Sabino de Santana, "preso por atividades subversivas". Advogar para presos políticos era suficiente para que um profissional ganhasse sua própria ficha. O mesmo documento registra o que pode ter sido a ponte entre Annina e a VPR:

> Em 17/09/68, foi advogada de José Campos Barreto, misto de estudante e operário, indiciado em inquérito como mentor da greve de Osasco.

O jornalista aposentado e ex-integrante da ALN José Adolfo de Granville Ponce, que foi defendido por Annina, também afirmou que a advogada era ligada ao PCB, partido que não se envolvera na luta armada. Sua relação com integrantes de organizações guerrilheiras teria assim um caráter profissional. Ponce confirmou que ela atuara na defesa de José Campos Barreto, o Zequinha, um dos indiciados no inquérito que apurou incidentes ocorridos durante a greve de Osasco. Alguns dos envolvidos na greve, como Zequinha e José Ibrahim, acabariam se integrando à VPR.

A decisão de passar para Perera o caso de Elisabeth Salomão — a estudante presa ao distribuir panfletos contra o governo — revela a possibilidade de que o contato entre Annina e o advogado gaúcho possa ter ocorrido no fim de 1968. Dali a poucos meses, o colega seria mais um preso a ser defendido por ela. O relacionamento entre eles não se limitaria ao campo profissional.

Antonio Expedito Carvalho Perera foi um dos 68 indiciados pelo delegado Walderico de Arruda Moraes no inquérito que apurou as atividades da

---

[98]Arquivo do Estado de São Paulo.

VPR. Uma investigação que, estruturada em depoimentos arrancados dos presos, caminhou com rapidez. Foi encerrada no dia 13 de junho de 1969. Um inquérito tão importante que o delegado optou por fazer um preâmbulo recheado de imagens supostamente líricas.

> São Paulo — Terra dos Bandeirantes..., de dia os pássaros já não mais pipilam e à noite, já não mais se ouvem os acordes de uma flauta ou de um violoncelo, a denunciarem uma serenata. Os sons mudaram. Mal descerra a aurora, metralhadoras cumprem tristemente a tarefa para a qual foram engendradas e quando a noite chega espocam pelos quatro cantos "bombas" que já não são juninas. É o terror que se esparge por toda a "terra da garoa".[99]

Moraes assim justificou o indiciamento de Perera. O texto segue com a grafia original.

> Advogado, homiziou em sua casa a Onofre Pinto e ao Capitão Carlos Lamarca, dizendo ignorar o envolvimento destes com a subversão, pois os mesmos se haviam apresentado com outros nomes. Não obstante, porém, soubesse que os mesmos estavam procurando fugir a ação da Polícia, não teve dúvidas em "guardá-los". Teve contacto também com "Laercio" (Wilson Fava) e "Cecília" (Renata Ferraz Guerra de Andrade), como também à Ladislas Dowbor ("Nelson"). Consta ainda, que há algum tempo atraz esteve envolvido em uma tentativa de falsificação de "dólares" e "cruzeiros", fato esse investigado pela Delegacia "Especializada de Crimes Fazendários", deste D.O.P.S.
>
> Quer nos parecer, que na melhor das hipóteses deva responder, ao menos, pelo delito de "favorecimento pessoal" (artigo 348 do código).[100]

Dez dias depois, o Ministério Público aprovou o relatório do delegado e denunciou todos os indiciados. No dia 2 de julho, o Conselho Permanente de Justiça da 2ª Auditoria da 2ª Região Militar decretou a prisão preventiva

---
[99]Arquivo do STM, processo 139/69, fl. 1.937.
[100]Arquivo do STM, processo 139/69, fl. 1.949.

de 66 deles. No dia 10 de julho de 1969, Perera e José Ibrahim assinaram uma procuração nomeando os advogados Gaspar Serpa, Marina Barroso e Vega Georgini para representá-los. Serpa afirmou acreditar ter sido nomeado para atuar no caso, pois tinha outros clientes na Justiça Militar. Ele disse não se lembrar de ter atuado na defesa de Perera.

Em setembro, novos advogados para Perera: seu caso passou a ser acompanhado por Antônio Mercado Neto e Heleno Cláudio Fragoso. Anos depois, Mercado Neto trocaria o direito pela carreira artística; passaria a ser roteirista de teatro e TV. Desde 2000 mora em Portugal, onde é professor em um curso de teatro que ajudou a criar. Por telefone, ele disse lembrar-se de Perera — "um sujeito extraordinário, de uma notável categoria, de uma inteligência muito grande" —, mas diz que não chegou a atuar no caso. Afirma que pode ter figurado como advogado mais por uma formalidade, para que Perera pudesse ser assistido em uma emergência. Em 9 de setembro de 1969, o escritório em que trabalhava encaminhou à Justiça Militar um pedido de revogação da prisão preventiva do advogado.[101] Mercado Neto afirma que a advogada responsável por Perera era Annina Carvalho.

No processo sobre a VPR, o nome de Annina aparece, inicialmente, como defensora de Roberto Cardoso Ferraz do Amaral, um dos presos no dia 2 de março. Em agosto de 1969, ela pediu à Justiça Militar para visitá-lo. Sua ficha no Dops registra que, no dia 10 de outubro daquele ano, ela foi autorizada a visitar outro cliente, Antonio Expedito Carvalho Perera.

Os processos arquivados no STM revelam que Annina foi uma advogada atuante, interessada em brechas legais que permitissem atenuar a situação do denunciado. Uma de suas primeiras providências no caso de Perera foi pedir o relaxamento de sua prisão, que não seria concedido. No dia 2 de março de 1970 — na véspera de se completar um ano da invasão do escritório de Perera —, ela deu entrada em um novo pedido de relaxamento. Alegou que seu cliente não conhecia as pessoas a quem dera abrigo e que seu confinamento ultrapassara os prazos estabelecidos por lei. Como não obteve resposta, no dia 8 de maio fez nova tentativa.

---

[101]Arquivo do STM, processo 139/69, fl. 2.555.

> M.M. Juiz, o Requerente encontra-se preso há cerca de 15 meses, em franco desrespeito a todos os prazos legais, a todas as normas, a todos os princípios de doutrina e jurisprudência.
> A permanência da medida, neste caso, deve ser considerada abuso de autoridade.[102]

Mais uma vez, Annina e Perera ficaram sem resposta. Irritada, no dia 18 de junho, ela escreveu ao juiz-auditor para dizer que, entre 13 de outubro de 1969 e 14 de maio de 1970, protocolara, entre outros, 11 pedidos de relaxamento de prisão e que nenhum fora até então apreciado. Com uma pergunta, provoca a justiça dos militares.

Como pode, como advogada, defender seus constituintes?

Decidiu também tomar uma atitude ousada: ir ao STM para abrir um processo, o de número 955/70, para pedir correição parcial contra o juiz da 2ª Auditoria da 2ª Circunscrição da Justiça Militar. O processo para uma fiscalização de atos do juiz-auditor faria com que a Justiça se apressasse e julgasse o pedido de libertação de Perera. A solicitação seria negada, mas Annina demonstrara que não aceitaria de forma passiva os desmandos de uma Justiça que se mostrava ágil na defesa dos interesses do governo e lenta na hora de estudar benefícios para os acusados. Em setembro, nova derrota: o Conselho Permanente de Justiça da 2ª Auditoria de Exército, apesar de presumir a inocência de Perera, reafirmou sua decisão anterior de não conceder menagem — a possibilidade de o réu responder ao processo em liberdade — ao denunciado.

> O Conselho não só admite, como presume, até este momento, a inocência de Antonio Expedito Carvalho Perera. Não admite, entretanto, que, à vista do que consta dos autos, possa ele responder solto ao processo. A Denúncia atribui a este acusado uma forma de favorecimento pessoal, que não é, necessariamente, o crime de favorecimento pessoal

---
[102]Arquivo do STM, processo 139/69, fls. 3.200 a 3.205.

previsto no Código Penal Militar ou comum. É um favorecimento que a própria Denúncia qualifica como um conluio comprometedor com a organização terrorista.[103]

A convivência na prisão, os repetidos contatos, a apreensão sobre o destino dos pedidos da defesa geram uma relação amistosa entre aqueles dois advogados. Mais: a relação de Perera com Nazareth definhava. Ela sentia-se enganada pelo marido. Além de seus casos extraconjugais, ele a colocara em uma situação de alto risco. Tinha sido presa e torturada sem saber por quê. No seu livro, Nazareth relata que as visitas semanais ao Tiradentes passaram a se constituir em uma fonte adicional de sofrimento: "(...) todas as vezes que ia tinha que fazer um preparo psicológico enorme." Conta que chegou a dizer para Perera que ele a traíra "de todas as maneiras" e que se sentia "ofendida e amargurada".[104]

As dúvidas do marido também aumentavam. Até que ponto os depoimentos de Nazareth não contribuíram para complicar sua situação? No dia 11 de agosto de 1970, na cela 4 do pavilhão 1 do presídio Tiradentes, Perera nomeia um procurador. Quem cuidaria de seus interesses não seria sua mulher, mas seu pai, Firmino. Até então três diplomatas estrangeiros haviam sido seqüestrados e libertados em troca do banimento de presos políticos. Perera poderia vir a ser beneficiado por uma situação semelhante, era preciso deixar tudo encaminhado.

O distanciamento de Nazareth correspondia a uma aproximação com Annina. O presídio Tiradentes seria palco de um romance entre os dois. Um namoro limitado pelas grades, mas intenso o suficiente para permitir que a advogada fizesse planos para o futuro. Apesar da discrição de seus amigos, muitos confirmam o romance de Annina e Perera. Lins e Silva lembra que ela "se envolveu com um preso político". O gaúcho Diógenes de Oliveira se refere a Annina como "namorada do Perera". Roberto do Amaral, que conviveu com ambos no Tiradentes, também confirmou o caso entre eles, assim como advogados amigos de Annina, como Belisário dos Santos Junior e Iberê Bandeira de Melo. Este chegou a comentar que o romance "começou na cadeia e depois ela entrou numa fria". A amiga

---
[103]Arquivo do STM, processo 139/69, fls. 52 a 56.
[104]Nazareth de Oliveira, obra citada, p. 255.

Ângela Mendes de Almeida foi discreta: "Dizem que houve uma relação afetiva entre eles."

Do lado de fora do Tiradentes, o conflito entre as organizações armadas e a repressão aumentava. As prisões de alguns dos seus principais dirigentes empurravam os grupos de esquerda a um processo ainda maior de radicalização — a lógica de ação e reação tornara-se como que um moto contínuo, atos das forças repressivas estimulavam ações mais ousadas, que eram respondidas com um cerco ainda maior. Era preciso também fazer novas *expropriações*; em tese, não se perdia de vista o objetivo da implementação da guerrilha rural. Enquanto isso, era necessário garantir o sustento de toda aquela gente que vivia clandestina. Enfraquecidas pelas sucessivas *quedas*, organizações tentam rearticular suas forças. Em abril de 1969, no litoral de São Paulo, começa o processo que faria com que a VPR se unisse ao Colina, Comando de Libertação Nacional. Nasce a Vanguarda Armada Revolucionária, a VAR-Palmares.

> A gente achava que deveria interromper o fracionamento, começar a procurar a aglutinação, ganhar força, capacidade operacional.[105]

A força e a capacidade operacional revelariam êxito em uma das mais ousadas — e certamente a mais rentável — ações dos grupos revolucionários. O roubo do cofre do ex-governador paulista Adhemar de Barros, guardado no Rio na casa de Ana Benchimol Capriglioni, que durante longos anos tivera uma relação amorosa com o político. Um sobrinho de Ana, Gustavo Buarque Schiller, dera o mapa daquela quase inacreditável mina. No dia 18 de julho de 1969, 13 integrantes da nova organização invadiram a casa, no bairro de Santa Teresa. O cofre foi levado para um *aparelho*: ao ser arrombado, seu conteúdo revelaria que a VAR-Palmares se transformara em uma nova-rica do mundo da subversão. O assalto rendera US$ 2,5 milhões de dólares um dinheiro, que, nos anos seguintes, alimentaria mais intrigas do que revoluções.[106]

---

[105]Depoimento de Maria do Carmo Brito em Martha Vianna, *Uma tempestade como a sua memória, a história de Lia, Maria do Carmo Brito*, p. 52.
[106]Para mais detalhes sobre a ação, ver Elio Gaspari, *A ditadura escancarada*, pp. 52 a 57; Jacob Gorender, obra citada, p. 147; Martha Vianna, obra citada, pp. 52 a 55; Judith Lieblich Patarra, obra citada, pp. 316 a 318.

Tanto dinheiro não garantiu a união dos grupos: dois meses depois, em setembro, em um congresso em Teresópolis, no Rio de Janeiro, a VAR-Palmares rachou. Da divergência ressurgiria a VPR — sua direção nacional seria integrada por Lamarca, Maria do Carmo Brito e Ladislas Dowbor. Contemplada com metade do dinheiro do cofre e com a maior parte das armas, a organização renasceu rica e com um número limitado de integrantes — cem, fora as pessoas que lhe davam apoio.[107] Naquele início de setembro, outra prova da ousadia e criatividade dos grupos armados: uma pequena organização, a Dissidência Universitária da Guanabara (que mudaria de nome e adotaria a sigla MR-8) e a ALN seqüestraram o embaixador norte-americano no Brasil, Charles Burke Elbrick. Em troca da liberdade do diplomata, exigiram e conseguiram a libertação de 15 presos políticos, entre eles Onofre Pinto e Flávio Tavares.[108]

Bem-sucedida, a ação serviria de inspiração para outras semelhantes. No fim de fevereiro de 1970, Chizuo Osava — o "Mário Japa", dirigente da VPR — sofreria um acidente de carro. Ex-estudante de filosofia, Osava era um ótimo quadro, mas um péssimo motorista. Cansado, sem dormir por mais de 24 horas, cochilara na direção. Mais um acidente de trânsito, teriam pensado os policiais que o socorreram. Mas a quantidade de armas encontrada no fusca indicava que havia algo mais naquele caso, e "Mário Japa" acabou detido. A prisão de Osava colocou em pânico a organização: ele sabia onde ficava a área de treinamento para guerrilha que a VPR adquirira no Vale da Ribeira, em São Paulo. Não se poderia confiar em sua capacidade de resistir a uma tortura cada vez mais cruel, era fundamental libertá-lo. Um novo seqüestro pareceu ser a saída indicada. A vítima foi escolhida por um critério inusitado.

Se pegaram o nosso japonês, vamos pegar o japonês deles.[109]

No dia 11 de março, Nobuo Okuchi, cônsul japonês em São Paulo — o "japonês deles" —, seria seqüestrado. Pelo seu resgate, o governo militar li-

---
[107]Jacob Gorender, obra citada, p. 148.
[108]Para detalhes do seqüestro, ver Elio Gaspari, *A ditadura escancarada*, pp. 87 a 97.
[109]Martha Vianna, obra citada, p. 67.

bertou e baniu Osava e mais quatro presos. Em junho, seria a vez de 40 outros presos políticos deixarem as prisões e seguirem para a Argélia — desta vez, em troca do embaixador alemão, Ehrenfried von Holleben.[110]

A banalização e o sucesso dos seqüestros transmitiam a falsa percepção de que as organizações estavam fortes e bem-estruturadas. Ao contrário, a Revolução parecia cada vez mais distante. Em novembro de 1969, uma equipe comandada pelo delegado Sérgio Paranhos Fleury matou Carlos Marighella em São Paulo. No ano seguinte, seria a vez de Câmara Ferreira ser preso, torturado e morto pelo mesmo Fleury. O campo de treinamento de guerrilha da VPR no Vale da Ribeira fora encontrado. Na fuga, Lamarca decidiu executar o tenente Alberto Mendes Jr., da Polícia Militar de São Paulo, que tinha sido preso pelos guerrilheiros. Acusado de tentar levar o grupo a uma armadilha, Mendes Jr. foi morto a coronhadas.

Também em 1970, cinco presos do Tiradentes foram à TV dizer que estavam arrependidos de terem aderido à luta contra o regime: um golpe moral nos que insistiam em manter o sonho revolucionário. Naquele mesmo ano, um novo quadro da VPR começava a destroçar o que restava da luta armada. Abençoado por Onofre, que o conhecera em Cuba, o marinheiro de primeira classe José Anselmo dos Santos, o "cabo" Anselmo, seria responsável por uma longa seqüência de prisões e mortes.

A esquerda decide fazer um novo e último seqüestro. No dia 7 de dezembro, o embaixador suíço, Giovanni Enrico Bucher, é retirado de seu carro na rua Conde de Baependi, que liga os bairros de Laranjeiras e Flamengo. O diplomata se espanta com a violação da neutralidade suíça, mas em tempos de guerrilha e tortura, não havia lugar para convenções internacionais.

> — *You will be well treated* (Você vai ser bem tratado) — disse eu, assumindo de novo minhas funções de intérprete oficial da VPR.
> — Porra... Eu não sou americano, sou suíço! Não tenho nada com isso. Rapazes, vocês certamente cometeram um engano![111]

Para desencanto de Bucher, os rapazes não estavam enganados. Sob a supervisão direta de Lamarca, que fora de São Paulo ao Rio para comandar

---
[110]Para detalhes do seqüestro, ver Alfredo Sirkis, *Os carbonários*, pp. 211 a 245.
[111]Relato de Alfredo Sirkis, obra citada, p. 288. Para mais episódios sobre o seqüestro, ver pp. 288 a 344.

o seqüestro, o embaixador suíço se tornara protagonista da mais tensa de todas as quatro operações do gênero que a guerrilha ousara praticar. Certas de que aquela seria a última oportunidade para libertar presos políticos, as organizações pedem alto: querem 70 companheiros em troca da vida do embaixador. A reação à nova ousadia é rápida. Os jornais que noticiam o novo seqüestro também informam que um dos mais importantes integrantes das organizações armadas, Eduardo Leite, o "Bacuri", fugira do Deops de São Paulo. "Bacuri" — "vivo, mas mutilado, aleijado, ossos fraturados, dentes quebrados ou arrancados, coberto de hematomas e queimaduras"[112] — nunca chegara a sair da prisão. Fora morto para não ser libertado. O porão decidira que ele não iria para o exterior.

O governo procura retardar as negociações: manifesta dúvidas sobre a autenticidade dos documentos dos seqüestradores, nega a existência de uma lista de prisioneiros, aumenta as buscas pelo cativeiro do embaixador. Depois, divulga que não aceitaria libertar 19 dos presos, alguns dos mais importantes. Outros 18, informam os militares, se recusavam a ser banidos. O endurecimento por parte do governo quase custa a vida de Bucher; a proposta de executá-lo chega a ser discutida, mas os seqüestradores decidem negociar. Três outras listas seriam preparadas, com nomes que substituiriam os que eram vetados.

Os favores que Perera prestou à VPR não seriam esquecidos. Documentos do acervo do Deops revelam que seu nome constava da primeira lista entregue ao governo.[113]

— Como a VPR tinha feito a parte do leão no seqüestro, tinha o direito de colocar também simpatizantes na lista — explicou Alfredo Sirkis, um dos seqüestradores, que, em 2003, ocupava a secretaria de Urbanismo da Prefeitura do Rio.

No dia 19 de dezembro, Perera redige de próprio punho uma declaração em que concordava "livremente em ser banido do território nacional em troca da vida do embaixador da Suíça". No mesmo dia é encaminhado para exame de corpo de delito — o governo queria, com os exames, tentar provar que eram inverídicas as acusações de tortura. No caso de Perera, o

---

[112]Jacob Gorender, obra citada, p. 220.
[113]Acervo do Deops. Arquivo do Estado de São Paulo.

exame seria feito um ano e nove meses depois dos interrogatórios na Polícia do Exército.

Apesar da crise no casamento, Perera, conta Nazareth, chegou a lhe propor que viajasse com ele.

— Quando ele soube que estava na lista, ele me chamou e perguntou: "Você tem coragem de ir comigo?" E eu disse não, preferia sofrer no meu país — diz.

Às vésperas do banimento, os presos de São Paulo puderam se despedir de suas famílias. Eles seriam levados para o Rio, de onde partiria o vôo para Santiago. Nazareth conta que foi com Cristina ao Tiradentes. A filha do casal completara 12 anos em novembro.

— Eu levei minhas jóias para ele. Disse para ele levar as jóias, ele iria precisar de dinheiro, mas ele pediu apenas o anel de advogado — afirma. — Eu ainda falei que o perdoava por tudo que ele tinha feito. Dizia vai com Deus, pedia para ele chorar, mas ele me abraçava e não era capaz de chorar.

Cristina não sabia, mas aquela seria a última vez que veria seu pai. Na primeira entrevista para o *Fantástico*, em 1999, ela recordou aquele encontro.

— As grades se fechavam, ele de um lado, eu do outro. Minha mãe dizia "chora Cristina, chora Antônio", mas nós não chorávamos, ficamos ali, engolindo nossos sentimentos. Esse foi o último momento, um momento muito nítido.

No dia 13 de janeiro de 1971, os 70 presos — um deles, Bruno Piola, acompanhado da mulher e de três filhas — seguiram para Santiago, capital do Chile. A eleição de Salvador Allende à Presidência da República incorporara o país ao mapa da esquerda mundial.

Em fevereiro, Annina também deixaria o Brasil. Seu trabalho com presos políticos começava a incomodar o governo, ela sentia-se ameaçada. Desejava também reencontrar Perera e, quem sabe, poder viver de forma plena o romance iniciado no Tiradentes.

— Quando ele foi banido, ela quis ir atrás dele — lembra o amigo Aldo Lins e Silva.

— Ela acabou seguindo os passos dele — conta o advogado Mário Simas.

— Ela saiu do Brasil porque temia ser presa — diz Ângela Mendes de Almeida.

A decisão de deixar o país se revelaria acertada. Ela estava na mira dos organismos de informação, que continuariam a monitorar seus passos no exterior. Annina era acusada de fazer "intensa campanha negativa contra o Brasil".[114] As notícias vindas da Europa fazem com que a repressão se volte contra os amigos que ela deixara no Brasil. Um deles, o engenheiro Israelis Kairovski, viria a ser preso devido a um inquérito instaurado para apurar suas relações com a advogada.[115] O escritório de Kairovski foi invadido, nele, os agentes apreenderam duas cartas enviadas por Annina. Em uma delas, escrita em um guardanapo azul, ela procura justificar-se e diz que, na véspera, "do Galeão", tentara falar com ele.

> Devo-lhe uma explicação, mas não sei se você está interessado nela: apenas não quero que você pense que fui para viver com alguém.[116]

No início de 2003 localizei Kairovski, por telefone, em São Paulo. Ele afirmou ter ficado preso por 64 dias — contou que, além da proximidade com Annina, era amigo do ex-deputado Rubens Paiva, que fora preso, torturado e figura nas listas de desaparecidos. O engenheiro afirmou que tivera contatos profissionais com Annina, que, posteriormente, se tornaria sua amiga. Negou, porém, que tenham tido algum tipo de envolvimento amoroso. Ele disse que a advogada deve ter deixado o Brasil em março de 1971. O motivo, de acordo com o engenheiro, desmente o bilhete escrito no guardanapo azul.

— A única coisa que me informaram é que ela foi para o Chile encontrar com ele [Perera], foi a última notícia que tive naquela época.

---

[114]Arquivo do Estado de São Paulo, pasta 52-Z, fl. 4.701.
[115]O inquérito deu origem ao processo AF 1.178/71, arquivado no STM.
[116]Arquivo do STM, processo AF 1.178/71.

Casas de Cristina

No dia 10 de janeiro de 1971, três dias antes do embarque para o Chile, Perera escreveu uma carta de oito páginas para a filha — "esta será minha mais longa carta", advertiu. Trata-se de uma espécie de balanço de vida, um inventário recheado mais por digressões do que por fatos. Perera dividiu a carta em três partes, para responder a um igual número de perguntas feitas ou insinuadas pela filha. A carta foi deixada com seu pai, que, segundo Cristina, demoraria 20 anos para entregá-la. O tempo trataria de desmentir as intenções manifestadas por Perera logo no início do texto.

> Estabelecendo-me, fixando-me, passarás comigo não só o período de férias que desejares como o tempo que preferires.

Depois, diz que continuaria "com os mesmos ideais". Ele não explicita que ideais seriam estes, mas, logo adiante, coloca entre aspas uma frase que classifica o Estado como "produto da contradição entre classes irreconciliáveis. É um destacamento especial de força armada, polícia e prisão. É o instrumento de exploração das classes oprimidas". Nove anos antes, o mesmo Perera escrevera que o equilíbrio social repousava "na existência e na harmonia das classes, obedecendo uma hierarquia natural de valores". Na carta, ele afirma ter sabido que pessoas diziam que ele apresentava "uma ou mais personalidades". O advogado contesta estas acusações.

Tenho uma [personalidade] apenas. E firme. Nobre.

O homem que, em 1964, entregara uma lista com nomes de supostos comunistas a um oficial do Exército passa a ressaltar sua fidelidade aos companheiros mais recentes.

Vergonha haveria se teu pai tivesse sido um delator, houvesse trazido para o cárcere outras pessoas, tivesse se aliado à polícia.

Nada parecia ter restado, em 1971, do Expedito Perera de sete anos antes. Entre 1969 e 1971 ele não entregara ninguém; mas e os episódios de 1964? A lista entregue a Sommer de Azambuja? Aqueles talvez não fossem fatos que devessem ser debitados na conta do novo Perera, do Perera que se preparava para ser não mais um simpatizante, mas um quadro de destaque da Vanguarda Popular Revolucionária. O Expedito de Porto Alegre estava morto havia muito tempo. Mas o advogado sabia que não era possível apagar toda uma história. Em outro trecho da carta ele admitiria que o passado não poderia ser totalmente esquecido; águas passadas "movem e quebram moinhos".

A vida é um encadeamento contínuo. Não há o acaso. (...) Vive-se uma vida que pode ser decomposta no tempo, em minutos, horas, dias etc. Mas a vida é una.[117]

No terceiro item da carta, ele diz que não saberia dizer quando e se voltaria ao Brasil: "Isto não depende de mim." Em seguida, ele procura tranqüilizar a filha quanto ao sustento dela e de sua mãe: lista fontes de renda e revela que outorgara uma procuração para seu pai.

Em 1999, ao assistir à fita enviada de Nova York, com a íntegra das entrevistas, me surpreendera com a fala de Nazareth, pela facilidade com que ela narrava fatos tão brutais, como a tortura a que ela e o marido haviam sido submetidos. Na mesma fita, o depoimento de Cristina era ainda mais intri-

---
[117]Cópia de carta de Perera para a filha. Arquivo do autor.

gante. Bonita, olhos castanho-esverdeados, cabelos negros, em nada se encaixava no estereótipo de "filha-desesperada-procura-o-pai-desaparecido". A fala era firme, afirmativa, sem uma ponta visível de emoção — eu não poderia encerrar a reportagem com a imagem da filha chorando, concluí.

A bailarina e coreógrafa Cristina Perera falava do pai com a frieza de um advogado que discorre sobre um processo. Até porque a história de sua busca pelo pai tinha ido parar na Justiça quando, a partir de 1991, ela tentara obter a declaração de ausência de Perera. Desejava assim resolver algumas lacunas sentimentais e uma questão mais concreta: a propriedade de uma casa que seu pai deixara em Porto Alegre e que vinha sendo utilizada por seu avô Firmino. A procuração que Perera dera para o pai não tinha prazo para vencer e o avô de Cristina continuava vivo — o delegado aposentado Firmino Perera morreria no dia 16 de abril de 2003. O banimento agravara as relações entre elas — Nazareth e Cristina — e os pais e irmãos de Perera. Não havia mais contatos entre eles. Com a decretação da morte do pai, Cristina, filha única, poderia enterrar uma parte de seu passado e tomar posse de sua herança.

A decisão de recorrer à Justiça radicalizaria ainda mais o afastamento entre as famílias. De um lado, Cristina e sua mãe dispostas a provar que o pai e ex-marido estava morto; de outro, o pai e os irmãos do advogado aferrados à idéia de que Perera vivia, mas não tinha segurança para aparecer.

Na entrevista, Cristina traçou um bom perfil de Perera. Revelou-se uma filha apaixonada, que amava "profundamente" seu pai, por ela classificado de "uma figura mitológica, quase um super-homem".

— Era um homem de personalidade muito forte, que eu respeitava muito. Nós brincávamos bastante. Tinha um lado muito sério, mas também um lado carinhoso, muito querido. Eu olhava para ele como um exemplo do que eu queria ser.

Todos os verbos relacionados ao pai estavam no passado. Independentemente do destino de Perera, para Cristina, seu pai morrera. Em conversas posteriores, ficou claro que matar o pai — conjugá-lo em um passado remoto — teve para ela um significado que faria vibrar qualquer iniciante em Freud. Se estivesse vivo, Perera continuaria a ser aquele pai que abandonara a filha e que permanecia sem dar notícias. Se morto, tudo ficava mais simples para ela, que poderia, assim, tocar sua vida. Conviver com a ausência do pai tinha sido uma prática cotidiana da adolescência de Cristina.

Ela relembrou a invasão de sua casa, o interrogatório a que foi submetida pelos militares e até mesmo o momento em que negou conhecer aquele homem cuja foto lhe era apresentada, quando afirmou que aquele não era seu pai:

— Eu notei alguma coisa errada, era melhor não falar nada — justificou.

A incerteza sobre o destino do pai seria determinante na vida de Cristina. Além da insegurança, conviviria com a sensação de que fora rejeitada, abandonada por aquele homem que tanto admirava. A rebeldia e o inconformismo acabariam sendo canalizados para uma atividade artística, o balé. Aos 15 anos era uma profissional, dançara no Teatro Municipal do Rio e participara de uma turnê por capitais brasileiras. Com 17, Cristina revolveu morar na Europa. O objetivo era duplo: estudar balé e procurar o pai. Ela recebera carta de uma prima que morava em Paris e dizia que poderia encontrar Perera. Cristina alcançaria apenas o primeiro objetivo: freqüentou cursos na London Contemporary Dance School, foi contratada para dançar na companhia Flemming Flindt, da Dinamarca.

Ela diz que não sabia de qualquer envolvimento de Perera com organizações terroristas e foi a uma entidade dedicada a ajudar exilados. Lá, perguntou por ele.

— Me disseram que esse caso era perigoso não só para mim como para eles, que eu parasse a busca. Me deram educação gratuita, me trataram como se eu fosse uma refugiada política, mas não recebi qualquer informação sobre meu pai.

Pouco tempo depois, ela descobriria o porquê de tanto mistério: "Carlos", o "Chacal", já se tornara um homem procurado.

— Seis meses depois saiu uma reportagem em um jornal francês dizendo que meu pai era responsável pela doutrinação de "Carlos" e de seu grupo — revelou.

Desanimada com a busca, mudou-se para os Estados Unidos: foi bolsista no Alvin Ailey Dance Center, fez especialização no Conservatório de Dança de Nova York. Depois, voltaria a estudar e trabalhar na Europa. Seu currículo revela várias mudanças de endereço e de continente. Como bailarina ou coreógrafa, atuou na Alemanha, Estados Unidos, Canadá, Itália, Cuba, entre outros países. Em 2001, participou ao lado dos também brasileiros Marcia

Haydée e Ismael Ivo da montagem de *Édipo* dirigida por George Tabori e que estreou no Berliner Ensemble.

A frase de Cristina sobre a ligação de seu pai com "Carlos" era, até então — segundo semestre de 1999 —, a mais importante para a reportagem. Alguém da família de Perera admitia uma relação entre os dois. A matéria ressurgia e eu acabara de conquistar uma colaboradora. Para Cristina, a reportagem poderia ajudá-la a descobrir mais detalhes do pai e, quem sabe, provar a morte de Perera. Após conseguir a declaração de ausência do pai na segunda instância da Justiça gaúcha, ela acabara perdendo a ação no Superior Tribunal de Justiça (STJ). Oficialmente, seu pai continuava vivo. Ela permaneceria sem a casa e assombrada pela presença do fantasma de uma pessoa supostamente viva.

— Acho que é, infelizmente, uma pessoa morta. É uma pessoa que tem que estar morta para o mundo, pelo excesso de informações que teve, pelos envolvimentos políticos. Não sei como eu o vejo. O vejo em memórias, em desejos, como um sonho. Realmente, o que é mais difícil é aceitar o caso do desaparecido, porque é uma coisa sem solução. Não é vivo, não é morto. É um fantasma vivo; e, desta forma, é morto. É uma coisa psicologicamente difícil de se aceitar.

Dias depois, nossa equipe voltou a encontrar-se com Cristina. Desta vez, em seu local de ensaios. Seria bom fazer imagens dela dançando, isto ajudaria na edição da reportagem. O resultado ficou excelente: as imagens de Sherman Costa mostravam detalhes de uma coreografia dançada por Cristina e pelo norte-americano Mark Ruhala ao som de uma música triste, melancólica. Os passos revelavam cenas de aproximação e afastamento — ora os bailarinos se abraçavam, ora se separavam, quase uma metáfora para a relação de Cristina com o pai ausente. As imagens poderiam render um bom fim de matéria. Anos depois, ela me diria que eu acertara na leitura, que ela procurara, ao pensar a coreografia, expressar imagens de sua relação com o pai.

Depois de dançar, Cristina gravou um novo trecho de entrevista. Espalhou pelo chão do estúdio uma carta, fotos e um cartão-postal que recebera do pai em 1979.

— No postal, ele escreveu: "Do pai que jamais te esquecerá." Senti que seria a última coisa que receberia dele.

Viagens de Perera

Entre 1964 e 1968 Perera tivera a oportunidade de optar. Empenhado em reconstruir sua vida após o desastre de Porto Alegre, ele trocara de nome profissional e o jeito de ver e entender o mundo. O resultado não fora melhor: acabara preso, torturado e banido do país. Mais uma vez seria obrigado a reconstruir sua vida. Mas desta vez ele estava inserido em um grupo. A proteção que dera a líderes da VPR, sua prisão, as torturas sofridas o transformaram em alguém admirado na organização. Perera fora novamente derrotado, mas agora poderia encarar seus pares de cabeça erguida. Teria o direito de olhar o mundo do jeito que tanto apreciava — assim, do alto. Não precisaria mudar de nome, negar o passado recente. Como deixara claro na carta para a filha, ele tinha direito de se orgulhar do que fizera. O momento não seria de rompimento, o Perera de São Paulo não deveria ser morto. Ao contrário, seria o momento de intensificar e aprofundar esta vida. Não poderia fazer uma nova mudança radical, até porque os ferimentos causados pela tortura permaneciam abertos. Não poderia esquecer o que sofrera. A ditadura conseguira transformar um conservador em um homem revoltado.

— Perera não tinha uma formação marxista. Mas foi muito torturado, ficou muito machucado com isto. Acabou se transformando num dos piores inimigos da ditadura. Era um sentimento sincero — conta José Carlos Mendes, um ex-líder estudantil em Curitiba que se ligou à VPR e que participaria, como integrante da equipe de apoio, do seqüestro do embaixador suíço.

Perera também sabia que, embora clandestina, a VPR era uma organização rica, ainda sobrara muito do dinheiro roubado do cofre de Adhemar de Barros. A chave do tesouro ficava com Onofre. O homem que fora responsável por sua entrada naquele perigoso esquema teria a chance de recompensar o amigo. Perera sabia que o ex-sargento é que, ainda que sob tortura, entregara seu apartamento. Ele levara a polícia até lá. No exílio, Onofre teria como manifestar, de forma bem concreta, sua gratidão ao companheiro.

Em Santiago, os 70 banidos foram levados para um albergue, o Hogar Pedro Aguirre Cerda, onde cumpririam uma espécie de quarentena. Lá, Perera mostraria que a mudança de país não alterara seu estilo.

— O Perera, me lembro, andava sempre com um terno claro, parecia um sorvete. Um terno bem clarinho, sem gravata, óculos meio escuros, cabelo extremamente bem penteado, acho que até usava brilhantina — lembra o também gaúcho João Carlos Bona Garcia, passageiro do vôo dos 70 e também hóspede do albergue. — Ele andava que parecia um lorde, todo mundo achava que ele fazia tipo de lorde inglês.

Mesmo no albergue, Perera pôde exercitar um de seus papéis preferidos, o de conquistador. O ex-dirigente da VPR Quartim de Moraes revelou que o advogado, ainda no Brasil, chegara a ganhar o apelido de "Bala de Mel" — um reconhecimento à sua capacidade de ser desejado pelas mulheres. Em sua primeira atuação em terras estrangeiras, Perera voltou-se, mais uma vez, para uma mulher poderosa, pelo menos, naquele restrito universo de primeiros dias de exílio.

— A primeira pessoa de que ele tentou se aproximar e conquistar era a senhora que estava nomeada pelo presidente da República, que era assistente social, que tinha o contato conosco — conta Bona Garcia. — Era o primeiro contato que nós tínhamos, não me lembro do nome dela, mas era uma senhora de idade, balzaquiana, e o Perera estava arrastando a asa para o lado dela.

O projeto de se tornar líder da direita no Rio Grande do Sul havia sido frustrado; desta vez ele tinha a chance de crescer na esquerda. Era preciso aparecer, mostrar serviço. Valer-se da formação profissional, da boa capacidade de oratória, da idade madura — acabara de completar 40 anos — que o diferenciava daquele grupo de jovens. Perera não perderia tempo para revelar suas qualidades. Em agosto de 2002, Cristina conseguiu na Abin, Agência Brasileira de Inteligência, uma certidão que enumera e transcreve o que os arquivos da repressão haviam guardado sobre seu pai. Nos anos 70, os olhos dos espiões brasileiros também estavam voltados para o Chile.

Foi um dos banidos brasileiros entrevistados no programa *A esta hora se improvisa*, levado ao ar em 17 Jan 71, pela TV da Universidade Católica do Chile — Canal 13, cuja entrevista foi filmada com os 70 banidos brasileiros. Na ocasião, Antonio Expedito Carvalho Perera falou em nome dos banidos, enfatizando as "torturas de que todos teriam sido vítimas pela polícia brasileira".[118]

O albergue foi trocado por uma casa confortável, ampla — que pertencia a uma nova namorada.

— Eu morava na mesma casa que ele — diz Mendes. — O Perera tinha uma mulher, Leilane ou Liliane [Diógenes de Oliveira, que também conviveu com Perera no Chile, falou em Eliana], uma chilena muito gostosa, bonita. Ele sempre andava com mulherões.

Em um cartão-postal aparentemente enviado logo depois de sua chegada ao Chile, Perera procura tranqüilizar a família:

> Tudo vai bem. De saúde, estou ótimo. Estaremos aos cuidados do governo chileno, de quem temos recebido toda a atenção.[119]

Os vínculos com Onofre são reforçados. A aproximação no Brasil dera lugar a uma parceria. Ao longo de diversas entrevistas, ex-exilados, todos, de alguma forma, ligados à VPR, insistiram em um ponto: o poder de Perera vinha do mesmo homem que o trouxera para a organização:

— O Perera era um emissário do Onofre — Luiz Alberto Sanz;
— Era representante do Onofre — Chizuo Osava;
— Ele foi para a Europa pelas mãos do Onofre — Aluísio Palmar;
— Quem controlava o Expedito era o Onofre — Quartim de Moraes;
— Perera *era* o Onofre — José Carlos Mendes.

Naquela mesma época, Onofre era também o fiador político de Anselmo, uma atitude que provocaria discussões, rachas e acabaria decretando o fim da organização.

---

[118]Cópia de documento produzido pela Abin. Arquivo do autor.
[119]Alguns dos cartões de Perera foram incluídos por seus pais e irmãos no processo em que a filha, Cristina, tentava obter a declaração de ausência do pai.

A certidão produzida pela Abin é uma espécie de derradeira ficha de Perera. Levantamentos semelhantes estão disponíveis nos acervos da repressão no Rio e em São Paulo. É uma coletânea de informações — nem todas factíveis ou passíveis de serem checadas — que crescia com o tempo. À medida que os agentes obtinham novas informações, produziam novos documentos que eram disseminados pela chamada comunidade de informações. O teor destes documentos era consolidado em resumos como o obtido por Cristina. Este último levantamento tem oito páginas. Nele está registrado que Perera, no Chile, queria se viabilizar como um porta-voz ou mesmo um relações-públicas dos brasileiros banidos.

> Em documento datado de 26 Jun 71 com o timbre do Centro de Informações da Aeronáutica (CISA) — Gabinete do Ministro, versando sobre "a movimentação de banidos e asilados no Chile", acha-se registrado que por ocasião de uma excursão em Valparaiso, patrocinada pela Secretaria do Interior do Chile, os banidos brasileiros foram oficialmente recebidos pelo Presidente Allende, oportunidade em que Antonio Expedito Carvalho Perera, representando os banidos, solicitou de Allende uma "ajuda efetiva e não uma mera assistência social", tendo aquela autoridade prometido uma ajuda integral. Em suma, de acordo com o documento, Antonio Expedito Carvalho Perera, na presença dos banidos, com Allende, tratou dos seguintes pontos, que representavam as suas "reivindicações": documentação (identidade e passaporte) para todos; ajuda efetiva; assistência médica; ajuda monetária; e, contato permanente com o Governo, "reivindicações" essas, que tiveram assentimento do presidente chileno.

Proprietário de um restaurante no interior da Itália — ele, a mulher e as filhas optaram por não voltar a viver no Brasil —, Bruno Piola participou do almoço com o então banido presidente chileno. Nem todos os exilados foram ao encontro, as divisões na esquerda e o radicalismo de algumas organizações fizeram com que muitos optassem por não dar uma espécie de apoio indireto ao anfitrião, o socialista Allende. Da Itália, por telefone, Piola confirmou que Perera foi orador naquele encontro.

— Ele era muito *metido*, vamos dizer que era uma vedete, ele queria aparecer. Acho que ele teve, no Brasil, uma participação muito marginal na luta armada, e queria se apresentar como um líder, embora teórico, um líder.

Os planos de Perera não cabiam naquele país espremido entre os Andes e o oceano Pacífico. Um país que, naquele início dos anos 70, era visto com esperança por muitos setores da esquerda, com desconfiança por outros — a tese da transição pacífica para o socialismo não passava no gargalo teórico dos revolucionários —, e temor pelos conservadores. O eventual sucesso do governo de Salvador Allende representaria uma derrota tanto para a direita quanto para os setores mais radicais da esquerda: obrigaria os entusiastas da Revolução a uma profunda autocrítica.[120] Ao contrário de muitos exilados brasileiros, Perera passaria ao largo do processo chileno. Onofre via o Chile como um pouso provisório, um trampolim de onde saltaria, vitoriosa, a Revolução brasileira. Perera preferiu saltar mais longe — seu destino seria a Europa.

— Ele era muito reservado, não costumava ir ao Café Haiti, onde a rapaziada do Brasil costumava se encontrar, ele não freqüentava a colônia — disse José Carlos Mendes, em fevereiro de 2003, em um restaurante de Curitiba.

Ainda no primeiro semestre de 1971, Perera consegue de Onofre uma nomeação para representar a VPR em outros países, vira uma espécie de embaixador da organização. Seu destino é a França. Ainda no Chile, recebera uma carta da filha de Caio Prado Jr. Ligada ao PCB, Danda decidira deixar o Brasil e viver em Paris, em um amplo apartamento na rua Octave Feuillet.

— Eu disse ao Antonio que ele poderia ficar no meu apartamento. Era uma forma de retribuir tudo que ele fizera pelo meu pai — contou.

Perera aceitou a oferta. Em pouco tempo ele e Danda passaram a formar um casal. No dia 24 de junho, em cartão enviado para o pai, ele não escondia o fascínio de estar em Paris. Citou os escritores Victor Hugo e Alexandre Dumas para concluir: "Pois bem, aqui estou eu."

---

[120] Para uma análise mais aprofundada — e emocionada — do processo chileno, ver José Maria Rabêlo e Thereza Rabêlo, *Diáspora, os longos caminhos do exílio*. Para um panorama da situação das esquerdas na América Latina nos anos 1960 e 70, ver Paulo Cannabrava Filho, *No olho do furacão*. Em *Roleta chilena*, Alfredo Sirkis oferece um painel da situação dos exilados brasileiros no Chile.

Mas havia problemas imediatos a resolver em Paris, questões pessoais que estavam pendentes. Danda lembra que, certa vez, Perera comentou que Annina, ex-advogada de ambos, estava na cidade. Não se referiu ao namoro que tivera com ela no período do Tiradentes nem mencionou os planos de um romance no exílio.

— Disse apenas que deveríamos lhe fazer uma visita de cortesia. Ele fez questão de que fôssemos juntos.

A visita não era motivo de muita satisfação para Danda, que tinha algumas restrições a Annina, ecos da atuação da advogada em seu desquite. A presidente da editora Brasiliense afirmou não saber se Annina fora comunicada do romance entre ela e Perera. Se não sabia, recebeu a informação no melhor estilo do ex-cliente: de forma brusca, na lógica do fato consumado.

— Soube que ela ficou revoltada com o meu caso com o Antonio, chegou a fazer comentários com outras pessoas — lembra Danda.

O sociólogo Mauro Leonel Junior saíra do Brasil em 1966. Embora não fosse vinculado a nenhuma organização guerrilheira, tinha proximidade com a ALN e bons contatos com a VPR. Sua facilidade de trânsito nos diferentes grupos o credenciou a ser uma espécie de coordenador da Frente — "Front" — Brasileira de Informações, que tinha a irônica sigla FBI. Uma organização com ramificações em 16 países, voltada para a denúncia da ditadura brasileira e que tinha como principais dirigentes o ex-governador pernambucano Miguel Arraes e o ex-deputado Márcio Moreira Alves. Anos depois, a Frente se envolveria na luta pela anistia. A sempre ativa Annina era advogada da FBI e amiga de Leonel. Ele confirma que a advogada reagiu mal à união entre Perera e Danda:

— Ela ficou muito brava e chateada naquele período.

Danda afirma desconfiar que Perera continuou a manter algum tipo de contato com Annina. A desconfiança procede. Izaías Almada, outro ex-cliente de Annina, disse que esteve com ela em Paris.

— Do que eu pude perceber, ela teve lá um momento em que viveu com o Perera, ou teve uma boa proximidade com ele. A partir de uma certa altura, ele começou, de fato, a desaparecer, a faltar a encontros, e aquilo passou a chamar a atenção dela. Até que, de repente, ele efetivamente desapareceu, e passou a manter contatos esporádicos por telefone.

Leonel é mais enfático. Diz que Perera e Annina chegaram a ter um romance em Paris, interrompido com a opção de ficar com Danda.

— A impressão é que ele namorava a mulher que lhe desse um salão, que lhe garantisse proeminência. A Danda é filha do Caio Prado, dona de uma editora de prestígio...

Em dezembro de 2002, Danda faria uma revelação sobre um fato que resumia o clima de conspiração da época e o pragmatismo de seu então companheiro. Ela afirmou ter participado do início de uma reunião em que Perera e outros militantes — ela disse não se lembrar quem eram — discutiram problemas que Annina, enciumada, vinha causando para o grupo. De acordo com ela, uma proposta radical chegou a ser debatida — o *justiçamento* (assassinato) da advogada.

— Não sei como terminou a reunião, não assisti ao fim do julgamento.

Desfeito o romance com Perera, Annina se casaria com Dominique Lahalle, um sociólogo ligado ao Partido Comunista Francês e, segundo outro ex-cliente de Annina, Tarzan de Castro, ao Conselho Mundial de Igrejas. Em 1999 eu consegui chegar até Annina — localizei seu telefone pela lista Pages Blanches disponível na internet. Ela morava em Marselha, no sul da França. Na época, meu interesse era confirmar a participação de Perera em organizações terroristas internacionais. Talvez a insistência neste ponto tenha dificultado a conversa, da qual guardo uma vaga lembrança: o telefonema não foi gravado, não fiz qualquer registro no arquivo em que anotava cada passo da apuração. Na época eu não tinha noção da importância de Annina na vida de Perera. Lembro que fiz uma ou outra indagação e que ela, talvez incomodada com a recordação de Perera, encerrou a conversa. Acho mesmo que Annina Lahalle negou que fosse a mesma Annina Alcantara de Carvalho.

Em janeiro de 2003, durante a entrevista, em um bar do centro de São Paulo, com Mauro Leonel Junior, ele me confirmou o sobrenome do marido francês da advogada. Annina Lahalle era a mesma Annina, advogada de Perera. Eu falara com ela havia quase quatro anos antes, poderia voltar a procurá-la, agora com mais informações. Mas não seria possível. Annina morrera no segundo semestre de 2002, depois de uma vida marcada pelo exercício de algum tipo de militância. Depois do fim do regime militar, ela retornaria várias vezes ao Brasil para ver amigos e para publicar em livro um artigo sobre jovens infratores.[121] *De acordo com Ângela Mendes de Almeida, ex-mulher de Leonel, a advogada sofria de hepatite C e foi vítima de um derrame. Ela morreu aos 69 anos.*

Legitimado por Onofre, Perera torna-se um revolucionário profissional. Sua ligação com o líder da VPR é reforçada após sucessivos rachas na organização. Muitos militantes não compreendiam como Onofre se recusava a aceitar as suspeitas lançadas sobre Anselmo. Ao Chile e a Cuba chegavam cada vez mais informações de que não se poderia confiar no "cabo", o ex-presidente da Associação dos Marinheiros e Fuzileiros Navais do Brasil que se tornara célebre nas manifestações que antecederam o golpe de 1964 e que escapara da prisão, em uma delegacia do Alto da Boa Vista, no Rio, no dia 1º de abril de 1966. Na entrevista em sua casa de Búzios, Flávio Tavares revelou que fora portador do dinheiro — US$ 100 — que seria usado para subornar o policial que facilitaria a fuga de Anselmo.

Na clandestinidade, Anselmo se aproximaria do MNR e reapareceria em Cuba durante a conferência da Olas. Em 1969, também em Cuba, reencontraria Onofre, outro veterano do MNR, libertado no seqüestro de Elbrick.[122] Anselmo volta ao Brasil em setembro de 1970 e, após fazer contatos com diversas lideranças da VPR, entre elas Carlos Lamarca, com quem chega a se encontrar, é preso em maio de 1971. No Dops de São Paulo, concorda em mudar de lado e aceita a proposta de ser mais um *cachorro* — informante — do delegado Fleury.

A VPR continuava a sofrer baixas, especialmente prisões de militantes que tinham acabado de se encontrar com Anselmo. Em julho de 1971, Carlos Eugênio Sarmento da Paz e outros militantes da ALN foram perseguidos por Fleury após um encontro com Anselmo. Em 1996, em entrevista para o *Fantástico* — um trecho que não chegou a ser levado ao ar —, Sarmento da Paz revelou que alertara a direção da VPR que Anselmo era um traidor.

---

[121]*Estatuto da criança e do adolescente comentado*, São Paulo, 3ª ed., Malheiros.
[122]Ver Marco Aurélio Borba, *Cabo Anselmo, a luta armada ferida por dentro*. Para a versão de Anselmo sobre sua trajetória na esquerda, ver Octávio Ribeiro, *Por que eu traí — confissões de cabo Anselmo*, e depoimento a Percival de Souza, *Eu, cabo Anselmo*.

Não foi o único aviso. Maria do Carmo Brito fora libertada no seqüestro do embaixador alemão e viajara com o grupo para a Argélia. Depois, foi para o Chile. Lá, recebeu uma carta de uma amiga, que conseguira visitar Inês Etienne Romeu, que estava presa. Inês lhe dissera que vira Anselmo na prisão. No início de 1972, Maria do Carmo desconfiou que Anselmo estava no Chile, ela havia se encontrado com um brasileiro que parecia ser o "cabo".

> "Se uma pessoa como o cabo Anselmo tinha sido presa, continuaria presa", pensei na mesma hora. Se estava em liberdade, o mínimo que se poderia imaginar era que ele tinha passado para o inimigo, não tinha outro jeito.[123]

Onofre foi alertado, mas não deu crédito à desconfiança e ainda encaminhou o relato para Anselmo, que reagiu atacando.

— Ele disse que eu era da CIA — contou Maria do Carmo, em janeiro de 2003.

De acordo com o jornalista Aluísio Palmar, outro integrante do grupo dos 70, ele, Ângelo Pezzuti e Maria do Carmo apresentaram divergências relacionadas à atuação política da VPR e à pouca importância que Onofre dava a questões de segurança, em especial, ao caso Anselmo.

— Pensávamos em uma desmobilização da VPR, eu achava que tínhamos que mudar a forma de luta, ir para as ações de base. Onofre defendia a opção militarista — afirmou Palmar, em dezembro de 2002, por telefone. A questão da segurança girava em torno do respaldo a Anselmo.

As divergências em torno de Onofre não abalaram Perera, que ficou ao lado do ex-sargento. Esta posição acabou sendo registrada em uma das raras citações ao advogado em livros que tratam do período do regime militar:

> Outros exilados também começaram a desconfiar, principalmente porque Onofre montara uma estrutura da qual somente ele e alguns elementos que lhe eram mais chegados tinham o controle, como o advogado Antonio Expedito Carvalho *Pereira*, banido no seqüestro do

---

[123] Depoimento de Maria do Carmo Brito em Martha Vianna, obra citada, p. 119.

embaixador suíço, e que era o homem de ligação entre Onofre Pinto e os exilados na Europa.[124]

Preocupado com a repercussão das acusações, Anselmo protagoniza uma cena dramática. Diante de alguns militantes da VPR, põe sua arma diante de Onofre e o desafia:

> Você pode determinar meu justiçamento aqui mesmo e continuar na dúvida. Pode determinar meu justiçamento no Brasil, quando tiver certeza.[125]

O gesto surte efeito. Onofre prefere adiar sua decisão. O apoio irrestrito a Anselmo custaria caro à VPR: respaldado pelo líder da organização, o ex-marinheiro deixa o Chile com a missão de rearticular a organização no Nordeste a partir de Pernambuco. Logo depois, o dirigente do PC do B Diógenes Arruda Câmara vai para Santiago e conta que também tinha visto o ex-marinheiro preso. Diante das novas evidências, Onofre resolve escrever para os integrantes da base de Recife, estruturada a partir de militantes vindos do exterior.

> Então, Onofre teve uma idéia brilhante: mandou novamente o cunhado de Anselmo para Recife com uma carta, só que dirigida não ao cabo, mas aos outros militantes. Jorge, o cunhado, entregou a carta para Soledad, sua irmã. Soledad mostrou a carta ao cabo, seu companheiro.[126]

A carta faz com que Anselmo decida precipitar a ação da polícia, suas tarefas em Pernambuco eram acompanhadas de perto pelo Dops. Ele estava ali cumprindo uma missão, só que não para a VPR, mas para a polícia política. No dia 7 de janeiro de 1973, ocorre o "massacre de Recife": seis integrantes da VPR são mortos, entre eles, Soledad Barret Viedma, que estaria grávida de Anselmo, e Pauline Reichtsul, ex-mulher de Ladislas.[127]

---

[124]Marco Aurélio Borba, obra citada, pp. 59 e 60.
[125]Depoimento a Percival de Souza, obra citada, p. 186.
[126]Depoimento de Maria do Carmo Brito em Martha Vianna, obra citada, p. 123.
[127]Segundo Percival de Souza, os integrantes da VPR foram mortos em um sítio no município pernambucano de Abreu e Lima. *Eu, cabo Anselmo*, p. 195.

A autorização para que banidos como Pauline voltassem ao Brasil chegou a ser questionada por integrantes da VPR no exílio. Alguns, como Chizuo Osava e Ângelo Pezzuti, consideravam uma temeridade que o grupo tentasse o tal projeto de "reinserção". Osava chegou a ir de Cuba à Europa para, ao lado de Pezzuti, tentar impedir o embarque do grupo, que viria a formar o núcleo que seria fuzilado em Pernambuco. Não conseguiram.

— Estávamos todos nas mãos do Onofre — lamenta Osava.

Professor universitário e ex-integrante da VPR, Luiz Alberto Sanz afirma que Perera integrou o coro dos que propunham a volta dos banidos.

— Ele [Perera] era considerado um dos responsáveis pela vinda da Pauline Reichtsul. Convenceram a moça a vir para o Brasil. Ele [Perera] armou isto — afirma. Para Sanz, não é possível negar os vínculos do advogado com Onofre e com Anselmo.

— Ele foi um dos que ocultaram informações sobre o Anselmo — diz.

Em julho de 1974, ao tentar retornar de forma clandestina ao Brasil, Onofre e outros banidos desaparecem. Até agosto de 2003 seus corpos não haviam sido localizados. Em *Autópsia do medo*, Percival de Souza afirma que os sete integrantes do grupo foram executados em uma operação que contou com a participação direta do delegado Fleury. Os corpos teriam sido enterrados na fronteira com a Argentina.[128]

Como "embaixador" da VPR, Perera viajava muito. Ainda em 1971, deixou suas passagens pela Suíça, Itália e Alemanha Ocidental registradas em cartões-postais para a família. O Chile e a Argélia eram rotas preferenciais. Para o país africano tinha sido enviada boa parte dos dólares, cerca de US$ 1 milhão, roubados do cofre do Adhemar. O dinheiro fora entregue por Maria do Carmo ao embaixador da Argélia no Brasil, Hafid Keramane, que trataria de despachá-lo para seu país. A administração do uso destes dólares ficaria a cargo de Onofre — embora outros poucos militantes, entre eles Ladislas, pudessem movimentar o dinheiro.

— O Ladislas tinha acesso à grana do cofre — ressaltou Palmar.

---

[128] Percival de Souza, obra citada, pp. 255 a 257.

Nascido na França em 1941, filho de pais poloneses, Ladislas Dowbor (que viria, anos depois, a aportuguesar seu prenome para Ladislau), foi secretário de Negócios Extraordinários da Prefeitura de São Paulo entre 1989 e 1992 e é professor titular do Departamento de Pós-Graduação da PUC de São Paulo e da Universidade Metodista de São Paulo. Em 1999 eu o procurei, queria uma entrevista para a primeira reportagem. Ele, de forma educada, recusou-se a falar.

No segundo semestre de 2002 voltei a entrar em contato com ele na esperança de conseguir seu depoimento. Desta vez a entrevista seria para um livro, de difusão mais restrita que um programa de TV. Chegamos a nos falar, por telefone, por três vezes. Ele limitou-se a dizer que Perera era "um personagem patológico". Afirmou que estava mais interessado no presente do que no passado e que tudo o que tinha a falar sobre sua militância política estava no livro que lançara havia dois anos (Mosaico partido. Petrópolis: Vozes, 2000). No livro — cujo texto está disponibilizado na página que ele mantém na internet — Ladislas apresenta uma visão genérica da guerrilha, nem sequer cita a sigla VPR. Conta que foi dirigente, que esteve preso duas vezes e foi torturado em ambas ocasiões. Diz que foi libertado no seqüestro do embaixador alemão e revela como decidiu sair da organização.

> *Estávamos entrando em 1972. Em reunião ampla da "pesada" em Santiago, propus a dissolução da organização, e a nossa reorganização visando um novo tipo de contribuição, mais ampla, de luta pelo fim da ditadura. As forças se equilibraram mas a proposta ficou derrotada. Ficou patente para mim a que ponto muitos votaram mais com a emoção do que com a razão, e sobretudo colocando na balança o peso do sentimento de culpa por estarmos protegidos no exterior enquanto outros morriam no Brasil.*[129]

No parágrafo seguinte ele limita-se a dizer que a ex-mulher Pauline fora visitá-lo na Argélia e que voltara ao Brasil, para Recife, "tentando salvar companheiros ameaçados".

---

[129] Ladislau Dowbor, *Mosaico partido*, http://ppbr.com/ld/mosaico.asp.

Morreu junto com eles. Entrou na luta quando eu dela saía, e já estávamos distantes. Não por sentimentos, mas pela própria loucura e tensão dos tempos.[130]

Ladislas conheceu Perera bem de perto. Sua proximidade com o advogado talvez só fosse superada pelo contato deste com Onofre. Segundo Danda Prado, Ladislas e Maria de Fátima Costa Freire, sua segunda mulher, ficaram um longo período hospedados em seu apartamento de Paris. Perera — contou Danda — chegou a fazer a proposta, que não seria implementada, de que todos fossem morar em uma casa, nos subúrbios da cidade. Ela referiu-se a Ladislas pelo nome com que, na época, ele era conhecido na organização.

— "Jamil" fazia parte dos contatos na França. Creio que ele morava na Argélia, não sei de onde ele apareceu, mas era do grupo do Antonio. Ele ficava indo e vindo, em um determinado momento ele foi lá para casa e ficou um tempo por lá.

Os dólares roubados da casa de Santa Teresa proporcionariam a Perera uma vida confortável. Segundo Quartim de Moraes, o "lado mundano" do exílio parisiense do representante internacional da VPR se tornou notório na comunidade de brasileiros. Danda Prado diria, na primeira de suas entrevistas, ainda para a primeira reportagem do *Fantástico* sobre o caso, que nunca teve que dar dinheiro para ele. Afirmou que Perera, apesar de não trabalhar, não se queixava de falta de recursos.

— Nas viagens, ele sempre ia de primeira classe. Dizia que era por uma questão de segurança, os policiais prestavam mais atenção em quem viajava na classe turística — contou.

Neste período, entre o segundo semestre de 1972 e 1973, ele alternava a militância com uma vida social intensa.

— Nós saíamos muito para jantar. Era uma pessoa muito conversável, muito bem-educado. Para viver com a Danda tinha que ser muito bem-edu-

---
[130]Idem.

cado — lembra a atriz e cineasta Norma Benguell, que também foi para o exílio nos anos 70. Ela chegou a fazer um favor para Perera.

— Uma vez ele pediu para eu levar uma mala para a Alemanha, eu nem sei o que tinha dentro da mala. Quando eu cheguei, tinha um cara me esperando, eu disse que era uma encomenda do Antonio e fui embora.

Documentos falsos

A porta da sala é aberta por uma mulher elegante, de cabelos claros, com cerca de 60 anos. A câmera de Gilmário Batista capta uma pessoa atenciosa, solícita, de gestos curtos e discretos — mais uma vez, a realidade mostrava-se mais acolhedora do que minhas expectativas. Depois da entrevista com Nazareth, era a vez de ouvir a mulher que ficara ao lado de Perera durante boa parte de sua vida em Paris: Yolanda Cerquinho da Silva Prado. Em novembro de 1999, na sala de seu apartamento de São Paulo, ela revelaria como fora a convivência com aquela nova faceta de Perera, então uma espécie de executivo da revolução: inicialmente, da revolução brasileira; depois, de uma ainda maior, internacional.

A amizade e, posteriormente, o namoro com Danda, uma mulher rica, filha de um intelectual conhecido, bem relacionada na França, seriam muito úteis. Com ela Perera conseguiria casa e, mais importante, uma autorização para permanecer no país.

— Ele chegou lá e entrou em contato comigo. Logo depois resolvemos morar juntos. Só que, para ele ficar, precisaria de documentos, em tese ele não poderia morar na França. Eu conhecia um deputado francês que era casado com uma ex-amiga minha de colégio. Ele ficou muito interessado no caso do Antonio e conseguiu uma autorização para que ele ficasse na França sob minha responsabilidade.

A convivência diária no apartamento localizado no número 6 da rua Octave Feuillet permitiu a Danda chegar a algumas conclusões importantes sobre seu companheiro. Mais uma vez surge o relato de um homem vaidoso, orgulhoso de sua capacidade intelectual.

— Ele tinha um lado muito autoritário, pode-se dizer megalomaníaco. Se tinha na mais alta estima, não tinha a mínima sensação de inferioridade, de nada. Uma pessoa total, absoluta, um eleito de Deus — o relato vem acompanhado de um riso discreto, como o de uma mãe que comenta as travessuras de um adolescente. — Ele era extremamente fechado, mas muito sedutor no contato pessoal.

Sedutor, mas repressivo. Ela diz que Perera não gostou de vê-la envolvida na organização de grupos feministas: "Ele queria manter controle sobre tudo. Dizia que eu estava sendo observada." Deus, naquela época, já não tinha tanta importância. O homem que se deslumbrava com textos católicos durante a prisão e buscara na tradição cristã consolo e explicações para sua própria paixão dera lugar a outro, mais objetivo, centrado nos problemas da vida terrena.

— Ele revoltou-se com a Igreja. Escreveu tratados e mais tratados para dizer que Deus não existia. Fez uma experiência, resolveu provar experimentalmente que Deus não existia, um esquema voltado para a paranormalidade, queria fundar uma faculdade de estudos paranormais.

Ela conta que Perera falava na filha que deixara no Brasil. Fazia planos para que ela fosse estudar balé na União Soviética, criticava a ex-mulher por, supostamente, afastá-lo de Cristina. Danda revela que, certa vez, Perera deixou com ela um pequeno presente, uma pulseira, para a filha. O presente jamais seria entregue. Danda diz apenas que não quis procurar Cristina quando voltou para o Brasil.

O documento obtido pelo deputado permitia a Perera ficar na França, mas não lhe dava direito de circular pela Europa. Isso não o impediu de, em companhia da nova mulher, percorrer diversos países. Em um depoimento que prestou à polícia quando voltou ao Brasil, no dia 22 de maio de 1979, Danda disse que esteve com Perera na Argélia, Alemanha Ocidental, Holanda, Itália e Suécia. Esta última viagem foi, segundo ela, feita em companhia de Ladislas e de Maria de Fátima. Disse também que Perera e Ladislas, em suas viagens pela Europa, "utilizavam documentação uruguaia, falsa".[131] Em declaração publicada em 1994 na revista *IstoÉ*, o jornalista João Bosco Feres,

---

[131] Acervo do Deops. Arquivo do Estado de São Paulo, acervo do Dops, 50E, 33, 2.808.

apresentado como "um antigo simpatizante da VPR que vive na Holanda", afirmou que chegara a fornecer passaportes uruguaios falsos a Perera.[132] Usar este tipo de documento era uma rotina para Perera, Danda confirmaria na entrevista. Havia — garante — muita facilidade para se conseguir esses papéis.

De acordo com ela, Perera tinha diversos documentos e identidades:

— Ele conseguiu até um documento em que seu sobrenome era Prado, como o meu — recorda.

As viagens, segundo ela, eram principalmente para que Perera participasse de palestras sobre a ditadura brasileira. Roteiros percorridos com a marca do guerrilheiro de cachimbo e *robe de chambre*:

— Mesmo de trem, só viajávamos na primeira classe.

Dinheiro não era problema, vinha da VPR, ele dizia para Danda. No depoimento à polícia, ela afirmou imaginar que parte dos recursos fosse fornecida por organizações internacionais da Alemanha Ocidental e da Holanda.

Os interesses internacionais não se limitavam a viagens para falar de tortura. Existia um objetivo maior, secreto: a obtenção de armas para a Revolução brasileira.

— Era o que se pedia, na Suécia e em todo lugar — afirma.

Planos não faltavam. Planos sangrentos, como o de assassinar inimigos políticos. O homem que no Brasil afirmara querer matar Leonel Brizola tinha, na Europa, outro alvo.

— Ele planejava matar o Delfim [Delfim Netto, então ministro da Fazenda].

Havia também outro tipo de projeto, mais pacífico.

— De vez em quando eles ficavam combinando que músicas cantariam, descendo o morro da Mangueira, para comemorar a vitória da Revolução — lembra Danda.

Aos poucos, porém, "Itaqui" — um dos codinomes que Perera usava na Europa, uma referência à cidade onde nascera — passa a ter objetivos maiores.

---
[132]*IstoÉ* nº 1.299, 24/8/1994.

Fazer revolução no Brasil era pouco, milhões e milhões de pessoas em todo o mundo esperavam a libertação do jugo capitalista.

— Ele era um mitômano — resume Alfredo Sirkis.

Os contatos com brasileiros vão ficando mais restritos. Passam a ser limitados a, praticamente, Onofre Pinto e a Ladislas. Danda afirmou que Onofre chegou a ficar duas vezes hospedado em seu apartamento, que tinha um quarto e banheiro com entrada independente. Ladislas era uma presença constante, "ficava indo e vindo", ia com Perera para Argel. O governo do coronel Houari Boumediene oferecia uma base segura para grupos revolucionários. A VPR soube aproveitar a oportunidade e montou um *aparelho*, um apartamento no país. A Argélia era também o lugar ideal para guardar o dinheiro das organizações, o que justificava as viagens de Ladislas e Perera.

Bona Garcia se lembra de ter participado, entre o fim de 1971 e o início de 1972, de uma reunião na Argélia com o ex-embaixador do país no Brasil. Um encontro para discutir questões da VPR e, principalmente, a questão do dinheiro da organização. Da reunião também participaram Osava, Ladislas e Perera.

— Ele [Perera] apareceu no seu velho estilo. Terno branco, de bengala e óculos escuros — conta.

Chizuo Osava confirma ter participado de uma reunião em Argel para discutir o destino dos fundos da VPR. Diz, porém, que o encontro foi em 1973, depois do assassinato dos militantes em Recife, episódio que liquidaria, ao mesmo tempo, com a liderança de Onofre e com a própria VPR. Nesta época, segundo ele, ainda havia em caixa cerca de US$ 240 mil — a maior parte foi entregue a um empresário francês, que acabaria embolsando o que sobrara dos fundos da revolução. O dinheiro do cofre do ex-governador Adhemar de Barros — a quem se atribuía a frase "roubo mas faço" — parecia cumprir uma espécie de sina: de um jeito ou de outro acabava sendo roubado.

Os Perera

A primeira informação sobre a família Perera — pais e irmãos de Expedito — viera de forma indireta, ainda em 1999. Um ex-integrante da VPR comentara que uma das irmãs do advogado era casada com um então vereador do PT paulista, José Mentor. Resolvi então buscar este contato. Mas, ao contrário do que ocorrera com Nazareth e Cristina, construir uma ponte com esses parentes foi um pouco mais difícil. Foram necessárias de duas a três semanas para que Mentor me dissesse que irmãos e o pai de seu cunhado haviam aceitado dar uma entrevista.

Alguns cuidados foram tomados pela família. Inicialmente foi marcado um encontro com Mentor em seu gabinete na Câmara Municipal. De lá, eu e a equipe da Globo fomos para o escritório de Maria das Graças Perera de Mello, que, como o irmão banido, era advogada. Nesses locais houve algumas conversas prévias; sentia que estava sendo avaliado, testado. Nenhum problema, a complexidade do caso justificava alguns temores por parte de meus entrevistados. A família Perera estava diante da possibilidade de ter a história de Expedito e de sua relação com o terrorista "Carlos" contada em rede nacional em um dos programas de maior audiência da TV brasileira. Não era esse o encontro que eles desejariam ter com o irmão e filho. No início da noite fomos para a casa de Mentor e Maria das Graças, onde estavam Francisco Tiago, outro irmão, e Firmino, o pai dos Perera — a mãe, Neusa, já morrera.

A perspectiva de entrevistar um homem de 88 anos para uma reportagem que envolve atividades ilícitas de seu filho não é das mais confortáveis. A idade do entrevistado requeria cuidado, seria preciso tentar evitar qualquer tema que causasse um maior desconforto, uma reação emocional. Procuraria não cansá-lo, faria algumas poucas perguntas, bem objetivas. E se ele não estivesse completamente lúcido? Se trocasse dados, misturasse datas? Decidi que perguntas mais contundentes seriam feitas aos filhos, não ao pai.

Mais uma vez enganei-me. Lúcido, inteligente, irônico, olhos pequenos e brilhantes, o delegado aposentado Firmino Fernandes Perera demonstraria, naquela entrevista, em 1999, que não se esquecera dos seus anos e anos de trabalho na polícia. Se antes era um profissional do interrogatório, demonstrava que se saía muito bem do outro lado, como entrevistado.

— Quando o sr. teve a última notícia de seu filho?
— Há quatro anos atrás.
— Em que condições? Que notícias ele mandou?
— "Bem de saúde e de recursos" — diz, sucinto, citando a mensagem escrita pelo filho. Em seguida, dá um sorriso e comenta: — Ele é meio lacônico.
— Foi um cartão? — insisto.
— Foi um cartão.

Firmino diz que o cartão, que não nos foi mostrado, tinha sido enviado de uma cidade do interior da França.

Ele e a mulher, Neusa, estiveram com o filho em Paris, em 1974. Ao relembrar a viagem, os 40 dias em que ficou na Europa, Firmino economiza palavras. Às vezes, dá a impressão de que não entendeu bem uma pergunta. Dez, quinze segundos depois, vem com uma resposta pronta, quase que arremessada sobre o entrevistador. Respostas que são, ao mesmo tempo, objetivas e vagas, que traçam o perfil de um homem bem adaptado à vida na França, alguém que não tinha dificuldades para tocar a vida longe de seu país, um dos poucos exilados que podiam desfrutar esse privilégio. Como fazia ele para ganhar a vida? Não seria, certamente, como advogado.

— Estivemos em jantares, recepções... é um homem bem relacionado.

Em seu livro, David Yallop afirma que Perera era gerente de uma galeria de arte, La Galerie Lignel, que ficava na rua de Verneuil e que funcionava como um depósito de armas.

> Essa galeria era de propriedade de Jean-Charles Lignel, francês nascido em Argel, filho de uma família rica e politicamente poderosa,

estabelecida na maior parte em Lyon. Sem que Lignel soubesse, o gerente era membro do Comando Boudia. Como "Carlos", viria a receber muitos nomes e nacionalidades. Mas seu nome verdadeiro é Antonio Expedito Carvalho *Pereira*, sua nacionalidade é brasileira.[133]

Firmino diz que o filho era o proprietário de uma galeria de arte. Afirmou que chegou a pernoitar uma ou duas noites lá.
— A galeria seria um depósito de armas... — provoco.
— Armas? Não vi nenhuma lá — responde, em meio a um discreto sorriso, para depois acrescentar, com a mesma ironia, que vira apenas muitos quadros na galeria, entre 30 e 40.
— Ele não iria mostrar as armas para o senhor...
— Eu andei todo o apartamento. As tais de armas, não tinha. Muitas pessoas andaram por lá... comemos faisão... — desconversa.
— Mas de que ele vivia?
— Fora da galeria, eu o vi confeccionando uns trabalhos para a Sorbonne. Mas que trabalhos eram, não sei. Sei que havia uns mapas estendidos no chão, relatórios, essas coisas.
— Ele tinha carro, moto?
— Tinha um Renault.

Uma vida absolutamente normal. Um exilado que, na Europa, decide esquecer as aventuras do passado e investe na construção de uma vida tranqüila. Um homem que, segundo seu pai, evitava contato com outros brasileiros — "não era agradável" —, pedia para não conversar sobre política e não pretendia voltar a morar no Brasil. Firmino diz que a última vez que tomara a iniciativa de ter um contato com o filho ocorrera cinco anos antes, quando foi preciso avisá-lo da morte da mãe.
— Mas se hoje o senhor precisasse mandar uma carta para ele, não saberia para onde mandar...
Firmino hesita por alguns segundos:
— É, não saberia não.
— Não saberia ou não poderia dizer?

---
[133]David Yallop, obra citada, p. 94.

— Pra mim, é muito desagradável, tem coisas que não devo dizer... Mas o que vamos fazer?

Logo depois, ele desabafa:

— Complicam muito a vida dele, com "chacais", com estes e com aqueles. Isto não existe, isto não é verdade.

— Mas ele é que complicou a própria vida, não?

— Ele era de esquerda, trabalhou como advogado na Justiça Militar, se tornou subversivo também. Mas assim que houve o ato institucional ele foi preso, ficou dois anos preso sem culpa formada, até que foi banido.

Mas, se não estava envolvido com nada ilegal, por que razão Perera insistia em manter o mistério sobre sua vida? Alguma vez ele justificou essa ausência?

— Possivelmente ele é o último exilado ainda fora do país — tenta justificar Firmino. Em seguida, ele diz que o grupo político de seu filho fora destroçado e que ele, possivelmente, tinha medo de voltar e sofrer alguma represália.

Firmino não tem vontade de encontrar o filho? A resposta não é simples. Ele diz que a mulher era quem se empenhava em ter notícias; o resto da família insistia em respeitar a vontade de Perera de não ser encontrado. E Cristina? Perera não demonstrara interesse em vê-la?

— Ele tinha dúvida, porque foi criada pela mãe. Tinha receio de que a mãe tivesse feito a cabeça da filha contra ele. Mas só disse isto, não falou que evitaria um encontro.

A entrevista com Firmino foi acompanhada pelo genro e pelos filhos Maria das Graças e Francisco Tiago Carvalho Perera, professor de educação física. Agora seria a vez de gravar com eles. Era possível que os irmãos me fornecessem uma pista mais concreta. Tiago conta como ele e outros dois irmãos foram presos, fala das torturas sofridas por Expedito — "ficou quatro meses incomunicável" —, detalha como foram os dias em que ficou preso. Ele e Maria das Graças dizem ter poucos detalhes do envolvimento de Perera com a VPR.

— A gente nunca fez perguntas mais objetivas ou diretas nesse assunto — diz a advogada.

[PRIMEIRO MOVIMENTO]

Férias escolares, Casa da Juventude, Caxias do Sul, 1948.
Luiz Osvaldo Leite (centro) e Expedito Perera (à direita).

Perera, de bombachas, ao lado de colegas do Colégio
Anchieta, em Bom Jesus, RS, 1948.

ÁLBUM DE LUIZ OSVALDO LEITE.

Brincadeira nas férias de 1948 – Perera, de camisa aberta, amarrado em um pinheiro com o amigo Leônidas Xausa.

ÁLBUM DE LUIZ OSVALDO LEITE.

Acampamento em 1948 na praia de Arroio do Silva, SC. Perera é o primeiro à esquerda.

[PRIMEIRO MOVIMENTO]

ÁLBUM DE LUIZ OSVALDO LEITE

A elegância do estudante Expedito Perera (em primeiro plano) e seus amigos em um salão de baile em Porto Alegre. Acima de Perera, no centro da foto, está Leônidas Xausa. À sua direita, um degrau acima, Luiz Osvaldo Leite.

ÁLBUM DE FAMÍLIA.

Perera na formatura.

O jovem advogado Antonio Expedito Perera em seu escritório, em Porto Alegre.

A família Perera, ainda unida, no Rio Grande do Sul: Nazareth, Cristina e Perera.

[PRIMEIRO MOVIMENTO]

"O comunismo não admite diálogos",
escreve A. Expedito Perera em 1962:
apoio aos Estados Unidos na Crise dos Mísseis.

Encontro político em restaurante de Porto Alegre (Perera está ao fundo, com a mão esquerda no queixo).

Sommer de Azambuja – o oficial do Exército que, em 1964,
recebeu de Perera a lista que acusava ex-sócios de serem comunistas.

Luiz Osvaldo Leite, colega de escola, companheiro de fé católica.
"O sonho dele era casar com uma mulher bonita e muito rica."

[PRIMEIRO MOVIMENTO]

ARQUIVO PÚBLICO DO RIO GRANDE DO SUL.

ISTO POSTO, apresentada sua defesa, REQUER ANTÔNIO EXPEDITO CARVALHO PERERA seja julgado pela COLENDA COMISSÃO, em vista de uma exposição alicerçada em elementos probantes indiscutíveis, isento de tacha e qualquer improbidade funcional, pois é crença unânime que é absurda que lhe foi assacada, para, ainda na vigência do Ato Institucional, promulgado pela vitoriosa Revolução, ver arrancada a dignidade da pessoa humana e banida a corrupção, ainda que vista a usufrua a roupagem da dignidade.

A absolvição do Signatário é um postulado da JUSTIÇA.

Nestes termos,
Espera deferimento.

Pôrto Alegre, 26 de [...]

ANTÔNIO EXPEDITO CARVALHO PERERA
Assessor Técnico do Tribunal de Contas do Estado.

Perera pede sua absolvição
na investigação sobre a fraude que teria
cometido na Junta Comercial.

Nazareth Oliveira em Nova York.

Cristina Perera durante entrevista
em Nova York: "Um fantasma vivo;
e, desta forma, é morto."

[SEGUNDO MOVIMENTO]

Perera (de óculos escuros) e Nazareth (de cabelos claros): depois dos problemas no sul, vida nova em São Paulo.

Perera e Nazareth no Rio de Janeiro, em 1966.

[SEGUNDO MOVIMENTO]

ANTONIO CARVALHO PERERA
ADVOGADO
Rua Riachuelo, 275 - 13.º And. - Conj. 1301/1311
Fone: 37-9382 e 35-6883 - São Paulo

Juiz Auditor. 1a. Auditoria Militar. 2a.R.M.

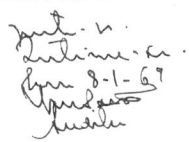

ELISABETH SALOMÃO, anteriormente qualifica-
todo o respeito, requerer a V.Exa. a juntada aos
trumentos de procuração em anexo.

NN.   TT.

P.   DEFERIMENTO.

São Paulo, 8 de janeiro de 1.969.

pp

Em São Paulo, o advogado adota um novo nome profissional: A. C. Perera ou Antonio Carvalho Perera – o nome Expedito é deixado em Porto Alegre.

A.C. PERERA
advogado
Rua Riachuelo nº 275 - 13º and. - conj. 1.304 - Tel. 37-9382 - SP
Rua da Conceição nº 105 - s/1.801 - Tel. 23-4991 - GB

AUTORIZAÇÃO

Eu, RENATA FERRAZ GUERRA DE ANDRADE, bra-
sileira, solteira-maior, estudante, autorizo os advogados AN-
TONIO CARVALHO PERERA, ANTONIO DE ALMEIDA E SILVA e HÉZIO MI-
LHIN, a usarem o automóvel de minha propriedade, marca VOLSWA-
GEN, sedanm, placas 276.657, côr azulreal, ano de fabricação,..
1.967, de motor nºB7381140, a qualquer título e, se possível,-
venderem o mesmo a terceiros, por preço que melhor apurarem e
sob condições que defendam os meus interêsses. Os advogados su-
pra mencionados poderão agir em conjunto ou separadamente.

São Paulo, 31 de janeiro de 1.969

Renata Ferraz Guerra de Andrade

FOTO: FERNANDO MOLICA

Benedicta Savi, a Ditinha: chope com "tio Amaral" e a missão de esconder Lamarca.

IMAGEM: TV GLOBO.

Ex-sargento Darcy Rodrigues. Um dos integrantes da VPR que estiveram escondidos no apartamento da família Perera.

FOTO: FERNANDO MOLICA.

Prédio onde moravam os Perera em São Paulo, "aparelho" improvisado da VPR.

[SEGUNDO MOVIMENTO]

DEPARTAMENTO DE ORDEM POLÍTICA E SOCIAL
SÃO PAULO

DELEGACIA ESPECIALIZADA DE ORDEM SOCIAL

AUTO DE EXIBIÇÃO E APREENSÃO

Aos desoito.- dias do mês de março.- do ano de mil novecentos e sessenta e nove.-, nesta cidade de São Paulo, na Delegacia Especializada de Ordem Social.- onde se achava o Senhor Dr. WANDERICO DE ARRUDA MORAES, Delegado Titular.- respectivo, comigo escrivão.- de seu cargo ao final nomeado e assinado, aí em presença das testemunhas infra assinadas, compareceu o Dr. ORLANDO ROZANTE, Delegado de Polícia Adjunto a esta Especializada.- e exibiu à autoridade o veículo Volkswagen Sedan, ano de fabricação 1.967, côr azul, motor nº B- 7-381.140, placa nº 27-66-57/SP, de propriedade de RENATA FERRAZ GUERRA DE ANDRADE, veículo êsse apreendido no dia de hoje à rua Riachuelo, em poder de ANTONIO EXPEDITO PEREIRA.----------

Auto de apreensão do carro da VPR que foi usado por Perera.

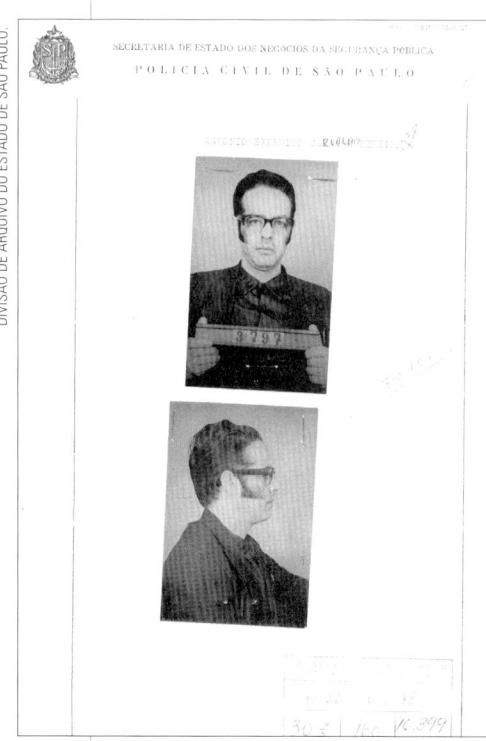

SECRETARIA DE ESTADO DOS NEGOCIOS DA SEGURANÇA PÚBLICA
POLICIA CIVIL DE SÃO PAULO

Fotos de Perera na prisão.

Embarque de 13 dos 15 banidos em troca do resgate do embaixador norte-americano. Entre os que estão de pé, o líder estudantil José Dirceu (segundo a partir da esquerda), o sindicalista José Ibrahim (terceiro) e Onofre Pinto (quarto). O último à direita entre os que estão agachados é o jornalista Flávio Tavares.

Embarque dos banidos em conseqüência do seqüestro do embaixador alemão.
Entre eles: Dulce Maia [1], Ângelo Pezzuti [2], Pedro Lobo [3], Apolônio de Carvalho [4], Carlos Minc [5], Liszt Vieira [6], Darcy Rodrigues [7], Maria do Carmo Brito [8], Ladislas Dawbor [9], Fernando Gabeira [10], Vera Sílvia Magalhães [11].

[SEGUNDO MOVIMENTO]

Fotos de Perera em publicação do governo que registrava todos os banidos no seqüestro do embaixador suíço.

Primeira página da carta que Perera escreveu para a filha, três dias antes de seguir para o exílio: "Continuarei com os mesmos ideais."

Perera (agachado, terceiro na imagem) pouco antes de embarcar no vôo para Santiago com outros 69 banidos.

Advogado Victor Nuñes, autor de um dossiê que alertava para o passado de Perera.

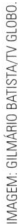

Danda Prado, que viveu com Perera em Paris entre 1971 e 1973.
"Ele se tinha na mais alta estima."

[SEGUNDO MOVIMENTO]

Perera na neve. Danda Prado registra uma ida
à Áustria, provavelmente no Natal de 1972.

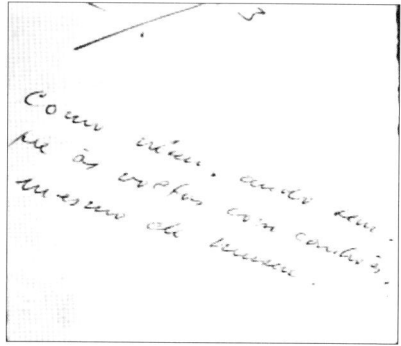

Cartão que Perera enviou para a família em 1973, de Paris: "Como vêem,
ando sempre às voltas com canhões, mesmo de museu."

ANTONIO EXPEDIDO CARVALHO PEREIRA

Filiação: Firmino Fernandes Pereira e
Neuza Carvalho Pereira

Local de Nascimento: Itaqui - Estado do R. Grande do Sul

Profissão: Advogado

1. Foi preso no dia 3/3/1969, em seu escritório à R. Riachuelo nº 275, em São Paulo. Na ocasião exercia a profissão de advogado de estudantes e operários envolvidos em movimentos subversivos.

2. Esteve envolvido em atividades criminosas, de confecção de dolares falsos na ocasião do escandalo internacional da Organização IOS - International Overseas Service.

3. Homiziou em sua residencia os subversivos Onofre Pinto e o falecido Capitão Lamarca, assim como Wilson Fava e Renato Ferraz Guerra de Andrade. Também deu cobertura a Ladislau Dowbor, ao Cabo José Mariano, ao ex-Capitão Afonso Claudio Figueiredo, ao Sargento Darcy Rodrigues e Campos Barreto. Em 22/7/1970 o subversivo Fernando Carvalho Mesquita Sampaio Fº informou que conhecia e tinha como aliado o indiciado.

4. Em 19/12/1970 foi banido do território nacional em troca da vida do embaixador Suisso sequestrado no Rio de Janeiro.

5. Em 17/6/1971 no Canal 13 da TV Universidade Católica do Chile o indiciado falou em nome dos 70 banidos do Brasil.

6. Em 17/4/1971 na residencia do subversivo Dimas Antonio Casimiro, em caderneta de anotações, foi encontrado o nome do indiciado.

7. Temos informações de que em meados de 1974 foi preso pela polícia francesa Takahashi Takemoto, membro do Exército Vermelho japones e este afirmou que em junho de 1973 recebeu de Antonio Expedito Pereira Carvalho duas pistolas e 3 granadas para serem utilizadas numa ação terrorista do Exército Vermelho. Antonio Expedido fornecia ou forneceu a Takahashi dolares falsos. Antonio Expedito era conhecido por Acmene e usava o codinome de "OOTOMO".

cretario Geral do Partido Comunista da Bolivia, linha chinesa), Heliodoro Haillos (boliviano), generais bolivianos não identificados, diversos membros do Partido Comunista da Bolivia, quatro representantes da "Confederación Obrera Boliviana - COB", de Juan Lechian Oquendo e um Capitão-de-Fragata boliviano.
Nas referidas reuniões foram analisados, entre outros, documentos denominados "Batalha da Amazonia" elaborados por Amarilo Vasconcelos e "Contribuição para uma nova Política da Revolução Brasileira" elaborado por diversas organizações re-

Um dos dossiês sobre Perera registra seu envolvimento com armas e com o terrorismo internacional.

O venezuelano Illich Ramírez Sánchez, "Carlos", o "Chacal".

[SEGUNDO MOVIMENTO]

ARQUIVO DO AUTOR

```
03/11/99 MER 19:00 FAX 014222 222        CABINET AVOCAT           ☒001
```

Globo   Fernando MOLICA   00 55 21 5113470

1 – After his release from prison, I had the honour of meeting him during the course of our travels in the early 1970's.

2 – A common acquaintance.

3 – We fight for the same Causes.

4 – Successor of Captain Carlos Lamarca, he is both a patriot and an internationalist revolutionary leader.

5 – In the 70'S the « NIPPON SEKIGUN » had only japanese members. Martyr Mohamed Boudia was a former FLN cadre loyal to deposed algerian President Ben Bella, and he was the responsible of « Black September » in Europe. The Boudia commando must have been formed by his own camrades, friends, admirers, groupies...

6 – The french embassy in The Hague was occupied only by japanese fighters, it was in the news !.

7 – No, I know nothing about such weapons.

8 – No, I don't.
The last time I heard from him, was when swiss anarchist and police informer Giorgo Bellini was spreading around a story that they had met in Switzerland.

9 – I do not recollect a Paolo Parra, but I am not really sure that I have never heard the name.

Fax de "Carlos": (Perera)
é um "patriota e líder
revolucionário internacionalista".

FOTO: FERNANDO MOLICA

José Carlos Mendes, convidado
para participar da revolução internacional.

Postais enviados por Perera, da Costa Rica, para as irmãs Graça e Catarina ("Katy"), em dezembro de 1979. De acordo com processo arquivado no Tribunal de Justiça gaúcho, seriam os últimos documentos assinados por Perera e mandados para o Brasil.

[TERCEIRO MOVIMENTO]

Zuleika Alembert, escritora, ex-deputada e cliente de Paulo Parra: sessões de psicocibernética em Milão.

José Luiz del Roio, dirigente do PCB que conheceu Parra em Milão.

Foto de Paulo Parra publicada em um jornal italiano. "Ele não gostava de ser fotografado", diria Maurício Körber.

Dr. Paulo Parra

Prof. Paulo Parra
Magnetologia, psicocibernetica
Via Zarotto, 2
20124 Milano
Italia

MAGNETOTERAPIA

La parola magnetoterapia significa trattamento (dal greco) "therapeia" con magneto "magnes". Finalità: La cura di diverse patologie mediante un'esposizione regolare e costante di breve, media o lunga durata ai campi magnetici.

Sono stati verificati diversi effetti biologici, conseguenza delle interazioni tra i sistemi cellulari e i campi magnetici o elettromagnetici propriamente detti, designando i primi con la sigla CM e i secondi con la sigla CEM.

I tipi di onda che affluiscono sono diversi e si verifica un intervento nei momenti fondamentali del metabolismo cellulare, offrendo una precisa azione terapeutica. Enunciamo sinteticamente alcuni effetti:

a) CELLULARE e UMORALE: con aumento dei leucociti e variazione delle immunoglobuline, al punto di poter attribuire ai CM e CEM la caratteristica di stimolare e rafforzare la resistenza e la concomitante difesa organica.

b) SISTEMA NERVOSO CENTRALE: l'ipotalamo è sensibile alle stimolazioni CM e CEM di bassa intensità.

c) CIRCOLATORIO e CARDIOVASCOLARE: è evidente che accelerando il movimento e procedendo a una simultanea ossigenazione si giunge a un reequilibrio del sistema.

d) CONSOLIDATORIO e RISOLUTIVO in FRATTURE, LESIONI, LUSSAZIONI e DIVERSI TRAUMI: la nostra parte osteo-scheletrica è la più grande beneficiaria e, pertanto, è un metodo validissimo nella lotta contro le varie sintomatologie nel quadro dell'artrite reumatoide. Utile anche nel contrastare la progressione della dilagante osteoporosi.

La magnetoterapia, non si equivochi, non è una panacea.

Tel (02) 657 04 72 · Fax (02) 657 23 78

Parecer do "professor Paulo Parra" sobre a magnetologia.

[TERCEIRO MOVIMENTO]

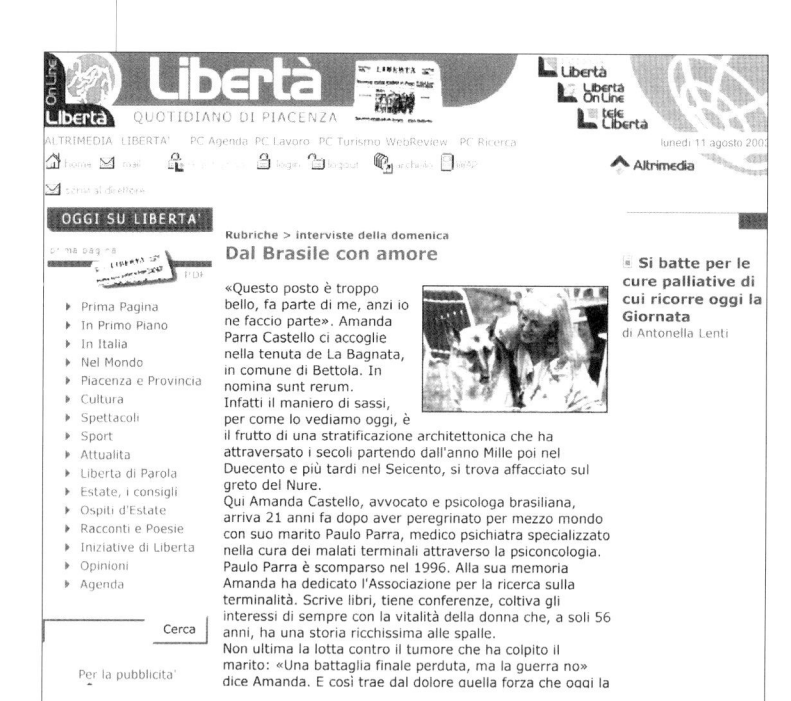

"Do Brasil com amor", reportagem de um jornal italiano com Amanda Castello Parra.

Símbolo da Associação Internacional Contra a Tortura.

O portão fechado da casa dos Parra, em Bettola.

Cristina encontra o túmulo de Paulo Parra. "Achei, achei! A foto."

[TERCEIRO MOVIMENTO]

Túmulo de Paulo Parra, cemitério de Bettola, Itália.

Cristina, diante do túmulo de Parra: "Eu encontrei o meu pai."

COMUNE DI BETTOLA
Provincia di Piacenza

UFFICIO DELLO STATO CIVILE

CERTIFICATO DI MORTE

L'UFFICIALE DELLO STATO CIVILE

In base ai registri degli atti di morte

CERTIFICA

Che

PARRA PAULO
nato a San Borja (Brasile) il 6 gennaio 1930
è deceduto a MILANO il giorno PRIMO del mese di MARZO dell'anno MILLENOVECENTONOVANTASEI

Atto n. 16 P. II s. A anno 1996

In carta libera per gli usi consentiti dalla legge.

Bettola, lì 08.05.2002

L'UFFICIALE DELLO STATO CIVILE

Atestado de óbito de Paulo Parra.

[TERCEIRO MOVIMENTO]

Casa de Cura Santa Rita, em Milão.
Aqui morreu Paulo Parra.

Comparação de imagens: Perera
envelhecido e com barba (à esquerda)
e a foto do túmulo de Parra.

Isnard Martins, que "envelheceu"
uma foto de Perera.

O perito Mauro Ricart compara a assinatura de Parra com a letra de Perera.

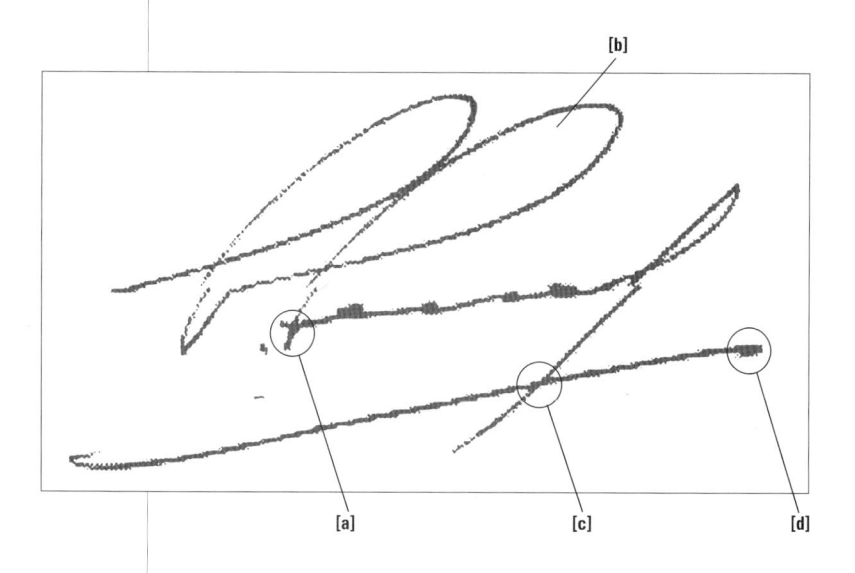

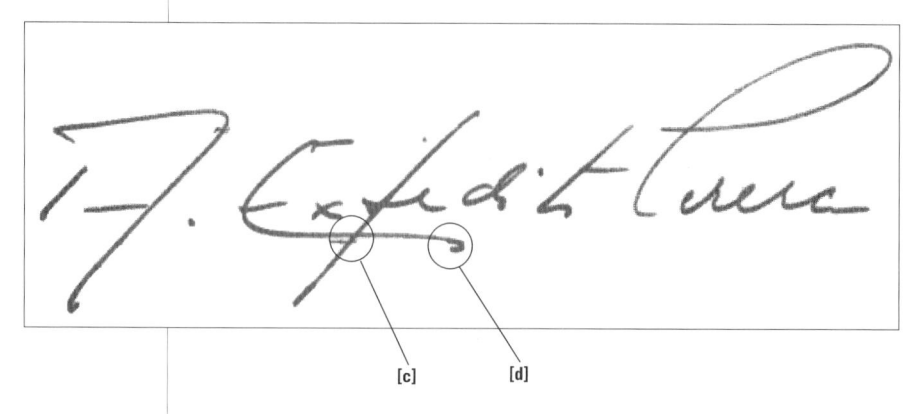

[TERCEIRO MOVIMENTO]

[b]

1/8

São Paulo, 10.1.1971

Cristina.
Esta será minha mais longa carta.
Certamente, amanhã viajaremos.
Ignoramos qual o país. As notícias são reduzidas. A censura é total.
  Há três pontos necessários a esclarecer para ti. Respondem a três perguntas tuas, feitas, uma, de modo direto; as outras duas, por auseios.
  1. Estabelecendo-me, fixando-me, passarás comigo não só o período de férias que desejares como o tempo que preferires. Eu sou o teu pai. Amo-te profundamente. Não há necessidade destas palavras, pois acham-se tão deturpadas que se deve ter o cuidado de proferi-las. Amor de pai digno.
  2. Continuarei com os meus ideais. Há pessoas que sempre me julgaram e examinaram pela aparência. Para estas, devido a uma imaginação desvairada ou a um desconhecimento preconçoso, apresentá-las

[a]

Coincidências notadas pelo perito Mauro Ricart entre a assinatura de Paulo Parra e a letra de Expedito Perera:
  [a] Exemplos de sinais em forma de "cruz" detectados pelo perito.
  [b] A semelhança do "P" da assinatura de Paulo Parra e o "P" de São Paulo na carta.
  [c] Cruzamento de linhas, presente nas assinaturas de Perera e Parra.
  [d] "Arpão" no arremate da letra.

Comparação das fotos de Perera (esquerda) e Parra (no canto direito). O médico-legista Nelson Massini chama a atenção para a pose de perfil assumida por ambos diante da câmera e para a idêntica posição do braço e da mão. "Ele mantém uma posição que considera mais fotogênica, é coisa da personalidade dele."

Comparação, pelo médico-legista Nelson Massini, de fotos de Perera (esquerda) e Parra (canto direito). "A sobrancelha, já se nota a absoluta coincidência entre o contorno desta sobrancelha com esta."

[TERCEIRO MOVIMENTO]

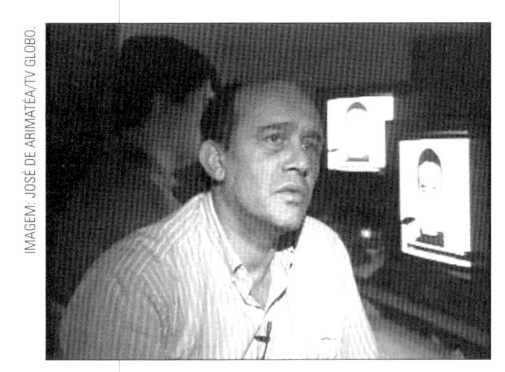

O médico-legista Nelson Massini.
"O Perera é efetivamente o Parra."

VERA SILVIA MAGALHÃES — MR-8
FERNANDO GABEIRA — MR-8

Foto de Vera Sílvia Magalhães e Fernando Gabeira encontrada em arquivo na casa de Paulo Parra em Bettola. No verso, a identificação de ambos acompanhada da sigla da organização a que pertenciam: MR-8.

FORMULÁRIO DE DOCUMENTO DE VIAGEM

CC 535024-7

REPÚBLICA FEDERATIVA DO BRASIL
MINISTÉRIO DAS RELAÇÕES EXTERIORES

PROTOCOLO: 89/108/1038-4

NOME COMPLETO: PAULO ANTÔNIO BLANCO PARRA

PAI: VINÍCIUS PARRA
MÃE: CARMEM BLANCO

DATA DE NASCIMENTO: 06/01/30
LOCAL DE NASCIMENTO: SÃO BORJA – RS

PAÍS DE NASCIMENTO: BRASIL
3034

SEXO: MASCULINO
ESTADO CIVIL: SOLTEIRO

OBSERVAÇÕES: SUBSTITUI O PASSAPORTE COMUM Nº CB 263623, EXPEDID 08/10/82 válido até 07/10/88 (ART. 11 §§ 2º do texto de 13/03/80), devidamente cancelado e devolvido ao comprovação de permanência no exterior.

Formulário preenchido por Parra em Milão para "esquentar" seu passaporte. No verso, a informação de que o documento substituía o passaporte CB 263623.

5670089

DOCUMENTO 2 NÚMERO: 263623-9 SÉRIE: CB TIPO: PC
PAÍS EMISSOR: BRASIL CÓDIGO: 3034
303401511-7

NOME COMPLETO: LUIZ FERNANDO GONÇALVES

Formulário que revela o verdadeiro dono do passaporte CB 263623: Luiz Fernando Gonçalves.

[TERCEIRO MOVIMENTO]

Formulário que deu origem ao passaporte de Amanda Castello Parra. No verso, a informação de que o novo documento substituía o passaporte CB 263614.

SUBSTITUI O PASSAPORTE COMUM CB 263614, EXPEDI[DO] AOS 08/10/82, PEREMPTO EM 07/10/88. DEVIDAMENTE TITULAR PARA FINS DE COMPROVAÇÃO DE PERMANÊNCI[A]

A dona do passaporte CB 263614: Regina Vieira do Rêgo.

Cristina dança com o bailarino Mark Ruhala.

Maria das Graças admite que fora informada do abrigo que seu irmão dava a perseguidos pela polícia:

— A gente sabia que ele estava escondendo pessoas procuradas. Isso ele falou para nós. Era uma coisa que ninguém devia saber, que essas pessoas que ele estava protegendo, guardando, eram pessoas procuradas pela polícia política de São Paulo.

Os irmãos fazem coro para condenar Nazareth:

— A gente falava para ele: "Cuidado com a Nazareth." Eu falei isto, ele dizia: "Pode ficar sossegada" — afirma a advogada. Francisco Tiago exagera: chega a dizer que todo o processo contra o irmão foi feito com base no depoimento prestado por Nazareth.

Sobre a vida européia de Perera, o mesmo mistério. A advogada diz ter conhecimento do livro de Yallop, mas questiona a veracidade de suas informações (algumas delas, porém, seriam utilizadas pela advogada da família no processo movido por Cristina). Afirma que sempre evitaram entrar em detalhes sobre as atividades do irmão nos poucos contatos que tiveram com ele.

— Se a gente estivesse frente a frente com ele e pudesse ter uma conversa... Como a gente não teve esta oportunidade, então não tem por que questionar isso. As opções que fez, ele fez. Se eu concordo ou não, veremos mais cedo ou mais tarde — afirma a advogada.

— Eu suponho que vocês têm interesse em vê-lo — pergunto.

— Muito — responde a irmã.

— Por que então vocês não o procuram?

— É muito difícil entender uma família como a nossa... Mas existe a compreensão de que ele não quer ser localizado, nós entendemos assim — aqui, a câmera do repórter-cinematográfico Luiz Quilião registra um movimento curioso, uma absoluta sincronia nos movimentos de cabeça de Maria das Graças e Tiago quando ela diz, de forma pausada, que Perera "não quer ser localizado". A sincronia, certamente involuntária, reforça a percepção de que os irmãos estavam bem afinados em suas respostas.

— Na opinião de vocês, ele está vivo?

— Ele está vivo — garante Maria das Graças.

Em seguida, a advogada questiona o pedido de ausência feito judicialmente por Cristina. Diz que o fato de seu irmão ter mantido contatos com a família desqualificava a ação. Cita as dezenas de cartões-postais que ele enviara de diversas partes do mundo para respaldar sua afirmação de que Perera estava vivo. O último cartão anexado ao processo fora enviado havia 20 anos, mas isto não era considerado relevante pelos irmãos. Maria das Graças também nega que por trás da negativa de admitir a morte do irmão estivesse a questão dos direitos da casa em Porto Alegre.

— Se houvesse uma situação grave, vocês conseguiriam entrar em contato com ele? — insisto.

— Não com muita facilidade — responde Maria das Graças.

— Eu conseguiria — intervém Firmino, que completa: — Tive assunto de urgência para falar com ele, quando a mãe dele faleceu, em 1994. Ele tomou conhecimento no dia seguinte.

— Esses canais continuam abertos?

— Continuam abertos...

— Se o senhor precisar falar com ele hoje, em poucos dias...

— Ele viaja um bocado. Conseguiria, assim, de chofre, se ele estivesse em Paris.

A disputa, os duelos verbais travados sucessivamente com Firmino, Maria das Graças e Tiago, encaminhava-se para o fim. Ao longo de quase duas horas — uma hora de entrevista gravada — eu tentara obter alguma informação mais objetiva, algo que levasse a uma pista sobre Perera, ou mesmo a uma indicação de seu relacionamento com grupos terroristas. Nada. Seus parentes limitaram-se a confirmar e detalhar o que era sabido e a responder de forma evasiva a qualquer pergunta mais objetiva.

— A impressão que tenho é que vocês sabem um pouco mais dele, mas que, devido a esta posição de respeito a ele, vocês evitam revelar isto...

A advogada sorri e responde ao comentário.

— É evidente, né, Fernando?

Dias depois, no saguão de um hotel em frente à praia de Ipanema, zona sul do Rio, encontro-me com a advogada gaúcha Rejane Brasil Filippi, contratada pelos Perera e responsável pela defesa da tese, vitoriosa no Superior Tribunal de Justiça, de que Antonio Expedito não morrera. Na conversa, a advogada afirmaria ter convicção de que ele estava vivo. De acordo com informações retiradas do processo e que podem ser acessadas pela internet, a última notícia "comprovadamente provinda do próprio Perera" é de 13 de dezembro de 1979. Mas a advogada insiste no mesmo argumento utilizado pelos irmãos Perera: ele não aparecia porque não podia.

Ela me entrega uma cópia do manuscrito que serviu de base à sua defesa oral. Nele, cita que os irmãos de Perera haviam recebido da Anistia Internacional um comunicado que negava que o advogado constasse de qualquer lista de desaparecidos políticos. Se não estava morto, nem desaparecido, estaria — portanto — vivo. Para justificar a ausência de Perera e a falta de notícias sobre ele, a representante da família Perera assumiu, no processo, como factíveis as informações publicadas no livro de Yallop e no *Correio Braziliense*. Admitiu, portanto, a ligação de Perera com o terrorismo internacional e que ele adotara o nome de Parra na Itália:

> O que ocorreu a Expedito em meados da década de 70? A resposta consta do livro *Até o fim do mundo*, do historiador inglês David Yallop (...) Nesta obra vêm à tona diversos personagens (...), inclusive A. Exp. O historiador dedica-lhe um capítulo (...) onde revela as relações do advogado com grupos revolucionários internacionais, inclusive a Frente de Libertação Palestina (...).
>
> O certo é que Expedito, perseguido pelos homens da DST (Direction de la Surveillance du Territoire), desapareceu sem deixar traços.
>
> No ano de 1981 Antonio Expedito reaparece no cenário internacional. Apresenta agora a identidade de Paolo Parra, médico brasileiro, e manda rezar uma missa em Roma, Itália (...).[134]

Rejane saca de um pacote algumas das provas que utilizou para convencer a Justiça. Dezenas de cartões-postais enviados pelo *globe-trotter* Perera de diversos países do mundo. Nos cartões, mensagens sempre curtas ("Ele é meio lacônico", dissera Firmino): "Querida mãe. Como passou teu aniversá-

---

[134] Trechos das anotações da advogada Rejaneh Filippi. Arquivo do autor.

rio?" (Milão, 1974), "Depois de um longo silêncio, envio a vocês minhas saudações" (Atenas, 27/8/78); "Melhores votos para 1980" (Madri, 8/12/79). De Belgrado, em 1976, uma rara observação que fugia ao padrão das saudações familiares:

> Os países socialistas oferecem uma tranqüilidade que a balbúrdia do mundo ocidental não pode compreender.

No dia 26 de março de 1973, revelara seu humor ao mandar uma foto para a família. Uma imagem em preto-e-branco na qual ele aparece meio de perfil, ao lado de um velho canhão. No verso da foto, uma mensagem reveladora: "Como vêem, estou sempre às voltas com canhões, mesmo de museu."

Novidades no Front

Estabelecido em Paris, Perera passa a viajar com freqüência para o Chile. Lá, envolve-se nas articulações para a retomada da participação da VPR na guerrilha brasileira, o que incluía a decisão de mandar militantes para treinamento em Cuba, principal centro de instrução militar para revolucionários latino-americanos. Ter passado por Cuba era motivo de orgulho para muitos dos soldados da Revolução. Uma experiência que não seduzia Perera, ele se via como um líder, não como alguém que estivesse na linha de frente da luta. Aluísio Palmar, o "André", lembra-se de uma conversa que teve com Perera. Nela, o advogado manifestou sua fé em uma divisão de classes na guerrilha.

— Ele me disse: "André, alguns têm que ser soldados e outros têm que ficar." Aquilo me deu nojo, ele menosprezou os companheiros que tinham ido para Cuba.

Luiz Alberto Sanz afirma que Perera aceitava participar de algumas ações, desde que estas fossem compatíveis com seu estilo de vida. Como na ocasião em que se espalhou pela comunidade brasileira o boato de que o delegado Fleury estava em Santiago. Perera se ofereceu para investigar o fato.

— Perera foi para o [hotel] Sheraton conferir. Ficou hospedado lá com o dinheiro da organização por uns dois ou três dias, e não conseguiu nada. Ele era um pavão — diz Sanz.

Diógenes de Oliveira, libertado no seqüestro do cônsul japonês, lembra que reencontrou Perera em Colônia, na Alemanha. O representante internacional da VPR decidiu que o levaria para o Chile, o que acabou ocorrendo. Na época, Perera vivia com Danda em Paris, o que não o impedia de ter uma namorada em Santiago. Lá encontrava-se sempre com Diógenes, que guardaria uma lembrança concreta da amizade: uma cuia e uma bomba de chimarrão, esta, de prata e com o bocal de ouro. Uma série especial feita por uma joalheria de Porto Alegre, que Diógenes recebeu de Perera em 1973, dias antes do golpe que iria depor Salvador Allende.

— O Chile estava numa situação muito precária, qualquer análise política, por mais superficial que fosse, previa o golpe. Ele [Perera] tinha que viajar para Argel, ele ia muito para lá naquela época. Era muito pouco provável que conseguisse voltar para o Chile. Ele tomava muito mate e, como eu também gosto muito de tomar mate, ele me deixou a cuia e a bomba.

O crescimento da importância de Perera surpreendia militantes da própria VPR. Quem era afinal aquele sujeito que, com uma trajetória tão curta na esquerda, se transformara em alguém poderoso?

— Não era muito politizado, não tinha uma história na organização, não tinha leitura, era malvisto, era meio *playboy*. Tinha gente que achava que ele era da CIA — conta Alfredo Sirkis. — Em 1972, o Perera estava criando seu próprio circuito, se aproximava de setores menos ortodoxos. As pessoas reclamavam, "esse cara não entende nada de guerrilha" — completa.

Entre os tais "setores menos ortodoxos" estava o PCB, visto com desdém por toda a esquerda revolucionária. Afinal, era o partido que fora contra a luta armada, era a agremiação dos *reformistas*, dos que admitiam chegar ao poder pela promoção de sucessivas reformas. Perera fez contatos com o Partido Comunista Chileno e, a partir daí, aproximou-se dos comunistas brasileiros, em especial de Armênio Guedes. Ao lado de sua então mulher, a ex-deputada Zuleika Alambert, o então dirigente do PCB viveu parte de seu exílio em Santiago.

— Eu o conheci possivelmente em 1972, durante uma reunião para organizar uma jornada de protesto contra a ditadura brasileira. Ele veio conversar. Se mostrou interessado em nos ajudar, demonstrou vontade de deixar a ultra-esquerda e vir para o partido — disse Guedes, em dezembro de 2002.

No Chile, Perera também conheceria um jovem jornalista francês de origem latino-americana, Francis Pisani, de quem se tornaria amigo e aliado na

Europa. Pisani era um entusiasta dos movimentos revolucionários latino-americanos.

A desenvoltura com que Perera circulava no Chile repercutiu em Porto Alegre, onde os episódios associados àquele banido provocavam espanto entre os que haviam conhecido como líder do PDC, entusiasta do golpe de 1964 e, pior, como delator. O advogado trabalhista Victor Douglas Nuñes, ligado ao PSB, conta que organizou um dossiê sobre Perera, um calhamaço que apresentava o passado gaúcho daquele homem que se transformara em dirigente da VPR. A capa do dossiê estampava uma cópia do bilhete em que Perera denunciara os supostos comunistas.

— Minha preocupação foi com o fato de que ele [Perera] começou a espalhar que tinha sido vitimado pela "Redentora"[135] — diz Nuñes, que chega a duvidar do fato de Perera ter sido torturado. — Para mim ele já saiu daqui [Porto Alegre] a serviço da polícia — acusa o advogado, que diz ter entregue sua cópia do dossiê para o pai de um outro exilado gaúcho. O objetivo era fazer com que o documento chegasse ao Chile. É provável que o dossiê talvez nunca tenha ultrapassado as divisas do Rio Grande do Sul, nenhum dos entrevistados que estiveram no Chile demonstrou ter tido conhecimento daquelas acusações.

Na condição de representante da VPR, Perera aproxima-se, na Europa, da Frente Brasileira de Informações. O ex-coordenador da Frente, Mauro Leonel Junior, conta que a chegada de Perera causou um certo estranhamento na organização, que tinha seu comando em Paris.

— Ele chegou com muita volúpia de autoridade, como representante da VPR. Dentro da Frente havia um grupo independente chamado coletivo, formado por mais de 40 militantes, mas militantes que estavam independentes, não estavam em partido nenhum. Vinham da ALN, da AP (Ação Popular). Esse grupo é que tocava a Frente. Era mais difícil que pessoas ligadas a alguma organização viessem fazer esse tipo de trabalho. Os independentes eram mais assíduos às reuniões — diz.

De acordo com ele, a sede de mando de Perera — "ele queria que o coletivo tivesse um compromisso maior com a VPR" — fez com que o grupo

---

[135]Forma irônica de se referir ao golpe de 1964.

adotasse uma outra tarefa: encontrar maneiras de controlá-lo. Leonel diz que a condição de "representante" da organização era questionada por muitos dos exilados.

— As pessoas perguntavam quem o tinha nomeado, como ele fora escolhido. Teria havido algum tipo de eleição?

Ele afirma que Perera era visto com desconfiança desde seu desembarque na Europa: "Ele chegou na Europa como infiltração." Leonel era ligado a Ângelo Pezzuti, um dos integrantes da VPR que se rebelaram contra Onofre. Este contato — afirma — soaria ameaçador para Perera e para todo o esquema vinculado a Onofre.

— Eu estava há mais tempo na Europa, poderia erodir toda a base dele na França e nos outros países.

Para Leonel, esta preocupação é que teria motivado Perera a estimular uma vigilância em torno dele. O ex-coordenador da Frente afirma que Pisani também chegou a participar deste esquema de intimidação e chega a insinuar que Perera tivesse um outro tipo de atuação.

— Ele [Perera] era um sujeito megalômano, extremamente perturbado, doente, com um ego excessivo. Mesmo assim, acho que são muitos os dados de convicção para se excluir a possibilidade de que ele tenha sido um policial. A sua ligação com o Onofre Pinto, indiretamente com o cabo Anselmo...

— Você tem convicção de que o Onofre era ligado à polícia? — pergunto.

— Tenho uma forte suspeita. Por que o Onofre deu tanta cobertura ao Anselmo? Por que deu tanta cobertura ao Perera?

Leonel identifica no ano de 1973 o período de maior desconfiança em relação a Perera — é quando há o massacre em Recife, causado por Anselmo.

— Foi quando eles começaram a me seguir, a seguir toda a minha turma. Foi quando nós cortamos relações com o Perera.

Leonel afirma que sua resistência às investidas de Perera provocou reações em setores da VPR ligados a Onofre. Seus amigos começaram então a manifestar apreensão.

— O Sirkis foi o primeiro a se preocupar com isso. Ele chegou a me dizer: "Esses caras vão te *apagar*." O próprio Onofre começou a me seguir no metrô. Eu tenho a impressão de que eu estava indo para a casa do Márcio Moreira Alves. Peguei o metrô e notei que estava sendo seguido... O pior é que ele era tão inábil que ele se escondia atrás do jornal, do *Le Monde*. Quando ele abaixava o jornal, dava para ver a cara dele.

O desaparecimento de Onofre em 1974 impediria a conclusão de uma discussão que até hoje divide remanescentes dos grupos armados, em especial da VPR. A pergunta fundamental é: por que Onofre se deixou enganar por Anselmo? Wilson Fava afirma que "todo mundo tinha dúvidas dos métodos do Onofre".

— Ou ele foi ingênuo ou se enrolou — diz.

Alfredo Sirkis é mais direto. Em uma frase ele revela a existência de uma divisão em torno de Onofre e deixa claro o que pensa sobre aquele que foi o líder máximo da VPR:

— O Ladislas foi um dos últimos a se convencerem de que Onofre era um crápula.

Única mulher a participar do seqüestro do embaixador norte-americano, Vera Sílvia Magalhães afirma que o comportamento de Perera despertava muitas suspeitas entre as organizações clandestinas na Europa. A desconfiança quase ganhou dimensões trágicas.

— Ele era suspeito de ser dedo-duro. Setores da VPR chegaram a propor seu *justiçamento*. A proposta, conta, foi examinada em meados de 1972. Então dirigente do MR-8, Vera Sílvia foi a Paris para uma reunião. Era preciso conter o radicalismo que contaminava muitos dos integrantes do grupo. Neste encontro é que foi discutido se o MR-8 apoiaria a proposta de assassinar Perera. Um dos maiores defensores da proposta foi, segundo ela, o jornalista Lúcio Flávio Regueira.

— Eu fui contra e, como dirigente, acabei com a discussão. Não me interessava saber o que ele [Perera] tinha feito. O que sabia é que não poderíamos embarcar naquela história.

Vera Sílvia disse que viu Perera apenas uma vez, quando fora visitar Danda. A impressão do encontro não foi boa.

— Era um cara sinistro, meio esquisito. Quando eu entrei no apartamento, ele sequer se levantou para me cumprimentar, mal falou comigo.

Internacional terrorista

Em 1973, o espaço de Perera entre os brasileiros era cada vez menor; e o Brasil deixava de estar na sua lista de prioridades. Danda afirma ter percebido que seu companheiro participava de grupos em que eram freqüentes as conversas com um acentuado tom anti-semita, o que a desagradava muito. Como Perera não falava inglês nem francês, Danda, sua intérprete preferencial, o acompanhava em alguns encontros. Conversas muitas vezes realizadas em cafés, a maioria, na praça do Trocadero, ponto de reuniões com árabes. Danda sorri e lembra que naquela Paris povoada de exilados e conspiradores havia uma divisão de lugares freqüentados pelos diferentes grupos.

Ela diz não ter uma lembrança exata do que era discutido. Afirma que eram conversas afáveis, em que outros encontros eram articulados. Só isso?

— Havia um problema de armas, existia aí um interesse. Depois, refletindo sobre aquela época, cheguei a esta conclusão.

Segundo ela, havia um consenso entre os integrantes daqueles grupos: revoluções isoladas em cada país de nada adiantariam. Seria necessário uma articulação internacional. As conversas sobre a revolução sem fronteiras tinham como referência um grupo em especial, o Exército Vermelho Japonês. A partir de determinado momento, Danda notou que começara a ser alijada das conversas. Ela já não participava dos encontros, limitava-se a deixar Perera em um determinado local e a pegá-lo na hora marcada.

A vida de assessora de guerrilheiro internacional começava a incomodar a brasileira.

— Não estava dominando a situação, era uma situação perigosa e eu não queria correr este tipo de risco.

Decidida a se afastar de Perera — a união iria durar até o fim de 1973 —, ela chega a uma conclusão, semelhante à de outras pessoas que com ele conviveram: "Ele tinha uma vida dupla."

Em dezembro de 2002, em nova entrevista, Danda revelaria novos detalhes sobre a atuação de Perera na França. Atividades marcadas pelo mistério, mesmo quando o objetivo ainda era o de promover uma revolução limitada ao Brasil. Perera, segundo ela, era "estanque", tinha a capacidade de não misturar assuntos e contatos. Ela diz que nem sequer sabia onde ficava seu escritório particular. Nesta nova entrevista, apresentaria a Danda o nome de Francis Pisani, que me fora mencionado por um ex-integrante da VPR como alguém que auxiliara Perera em sua passagem pela França. A informação poderia ser uma pista que me levasse ao processo de aproximação de Perera com grupos internacionais. Chizuo Osava me dissera que Pisani integrava uma espécie de rede de apoio a exilados, pessoas que providenciavam passagens e locais de hospedagem. Mesmo que não tivesse sido ligado a organizações terroristas, Pisani poderia me fornecer uma pista sobre como refazer este caminho de Perera.

No depoimento que prestara à polícia ao voltar ao Brasil, Danda se referiu aos contatos de Perera com um francês — "Marco" —, um jovem "corpulento, alto, mais ou menos 26 anos", filho de um senador.

> A declarante supõe que o contato de Antônio E. C. *Pereira* com grupos terroristas internacionais era feito através de um francês que conheceu pelo codinome de "Marco" (...).[136]

Na entrevista, ao ouvir o nome de Pisani, ela exclamou:

— É o francês! É a grande ligação. Eu estava relendo meu depoimento à polícia e tinha esquecido. Ele era cubano, ou ligado a Cuba por alguma razão. Ele é que andava de motocicleta, de vez em quando levava o Antonio na

---

[136] Acervo do Deops. Arquivo do Estado de São Paulo.

garupa. Foi a figura que ajudou a integrar o Antonio. Ele apareceu de repente, como uma relação do Antonio, e foi a partir daí que ele começou a ter relações internacionais.

Segundo Danda, Pisani a substituiu na função de ser o "elemento de integração" do advogado que antes do vôo dos 70 nunca viajara para o exterior, que chegara à França "sem roupa, sem hábitos internacionais". Ela afirmou que não poderia dizer se Pisani era ligado a grupos árabes, mas ressaltou que as conversas dos dois novos amigos eram sempre sobre questões internacionais.

— O Brasil nunca estava em pauta — enfatizou.

Uma simples consulta a um site de busca na internet foi suficiente para descobrir o paradeiro de Pisani. O jornalista mora na Califórnia e se tornou um especialista em informática. Evitei, em um primeiro momento, um contato direto com ele. Tratava-se de um assunto delicado, sobre o qual eu tinha informações ainda vagas. Se na Europa a questão do terrorismo permanecia presente, nos Estados Unidos a discussão do assunto ultrapassava, no fim de 2002, os limites da racionalidade. Os atentados de 11 de setembro de 2001 impediam qualquer frieza no debate do tema. Eu teria que ter cuidado para não comprometer injustamente um cidadão estrangeiro que vive e trabalha nos Estados Unidos.

Para facilitar a aproximação com Pisani, mandei um e-mail para Rosental Calmon Alves, jornalista que conhecera pessoalmente no Rio na década de 80, ambos repórteres de sucursais: ele da Veja, *eu da* Folha de S.Paulo. *Era bem possível que ele tivesse se encontrado com Pisani em suas viagens pelo continente. Durante muitos anos Rosental fora correspondente internacional, residira, entre outras cidades, em Washington, Buenos Aires e Cidade do México, rodara muito pela América Latina. Em 1996, ele voltara a morar nos Estados Unidos e em 2002 era diretor do Centro Knight para Jornalismo nas Américas, da Universidade do Texas. Minha suposição estava correta: Rosental conhecia o francês e, a meu pedido, passou uma mensagem para ele. Apresentou-me, fez os elogios de praxe. Isto contribuiu para, pelo menos, diminuir a desconfiança do colega.*

Mandei o primeiro e-mail *para Pisani no dia 15 de novembro de 2002:*

> *Conversando com ex-integrantes da VPR — a organização do Perera — um deles citou seu nome. Esta pessoa me disse que você, na França, teve contato com brasileiros exilados e que, de alguma forma, ajudou alguns deles, inclusive com contatos com outros grupos. É só o que ele me disse, ele também tem poucas informações — nem sei se estas informações que ele me passou são corretas... Estou particularmente interessado em detalhes sobre a vida do Perera na Europa e seus contatos com estes grupos internacionais. Será que você pode me ajudar?*

Quase um mês depois, no dia 12 de dezembro, recebi uma resposta — apenas uma promessa de futuras conversas.

> *Hola,*
> *Tardé mucho. Cosas de la vida.*
> *¿Cuando vienes por acá que hablemos a gusto?*
> *Puedo ir a Brasil pero hay que encontrar un pretexto (o crearlo).*[137]

Não havia como trazê-lo ao Brasil. A possibilidade de uma ida à Califórnia só se justificaria em caso extremo. Cheguei a cogitar dessa hipótese e comuniquei minha intenção a ele. Isto só fez aumentar sua desconfiança.

> *Me preocupa que estes organizando ya un viaje cuando todavía no sabemos exactamente hasta que punto te puedo ser útil. Creo haber conocido ese señor, no muy bien. Hace bastante tiempo y no tengo muy buena memoria. Me gustaría saber quién te dió mi nombre. Por otra parte, me gustaría saber porque escogiste escribir un libro sobre él. ¿Qué te motivó? ¿adónde vas con esto? ¿De donde surge el interés para él en Brasil? ¿Qué tienes ya? etc. etc. etc.*[138]

---

[137] "Olá. Demorei muito [a responder]. Coisas da vida. Quando você vem por aqui para que possamos conversar? Posso ir ao Brasil, mas teria que haver um pretexto, ou criá-lo."
[138] "Me preocupa que já esteja organizando uma viagem sem que saibamos, exatamente, até que ponto posso ser útil. Creio ter conhecido este senhor, não muito bem. Já faz algum tempo e minha memória não é muito boa. Gostaria de saber quem te deu meu nome. Por outro lado, também gostaria de saber por que você decidiu escrever um livro sobre ele. O que te motivou? Aonde pretende ir com isto? De onde surge o interesse sobre ele no Brasil? O que você já tem? Etc. Etc. Etc."

Nova troca de *e-mails*. No dia 30 de dezembro enviei um questionário para Pisani, a idéia da viagem fora descartada. Procurei fazer as perguntas de maneira bem objetiva, de modo a não permitir qualquer dúvida sobre o tipo de interesse que justificava a aproximação entre ele e Perera. A resposta só chegaria no dia 19 de janeiro de 2003. Pisani respondeu "não lembro" a três perguntas: como e quando conheceu Perera, como foi a aproximação entre eles, se o brasileiro, alguma vez, fizera algum tipo de referência a "Carlos". O jornalista foi enfático ao negar que tenha tido qualquer vinculação a grupos árabes ou palestinos.

— Nunca participei da luta palestina. Nunca tive ligação com nenhum grupo árabe ou palestino. Era e sou apaixonado pela América Latina, na qual passei boa parte de minha vida adulta e que sigo tendo em minha casa com minha mulher e meus filhos. Vivi dois anos em Cuba. Cobri o país, como jornalista, de 1980 a 1992. Também cobri a insurreição sandinista e as guerras de El Salvador e Guatemala.

Pisani ainda classificou como "totalmente incorreta" a suposição de Danda de que ele tivesse sido o elo entre Perera e militantes árabes e palestinos. O jornalista admitiu ter conhecido brasileiros no Chile, entre eles Onofre e Ladislas. Ao falar especificamente de Perera, Pisani manifestou uma estranheza.

— Sabia que era um advogado democrata cristão. Soube depois que era um grande admirador de Napoleão. Difícil de aceitar para um francês com simpatias de esquerda.

— *Alguma vez os senhores conversaram sobre a participação em uma luta mais ampla e geral, sobre algum tipo de vinculação com grupos árabes e palestinos que atuavam na época? O senhor sabia das ligações de Perera com estes grupos?*

— Alguma vez conversamos sobre isto. Nunca soube dos detalhes. Não me interessava esta conexão.

— *Qual foi a última vez que o senhor ouviu falar de Perera? O senhor chegou a ter alguma informação de sua ida para a Itália?*

— Não me lembro. Soube de sua saída para a Itália. Mas seu afastamento da América Latina foi o motivo de termos cortado nossas relações.

As entrevistas com Leonel e com Sirkis reforçariam o depoimento de Pisani. Ambos enfatizaram que os projetos do jornalista francês eram todos direcionados para os países latino-americanos: "Ele era um apaixonado pela América Latina", frisou Sirkis. A aproximação com Pisani revela que Perera buscava ampliar sua atuação, seu foco mirava vários países. Mas a América Latina sonhada por Pisani ainda era limitada para seus projetos. Era preciso ter novas e mais importantes relações. Para Mauro Leonel, Perera encontrou na Frente, na FBI, possibilidades para os contatos com organizações internacionais. Ressaltou, porém, que a Frente estava voltada para o Brasil, descartava este tipo de aliança, que Perera fazia questão de aprofundar.

— Muita gente de organizações armadas internacionais vinha nos procurar. O Perera adorava esses contatos, levava tudo para a Frente. O que era um radicalismo esquisito para quem não foi da luta armada. Sei que ele teve contato com os palestinos, com o Baader-Meinhoff, com o Exército Vermelho Japonês.

Afirma que integrantes desses grupos tinham um objetivo:

— O sonho deles era o de construção de uma internacional guerrilheira. Nós éramos contra fazer ações em países em que estávamos refugiados, por que iríamos nos meter nisso?

Leonel diz ter conhecimento do caso de um outro brasileiro sondado por grupos internacionais, pelo Baader-Meinhoff. Mas, ao contrário do que viria a fazer Perera, ele desistiu de ingressar nesta luta.

Sirkis também confirma a aproximação de Perera com esses grupos: "Ele fez contato com meio mundo."

— Fez contatos com palestinos, que primavam pela esculhambação; depois, com a esquerda libanesa, chegou a ir para Beirute, que era a capital da guerrilha na época. Havia um pessoal meio mafioso neste processo de luta armada na Europa, personagens obscuros, dezenas de simpatizantes que brigavam entre si. Alguns desses caras tinham uma certa grana. Com o tempo, foram ficando mais mafiosos. Neste contexto, o Perera nadava de braçada.

Sirkis faz outra observação: de um modo geral, a esquerda brasileira fazia restrições aos palestinos, por achar que eles "não eram muito marxistas".

Pelo menos uma das viagens de Perera ao Líbano está documentada por um cartão-postal, o que ele enviou, no dia 31 de dezembro de 1972, para a irmã Maria das Graças e para o cunhado Mentor. Esteve também na Síria — este cartão está sem data.

Além de Leonel e Sirkis, outros exilados brasileiros brasileiros ficaram sabendo das ligações de Perera com organizações terroristas internacionais.

— Sei que ele teve contatos com grupos ligados ao Khadafi [Muammar al-Khadafi, que assumiu o poder na Líbia em 1969] — afirmou Bona Garcia.
— Quando fui morar na França, em 1975, soube que ele estava ligado a grupos árabes.

Na entrevista à *IstoÉ*, João Bosco Feres, o jornalista apresentado como ex-simpatizante da VPR, confirmou: estas ligações de Perera não se constituíam em um grande segredo.

> Todos sabiam então que Perera vinha mantendo contatos com organizações palestinas e possivelmente com o Exército Vermelho Japonês e a Fração do Exército Vermelho.[139]

Não demorou para que os serviços de informação brasileiros soubessem das novas atividades de Perera. A análise da certidão da Abin entregue a Cristina demonstra que a espionagem nem sempre acertava: não era incomum embaralhar dados, apresentar como verídicos fatos não confirmados. Mas o documento revela que os agentes estavam na direção certa.

> Em registro datado de 10 Ago 74, do Centro de Informações dos Exército (CIE), Antonio Expedito Carvalho Perera foi referenciado como "um dos principais líderes da VPR no exterior, em nível de coordenação internacional, mantendo contatos com a França e Argélia".

> Segundo documento datado de Dez 74, elaborado pela Agência Rio de Janeiro (ARJ/SNI), em Jul 74, foi detido no Aeroporto de Orly, em Paris, um membro do "Exército Vermelho Japonês", de nome Oshaki Amada, com farta documentação, na qual figurava o nome de Anto-

---
[139]*IstoÉ*, nº 1.299, 24/8/1994.

nio Expedito Carvalho Perera, também como membro da dita organização, utilizando o codinome de "Philippe". Segundo o mesmo documento, o "Exército Vermelho Japonês" era uma organização terrorista internacional que fazia frente com outras, entre elas a "Frente Popular Habash", palestina, e tinha como especialidades o seqüestro de aviões e atentados a Embaixadas. Ainda, segundo o documento, Antonio Expedito Carvalho Perera encontrava-se, à época (Dez 74), residindo em Paris, na Rua Verneuil, 46, tendo sido visto em Roma em setembro daquele mesmo ano.[140]

De acordo com o *Livro de identificação dos terroristas japoneses*, preparado pelo SNI e que integra o acervo do Arquivo Público do Rio de Janeiro, o nome do preso era Yamada Yoshiaki, líder do JRA, Exército Vermelho Japonês, e que usava o codinome de Furuya Yutaka. Segundo o *Livro*, o JRA era ligado à Frente Popular para a Libertação da Palestina: teriam atuado em conjunto em pelo menos três operações.

> Um interrogatório de Furuya e a decifração de um código encontrado em seu poder conduziram as autoridades francesas a um certo número de membros e contatos do JRA. Sob interrogatório, três indivíduos revelaram que o JRA em Paris e, para encurtar, na Suécia, tinha uma extensiva rede de agentes, os quais estavam planejando atentados a diplomatas japoneses e estabelecimento de negócios.[141]

O *Livro* foi preparado em dezembro de 1974, cinco meses depois da prisão de Yoshiaki/Yutaka. O SNI sabia com quem Perera andava metido e o que andava fazendo. É o que deixa claro este outro trecho, que cita informações fornecidas por um outro japonês, Takahashi Takemoto, "provável chefe da rede européia do IRA".

---

[140] Certidão fornecida pela Abin.
[141] *Livro de identificação dos terroristas japoneses*, documento mimeografado. Arquivo Público do Rio de Janeiro.

Segundo depoimentos do próprio Takahashi e de outros membros do JRA, Takahashi foi responsável pela transferência de armas do Oriente Médio para a Europa. Em junho de 1973, ele recebeu duas pistolas e três granadas, as quais mandou, posteriormente, a um indivíduo não identificado, para serem usadas em futuras operações (os terroristas em Haia carregavam três granadas e duas pistolas). Takahashi afirmou que havia recebido as armas de um brasileiro chamado Acmene (nome de código: Octomo). Outra informação procedente da França indica que este brasileiro, o qual eles não estavam capacitados a capturarem, foi identificado como Antonio Expedito *Pereira Carvalho*. Por intermédio de Takahashi, Carvalho supriu o JRA com dólares americanos falsificados, dos quais, alguns, presumivelmente, estavam de posse de Furuya, quando este foi detido em Paris. Carvalho, por sua vez, era abastecido por um francês chamado André Haberman.[142]

A libertação de Yoshiaki/Yutaka motivou uma das mais ousadas ações dos japoneses: a invasão, em setembro de 1974, da embaixada francesa em Haia. O *Livro* do SNI diz que, no ataque, o JRA "parece ter agido independentemente" da FPLP. Yallop, porém, sustenta que a operação foi articulada com os palestinos e contou com as participações de "Carlos" e de Perera. O ex-advogado da VPR foi, segundo ele, responsável pelo transporte das armas até a Holanda.

> Na quinta-feira, Carlos, o brasileiro Antonio *Pereira* e dois dos japoneses viajaram de trem, partindo de Paris. *Pereira* viajou separadamente, levando as granadas M26 e as armas que deveriam ser usadas.[143]

Ainda segundo Yallop, Perera foi encarregado do aluguel de um carro que levou dois dos japoneses até a embaixada.

Na sua edição de 21 de junho de 1976, a revista francesa *Le Point* trazia uma reportagem sobre "Carlos" e, nela, um parágrafo sobre um aliado do venezuelano, um homem conhecido apenas como "Acheme" que seria, por muito tempo, "um mistério para os diferentes serviços que se dedicavam a

---
[142]*Livro de identificação...*, obra citada.
[143]David Yallop, obra citada, p. 98.

este trabalho". Um terrorista classificado como alguém que exerça um "papel essencial: ele é o fornecedor de armas (...)" e que seria reencontrado ao lado de "Carlos":

> Hoje se sabe quem ele é. É um brasileiro, seu nome verdadeiro é *Perera Carvalho*. Ele nunca foi preso.[144]

Naquele mesmo ano, novos relatos sobre as atividades de Perera circulavam pelos serviços de informação brasileiros.

> Seu nome constou de relações, elaboradas pelo Centro de Informações do Exército (CIE) — Gabinete do Ministro, de subversivos brasileiros que se encontravam no exterior, na situação de exilados ou banidos, até Mar 76, sendo no seu caso com passagens em Tóquio/Japão, Paris/França e Lima/Peru. Ainda, nas referidas relações, constam as seguintes referências sobre Antonio Expedito Carvalho Perera: "banido; terrorista de alta periculosidade; contrabandista de armas e munição; elemento de grande mobilidade e facilidade de locomoção; e seria ligado ao grupo do Chacal e ao Exército Vermelho Japonês.
>
> Segundo documento datado de Mai 76, da Agência São Paulo (ASP/SNI), Antonio Expedito Carvalho Perera seria um dos "falsificadores" ligados à "Frente Popular para a Libertação da Palestina (FPLP)", também conhecida por "Frente Habbash", operando na França. Ainda, segundo o documento, a organização de extrema esquerda "Frente Habbash" possuía um dos mais perfeitos dispositivos de falsificação de documentos e dólares, do qual se valiam inclusive as organizações clandestinas de outros países.
>
> Em documento elaborado pelo Centro de Informações da Marinha (CENIMAR), datado de Out 76, foi citado nos seguintes termos: "Antonio Expedito Carvalho Perera, que tem ligações estreitas com o terrorista internacional Illich Ramires Sanches (Chacal), inclusive com

---

[144] *Le Point*, 21/6/1976.

quem teria participado de ações de seqüestro, por estar sendo procurado por autoridades policiais francesas, foi obrigado a abandonar a Europa, indo radicar-se em Lima/Peru, onde continuaria em suas atividades subversivas."[145]

---

[145]Certidão da Abin.

Anos de guerra

Tudo ou quase tudo que se diz de Osama Bin Laden — apontado pelo governo norte-americano como principal responsável pelos atentados de 11 de setembro de 2001 — era publicado sobre "Carlos" a partir dos anos 70. Terrorista, assassino, mercenário: a imprensa mundial não economizava adjetivos para tentar definir aquele homem misterioso cuja existência física chegou a ser posta em dúvida. "Carlos" não seria um homem, mas uma marca, a grife de algumas das mais espetaculares e cruéis ações cometidas em nome de uma ou outra revolução ou causa. Os números variam: a participação de "Carlos" em atentados, seqüestros e assassinatos é, com freqüência, inflacionada. Admite-se, porém, que ele teria sido responsável por entre 80 e 90 mortes. Detido em 1994 por um comando francês que foi buscá-lo no Sudão, "Carlos" foi condenado em dezembro de 1997 e cumpre prisão perpétua em Paris.

Filho do advogado Jose Altagracia Ramírez Navas e de Elba María Sánchez, "Carlos" nasceu na Venezuela no dia 12 de outubro de 1949. Foi registrado com o nome de Illich Ramírez Sánchez. Os três filhos homens do casal receberam nomes inspirados em Vladimir Illich Ulianov, o Lenin, líder da Revolução Russa. Jose e Elba tinham em casa os camaradas-filhos Illich, Vladimir e Lenin.

Depois de participar de protestos em seu próprio país, Illich, em 1966, vai com a mãe e os irmãos para Londres. Dois anos depois ele e Lenin conseguem uma bolsa de estudos do Partido Comunista Venezuelano e passam a viver em Moscou, como estudantes da Universidade Patrice Lumumba, da qual viriam a ser expulsos. Em 1970, vai para o Oriente Médio e inicia sua aproximação com a Frente Popular para a Libertação da Palestina, a FPLP, organização liderada por George Habash e Wadi Haddad.

Era uma época em que mesmo as lideranças palestinas mais moderadas tinham dificuldades em admitir uma solução de paz que incluísse a existência de Israel, do mesmo modo que a criação de um Estado Palestino também era descartada pela maioria dos israelenses. As divergências eram explicitadas com a utilização de uma prática já então tradicional neste confronto e que, no início do século 21, ainda não perdeu sua força: a promoção de atentados. Ações contra alvos israelenses e, no caso da FPLP, contra acusados de colaboração com judeus. Israel revidava, como no caso do assassinato, em 27 de junho de 1973, em Paris, de Mohammed Boudia, um dos líderes da organização na Europa. Ele foi morto na explosão de uma mina colocada sob seu carro.

A luta palestina poderia ser considerada o eixo da atuação de "Carlos", mas sua trajetória confunde-se com a de diversas outras organizações da época, como o Exército Vermelho Japonês, a Fração do Exército Vermelho da Alemanha (Baader-Meinhoff), o Exército Republicano Irlandês. Estes e outros grupos trocavam armamentos e informações e praticavam ações conjuntas, uma lógica que indicava a necessidade de uma revolução internacional. "Carlos" poderia assim ser visto como um homem a serviço desta revolução ou mesmo como um mercenário, um *free-lancer* internacional do terror.

Em 1973, ele baleou o líder judeu inglês Joseph Sieff, da família proprietária da cadeia de lojas Marks & Spencer. Sieff teve sorte: a bala foi desviada por um de seus dentes, o que garantiu sua sobrevivência. No ano seguinte, "Carlos", segundo Yallop, organizou a invasão da embaixada francesa em Haia, na Holanda, para exigir a libertação de um dos líderes do Exército Vermelho Japonês. A ação que teria contado com armas fornecidas por Perera. Em meio às negociações, uma granada explodiu em uma galeria de Paris, a Le Drugstore, em uma ação que causou a morte de duas pessoas e ferimentos em 30. Até o início de 2003, a família de um dos mortos e o grupo SOS Attentats tentava fazer com que "Carlos" fosse julgado pelo crime.

Em dezembro de 1975, "Carlos" comandaria uma de suas mais espetaculares ações: a invasão da reunião da Organização dos Países Exportadores de Petróleo (Opep), em Viena. Três pessoas morreram durante o ataque, cometido em nome de um grupo chamado de Braço da Revolução Árabe.

Onze diplomatas foram levados a um avião cedido pelo governo austríaco e só viriam a ser liberados depois do pagamento de um resgate de US$ 20 milhões. Meses antes, no dia 27 de junho de 1975, "Carlos" cometeria o crime que consolidou sua fama internacional e que seria responsável por sua condenação pela Justiça francesa. Surpreendido em um apartamento na rua Toullier, em Paris, por uma equipe de policiais franceses acompanhada de um integrante da FPLP, Michel Mourkhabel, o venezuelano abriu fogo: foram mortos dois dos agentes (um terceiro foi ferido) e o próprio Mourkhabel. Nas investigações sobre o atentado, um jornal inglês publicou que, no mesmo apartamento de Londres onde estavam guardadas armas de "Carlos", foi encontrado, entre outros livros, um exemplar de O dia do Chacal, romance de Frederick Forsyth e que narrava uma suposta tentativa de assassinato do presidente francês Charles de Gaulle. Illich Ramírez Sánchez ganhava ali o apelido que se transformaria em uma espécie de sobrenome — passaria a ser conhecido como "Carlos", o "Chacal".

Procurado em todo o mundo, "Carlos" trocou várias vezes de refúgios e patrocinadores. As últimas ações atribuídas a ele ocorreram em 31 de dezembro de 1983 — explosões em um trem e em uma estação da França — e, no primeiro dia de 1984, um atentado em um centro cultural francês no Líbano. Desde que foi preso, questiona a legalidade da ação francesa no Sudão, alega que foi vítima de um seqüestro internacional.

"Carlos" fala

Em outubro de 1999, eu dispunha de poucas fontes sobre a atuação de Perera na Europa. Havia conseguido documentos — como o Livro do SNI —, entrevistas como as de Danda e de Cristina; dispunha das informações do livro de Yallop e das citações feitas em reportagens até então publicadas sobre o caso. Mas ainda faltava algo definitivo. Precisava de uma confirmação, por uma fonte primária, das atividades de Perera na Europa. Perera estava desaparecido, eu não tinha como encontrá-lo. Restava então tentar alguém que tivesse acompanhado de perto sua trajetória — um outro militante da tal revolução internacional, alguém que se dispusesse a falar.

Pedi ao Cedoc — Centro de Documentação da Globo — mais reportagens sobre "Carlos". Por elas cheguei a nomes de advogados do venezuelano, preso em Paris. Um desses nomes era o de Isabelle Coutant Peyre. Não foi difícil localizar seu telefone pela internet. Liguei para ela. Por sorte, madame Coutant Peyre continuava a defender "Carlos" — dois anos depois, em 2001, ela viria a se casar com ele. Perguntei então se ela poderia encaminhar um pequeno questionário para seu cliente. Algumas perguntas que poderiam, afinal, esclarecer se houvera a tal ligação entre "Carlos" e Perera. Para minha surpresa, ela aceitou. No dia 26 de outubro de 1999, encaminhei para seu escritório, em Paris, um fax com nove perguntas.

Nove dias depois encontrei sobre minha mesa um fax enviado às 19h00 da véspera, de Paris. Apenas uma folha endereçada a mim, originária de um cabinet avocat, escritório de advocacia. Na folha, nove itens numerados acompanhados de frases curtas. "Carlos" me respondera. O documento mais *importante para a reportagem fora obtido de uma maneira simples, quase primária. Algumas das respostas traziam revelações e confirmavam informações, outras tinham o óbvio propósito de evitar complicar ainda mais a situação do homem que cumpria pena de prisão perpétua.*

1. *Quando e onde o senhor teve o primeiro contato com o sr. Antonio Expedito Carvalho Perera?*

   Depois que ele saiu da prisão, tive a honra de encontrá-lo durante nossas viagens, no início dos anos 70.

2. *Quem o apresentou a ele?*

   Amigos comuns.

3. *O senhor e ele se envolveram juntos em alguma ação de qualquer natureza?*

   Nós lutamos pelas mesmas causas.

4. *Qual foi o papel do sr. Perera nos grupos revolucionários internacionais que atuavam na Europa nos anos 70?*

   Sucessor do capitão Carlos Lamarca, ele é um patriota e um líder revolucionário internacionalista.

5. *O sr. Perera era integrante do Exército Vermelho Japonês? Ele integrava o Comando Boudia?*

   Nos anos 70, o "Nippon Sekigun" (Exército Vermelho Japonês) tinha apenas integrantes japoneses. O mártir Mohammed Boudia era um ex-quadro da FLN [Frente de Libertação Nacional, argelina] leal ao presidente deposto da Argélia Ben Bella, e ele era o responsável pelo Setembro Negro na Europa. O Comando Boudia era formado por seus próprios quadros, amigos e admiradores.

6. *O senhor tem conhecimento de uma participação do sr. Perera no ataque à embaixada francesa em Haia?*

A embaixada francesa em Haia foi ocupada apenas por militantes japoneses, isto estava nos jornais!

7. *O senhor tem alguma informação sobre armas estocadas em uma galeria de arte na rua de Verneuil?*

Não sei nada sobre essas armas.

8. *O senhor tem alguma idéia sobre a localização atual do sr. Perera? Quando foi a última vez que o senhor ouviu falar nele?*

Não, não sei. A última vez que ouvi falar sobre ele foi quando o anarquista suíço e informante da polícia Giorgo Bellini andou espalhando que tinha se encontrado com ele na Suíça.

9. *O senhor já ouviu algum tipo de informação sobre um psicanalista brasileiro chamado Paolo Parra, que estaria vivendo em Milão?*

Não me lembro de nenhum Paolo Parra, mas não estou certo de que nunca tenha ouvido este nome.

Se eu fosse personagem de algum filme B americano gritaria "bingo". O fax de "Carlos" representava o testemunho definitivo de que Antonio Expedito Carvalho Perera estivera envolvido com grupos terroristas — revolucionários, para "Carlos" — internacionais durante os anos 70. A resposta de "Carlos" era um documento de um companheiro de lutas — "nós lutamos pelas mesmas causas" —, alguém que não teria razões para acusar Perera de forma irresponsável, até porque estas eventuais acusações recairiam também sobre ele.

As três primeiras respostas fornecem informações fundamentais. "Carlos" conhecera Perera graças a alguns "amigos" — o que revela, no caso, a existência de uma articulação — e ambos lutaram "pelas mesmas causas". A quarta resposta dirimiu qualquer dúvida que ainda pudesse haver: nas mi-

nhas perguntas, eu não fizera qualquer referência a Lamarca. "Carlos", portanto, sabia que houvera algum tipo de ligação entre Perera e o ex-capitão do Exército brasileiro. Mais: Perera era um "líder revolucionário internacionalista".

Nas quinta, sexta e sétima respostas, "Carlos" opta por negar e despistar. Afirmar genericamente que ambos haviam participado de lutas pela mesma causa é menos grave do que listar organizações que eventualmente tenham integrado: uma resposta afirmativa poderia comprometê-lo em outros processos.

Em sua nona resposta, "Carlos" admitiu a possibilidade de ter ouvido falar em "Paolo" (na época em que redigi o fax ainda não tinha certeza da grafia correta do prenome de Parra). O fato de o nome não parecer estranho aos ouvidos do "Chacal" era interessante, mas não havia muito o que seguir por este caminho.

A resposta anterior, a oitava, sobre Giorgio — e não "Giorgo" — Bellini gerou uma situação curiosa. Na época, eu mantinha contato com a jornalista brasileira Rosângela Meletti, sócia da produtora French Connection, sediada em Paris. Em algumas ocasiões, ela era acionada pela Globo para produzir imagens ou entrevistas na França. Eu precisava de imagens da prisão onde estava "Carlos", de cafés parisienses — era preciso ilustrar a fala sobre reuniões em cafés —, da tal galeria de arte, do prédio onde Danda morara. Eram imagens importantes para dar mais vida e credibilidade à reportagem (as imagens acabaram sendo feitas por uma equipe do escritório da Globo em Londres).

Com o fax de "Carlos" em mãos, perguntei a Rosângela se ela tinha alguma informação sobre o tal Bellini. Ela pareceu não acreditar no que ouvia e pediu para que eu repetisse o nome do sujeito citado por "Carlos". Confirmado o nome, ela me disse que era inacreditável — Bellini morava no mesmo prédio, no mesmo andar, em que funcionava a produtora. Era um italiano que efetivamente se envolvera nas lutas dos anos 70, fora preso e que vivia na França por estar impedido de voltar a seu país. Mais: segundo Rosângela, Bellini era um cineasta, alguém que não se encaixava na definição de um "informante da polícia". Pedi para que ela checasse a história com ele — afinal, segundo "Carlos", ele havia estado com Perera na Suíça. Dias depois, *a resposta: Bellini não sabia quem era Perera e ficara indignado com a acusação de ter colaborado com a polícia. Bellini podia estar mentindo, mas o passado de "Carlos" indicava que o venezuelano, com aquela resposta, poderia estar apenas querendo comprometer alguém que, em algum momento, possa ter divergido dele.*

Convites

Protagonista de algumas das mais ousadas ações da VPR ao longo de 1968 e preso no episódio do caminhão de Itapecerica da Serra, o ex-sargento Pedro Lobo de Oliveira deixara a cadeia graças ao seqüestro do embaixador alemão. Estivera em Cuba, de lá foi para o Chile. Seu objetivo de retomar a luta no Brasil foi mudado às pressas pelo golpe que derrubou Allende. Conseguiu escapar para a Argentina e, de lá, em janeiro de 1974, para a República Democrática Alemã, a Alemanha Oriental, parte do território alemão que em conseqüência do resultado da Segunda Guerra Mundial ficara sob influência da União Soviética. Poucos meses depois de chegar à Europa, mais preocupado em adaptar-se ao novo pouso — havia o frio, o idioma — do que com os rumos do socialismo, recebe uma carta de Perera. A Revolução, assim, maiúscula, internacional, dava mostras de que poderia vir a chamá-lo.

— Ele me elogiava e dizia que eu deveria me poupar, que nós tínhamos muitos e grandes trabalhos para fazermos juntos. "Guarde as suas energias", me aconselhou.

Lobo aguardou, mas nunca mais recebeu notícias de Perera. Na entrevista a *IstoÉ*, João Bosco Feres mencionaria que Perera tentara recrutar um jornalista holandês para um "período de treinamento no Iraque (...)".[146] Em maio de 2002, localizei o endereço eletrônico de Feres, que continuava a morar na Holanda. Ele, inicialmente, mostrou-se desconfiado, suas perguntas eram em muito semelhantes às que tinham sido feitas por Pisani em nosso primei-

---

[146]*IstoÉ*, número 1.299, 24/8/1994.

ro contato: "(...) quem é você? De onde vem e para onde vai?" Depois de novas explicações sobre o objetivo da consulta, Feres, no dia 23 de maio, me mandou uma nova mensagem. Nela, afirmava que nada tinha a acrescentar ao que fora publicado na revista, mas dizia que, ao ler a reportagem que eu lhe enviara pela internet, se surpreendera com suas próprias palavras. A afirmação de que fornecera passaportes a Perera lhe pareceu "um bocado excessiva e bastante idiota". Apesar de não ter negado suas declarações, ele demonstrou preferir que o assunto caísse no esquecimento:

> Melhor não usar esse tipo de declaração, de modo a não ressuscitar coisas já definitivamente sepultadas num passado muito remoto.

A seguir, porém, Feres daria razões para que os episódios relacionados a Perera não fossem esquecidos. Revelou que o embaixador da VPR passara pela Holanda como advogado de presos políticos no Brasil e que fizera palestras em encontros da Anistia Internacional e de partidos políticos locais. O jornalista classifica seus contatos com Perera de "muito fugazes e sem nenhuma profundidade", mas admite que sabia de intenções mais ousadas daquele advogado, que não se limitava a angariar solidariedade para as vítimas da ditadura brasileira.

> Nesse período, o Antonio já andava entusiasmado com ligações com remanescentes dos grupos armados brasileiros e dava a entender que mantinha contatos com os centros internacionais de apoio à luta armada então conhecidos. Tipo de contato que de preferência ninguém tentava aprofundar ou saber mais. Vai daí que...

Feres afirma que outros "envolvimentos posteriores do Perera" são de uma época em que "já não tinha mais sinais dele".

José Carlos Mendes, o ex-líder estudantil que participara de um dos seqüestros, teria um contato mais próximo com Perera e com seus planos revolucionários. Depois do golpe no Chile, Mendes conseguiu um documento de viagem emitido pelas Nações Unidas e autorização para viver na Holanda. Em 1974, ele resolve procurar Perera, com quem chegara a morar em Santiago.

— Nós éramos do mesmo time, não sabia por onde ele andava, pensava que estávamos todos no mesmo trem, na luta pela redemocratização do Brasil, pela anistia. Não tinha a menor idéia em que ele estava metido — conta.

Para chegar a Perera, recorreu a um amigo comum, Francis Pisani. Mendes diz não ter certeza, mas supõe que Perera, no Chile, é que lhe dissera que Pisani saberia como localizá-lo na Europa. O encontro foi no início de 1974, em janeiro ou fevereiro. Mendes lembra que era inverno quando, em uma noite, pegou em Amsterdã o trem que o levaria até Paris. O encontro com Perera fora marcado para um café.

— Ele me perguntou o que eu andava fazendo, eu disse que estava estudando, organizando minha vida.

Uma conversa amena. Falaram sobre a experiência de viver na Europa, trocaram informações sobre amigos que haviam saído do Chile. Na hora do almoço foram para um restaurante no Quartier Latin. Nesta segunda etapa do encontro, Perera foi incisivo. Falou sobre o fracasso da experiência chilena, do papel exercido pelos Estados Unidos, do poder da CIA, da ilusão que seria imaginar que a esquerda poderia, pela via eleitoral, exercer de fato o poder. Esta ascensão só poderia se dar pela via revolucionária — mais, em escala mundial. Insurreições nacionais seriam facilmente derrotadas pelo imperialismo. Para impedir a repetição do fracasso da experiência chilena só haveria um caminho: "Atacar no centro do Império." Uma lógica que, quase trinta anos depois, alcançaria seu ápice nos atentados a Nova York e a Washington.

— Ele disse: "Temos que bater nos caras onde eles estão."

Mendes conta que Perera citou seus vínculos com uma organização palestina. Em seguida, chamou-o para ingressar nesta luta, ofereceu treinamento no Oriente Médio, um campo de guerra em um país que ele não chegou a citar.

— Ofereceu treinamento em explosivos, informação, contra-informações.

Uma proposta de certa forma tentadora para um rapaz de 22-23 anos que se exilara após participar de ações como o seqüestro de um diplomata. Perera acenava com a inserção em uma luta mais ampla e organizada, com a concretização do sonho que guiara tantos socialistas: revolucionários de todo o mundo, uni-vos, parecia dizer aquele advogado em Paris. Um homem acostumado a argumentar, a conversar.

— Estávamos em 1974: aquela proposta encantava qualquer um — afirma Mendes.

A prudência, porém, foi mais forte. Mendes escapara do Brasil e do Chile, tentava organizar sua vida na Europa. Voltar à luta clandestina, desta vez em proporções ainda maiores, parecia ser um desafio à sorte e ao bom senso. Ele preferiu desconversar, disse algo como "não é bem assim", ouviu em resposta que, caso mudasse de idéia, saberia onde encontrá-lo. Perera ainda procurou saber quem, na opinião de Mendes, poderia ser sondado, se mostrou interessado em ex-integrantes da VPR, em particular, nos mais jovens.

Apesar da estranheza de Mendes diante do convite, Perera foi prestativo. Ao ouvir que o ex-companheiro estava com dificuldades para regularizar sua situação na Europa — tinha apenas o documento fornecido pelo Alto Comissariado para Refugiados da ONU —, o advogado o encaminhou para um homem acostumado a ajudar perseguidos políticos, o ex-juiz Carlos Sá, o mesmo que, em 1969, ajudara a encontrar abrigo para Lamarca. Ainda naquele ano, ele e Benedicta deixaram o Brasil e foram para o Uruguai. De lá, seguiram para o Chile; quando houve o golpe estavam de férias em Paris. Acabaram ficando. O apartamento do casal na França transformara-se em um centro de emissão de documentos falsos.

— Eu era muito boa nisso — diz Benedicta, com um certo orgulho.

Ela conta que este seu talento começou a ser desenvolvido no Chile.

— Nós tínhamos quase cinco mil exilados por lá. Minha casa vivia cheia de gente com problemas. Um precisava de documento para poder trabalhar, outro tinha que registrar o filho; muita gente tinha saído do Brasil sem documentos.

A especialidade de Benedicta era a renovação de vistos em passaportes. Era também hábil no preenchimento de espelhos de carteiras de motoristas, obtidas de forma clandestina no Brasil. Uma simples carteira de motorista brasileira era suficiente para abrir os caminhos da legalidade na Europa, permitia ao seu portador uma série de vantagens. Muito mais do que um documento da ONU, este, quase um certificado de que aquela pessoa tinha se envolvido em alguma atividade ilegal ou, pelo menos, suspeita.

Benedicta afirma que ela e Carlos Sá conheciam Perera, mas que não mantinham muitos contatos com ele. Lembra que, em conversa na casa de Annina, então casada com Dominique Lahalle, o ex-juiz comentou que ouvira dizer das ligações do advogado com "movimentos internacionais" e que seria prudente manter uma certa distância dele. Perera tinha o endereço do casal e o forneceu para Mendes, que saiu de lá com uma carteira brasileira de motorista. A fartura era tanta que ele ainda levou um espelho em branco, uma recordação do exílio que ele fez questão de trazer quando voltou para o Brasil.

Os vínculos de Perera com a Itália, em particular com Milão, existiam desde a época em que ele morava em Paris. Vários de seus companheiros da VPR fizeram referência a uma condessa italiana com quem ele mantinha um romance e que viveria na cidade (em 1974 ele enviaria um cartão de Milão para sua mãe). Esta ligação viria a ser ainda mais forte: os assassinatos cometidos por "Carlos" no apartamento da rua Toullier, em 27 de junho de 1975, ocasionam uma caça a terroristas na França. Os latino-americanos eram os mais visados, a polícia sabia que "Carlos" viera do outro lado do Atlântico. A maneira pouco discreta com que Perera alardeara suas atividades o obrigou a desaparecer.

— Correu, na comunidade dos brasileiros, a informação de que o Carlos Sá e o Perera estavam *queimados* naquela história do "Carlos" — diz Maryse Farhi.

Pedagoga e economista, Maryse é casada com Quartim de Moraes. Uma das fundadoras da Polop, participou da criação da VPR, organização da qual foi expulsa ao lado do então namorado. Ela estava em Paris em junho de 1975 e compartilhou o nervosismo que tomou conta dos brasileiros exilados. Foi ela a primeira pessoa a me falar de um suposto envolvimento de Carlos Sá com a rede terrorista. Na época, o ex-juiz também chegou a ser considerado um aliado do "Chacal".

— Foi um tititi na colônia. Era um tal de "você anda com fulano? Então cuidado..." — lembra Maryse.

Vera Sílvia Magalhães e Sirkis contam que, desorientada, a polícia francesa começou a tratar como suspeitos todos os latino-americanos que se chamavam Carlos ou que, por alguma razão, pudessem estar ligados ao terrorista.

A própria Vera Sílvia foi presa ao chegar ao aeroporto de Londres, vinda de Paris. Libertada na França, voltaria a ser detida e interrogada.

— Disseram que o "Carlos" tinha meu telefone. Eu nunca tinha me aproximado desse cara.

No caso do ex-juiz, chamar-se Carlos foi apenas um detalhe que ajudou, em um primeiro momento, a complicar sua situação. O apartamento em que vivia com Benedicta foi invadido de madrugada pela polícia francesa, que lá encontrou o material utilizado para a falsificação de documentos — espelhos de carteiras de motoristas, canetas, borrachas. Ela admitiu que era a responsável por aquela linha de montagem, e acabou presa, juntamente com o ex-juiz.

Benedicta nega qualquer envolvimento dela ou do marido — que morreu em 1982 — com o outro Carlos, o "Chacal". Segundo ela, tudo foi resultado de uma sucessão de equívocos e de uma grande falta de sorte. Carlos Sá tinha utilizado um passaporte falso para entrar na França. Ao chegar a Paris, ele deixou o documento e sua pistola na casa de um primo, Romeu, que também morava na cidade. Romeu e a mulher, Iara, eram amigos de uma jovem da qual Ditinha diz se lembrar apenas do apelido, "Fiffa", "uma menina meio doidinha, meio alopradinha, que era amiga de árabes, de judeus, de todo mundo". Um dos amigos de "Fiffa" era Michel Mourkhabel, o árabe que também fora assassinado por "Carlos" no apartamento da rua Toullier. Ainda de acordo com Benedicta, o nome e o endereço de "Fiffa" estavam na agenda de Mourkhabel.

— A polícia invadiu a casa dela e encontrou um monte de fotos dela com o Romeu e com a Iara. Foram até a casa deles e encontraram o passaporte falso e a pistola. Quando perguntaram de quem era aquele documento, o Romeu disse que era de seu primo, o Carlos. Eles, os policiais, estavam procurando um Carlos, um latino-americano, não sabiam se ele era venezuelano, uruguaio. Sabiam que era da América Latina.

Segundo Benedicta, os policiais exultaram com a descoberta e começaram a gritar que tinham conseguido chegar ao terrorista. Menos de uma hora depois, eles pegariam um Carlos, não o terrorista venezuelano, mas um juiz aposentado. Não era o Carlos que eles queriam, mas também estava longe de ser um inocente. Exilado político, tinha aquela fábrica de vistos e de documentos falsos em casa. O casal foi preso, mas contou com a solidariedade de outros brasileiros, muitos tinham sido beneficiados pelos contatos do ex-juiz, pelo dom de multiplicação de vistos de Benedicta, pela solidariedade e ousadia de ambos. Um grupo de brasileiros, entre eles o jornalista José Maria Rabêlo, fez contatos com o então ministro dos Negócios Estrangeiros de Portugal, Mário Soares, que retornara ao seu país depois da vitória da Revolução dos Cravos, no ano anterior. O governo português concedeu asilo ao casal, que acabou liberado pelas autoridades francesas.

O sempre atento serviço de espionagem brasileiro registrou estes movimentos, como revela uma ficha de Carlos Figueiredo de Sá preparada pela Divisão de Ordem Social da Polícia Civil de São Paulo.

> Em 27/08/75, segundo relatório reservado, Carlos de Figueiredo Sá foi detido na França como suspeito de ligações com elementos terroristas franceses. O governo francês, contudo, permitiu sua retirada do país, o qual rumou para Portugal, onde fixou residência.[147]

A mesma ficha registra que a polícia francesa encontrou, em seu apartamento, "farto material destinado à falsificação de documentos". A Informação nº 605/78, do Ministério do Exército, registra que, no dia 7 de março de 1978, Carlos Sá retornara ao Brasil — absolvido no processo contra os suspeitos de integrarem a VPR, ele voltou antes da anistia. O documento frisa sua suposta ligação com o terrorismo internacional.

> Inúmeros documentos de informações dão conta de intensa atividade do mesmo no exterior, quando viveu em vários países, entre os quais Argentina, Uruguai, Chile, França, Itália e Portugal, onde manteve relacionamento, inclusive, com a subversão internacional. Foi membro ativo da Frente Brasileira de Informações, foi um dos fundadores da Junta de Coordenação Revolucionária, em abril de 1974, em Buenos Aires. Em 1975 foi expulso da França, face as ligações com o terrorista *Ilitch* Ramírez Sanches ("Carlos, o Chacal") e por estar utilizando passaporte falso em nome de José Pires da Costa.[148]

---

[147]Acervo do Deops. Arquivo do Estado de São Paulo.
[148]Arquivo Público do Estado do Rio de Janeiro.

A polícia francesa não conseguira comprovar as ligações de Carlos Sá com a subversão, mas tomara conhecimento das relações entre Perera e "Carlos", o "Chacal". Nesta época, Danda pouco sabia sobre o que o ex-companheiro andava fazendo; em 1974 chegara a receber um telefonema dele, mas não havia mais contatos entre eles. Em 1975, quando "Carlos" matou os policiais na rua Toullier, ela estava nos Estados Unidos, trabalhando, em Nova York, para um programa das Nações Unidas. Os agentes da DST — Direction de la Surveillance du Territoire (Direção de Vigilância do Território) — foram em busca de Perera no novo apartamento de Danda, que estava fora do país. Lá encontram outra brasileira, Marisa Figueiredo, com quem Danda morava no número 21 do Quai Saint Michel.

— Ela ficou assustadíssima, a polícia examinou o apartamento inteiro, insistia em dizer que o Antonio morava lá. A Marisa ficou chocada, nunca tinha tido qualquer contato com a polícia — conta Danda.

Com Marisa, os policiais deixaram um documento solicitando a presença de Danda, queriam que ela fosse depor. Nesse período, as relações entre Perera e "Carlos" começam a se tornar públicas. Uma revista francesa, segundo Danda, publicou uma reportagem dizendo que Perera era "mentor intelectual e espiritual do Carlos".

— Aí eu levei um susto, essa reportagem me foi enviada por um deputado francês.

Danda foi obrigada a comparecer à sede da polícia, na Île de la Cité, onde seria submetida a um longo interrogatório.

— Eles me perguntaram qual era a relação que eu tinha com o Antonio. Eu dizia que não tinha nenhum homem morando no apartamento. Eles faziam piadas e ironias, vi que não acreditavam muito no que eu dizia — afirmou Danda, que acabou liberada pelos policiais.

A editora diz que ficou sem qualquer contato com Perera. Ela conta que anos depois viria a receber, da amiga e também militante feminista Zuleika Alambert, notícias dele. Perera, porém, deixara de ser o advogado que se ligara à VPR e ao terrorismo internacional. Nem sequer se chamava mais Perera. A perseguição a "Carlos" o impelira, outra vez, a deixar uma vida para trás. Em 1964 abandonara Porto Alegre para tentar construir um outro nome e uma nova carreira em São Paulo. Onze anos depois, teve que fugir de Paris e ir para Milão.

Os cartões enviados para a família no Brasil mostram que ele rodou pela Europa, África e América Central. Entre outros, há registros de passagens, a partir do segundo semestre de 1975, pela Argélia (agosto de 1975), Iugoslávia (junho de 1976), Grécia (agosto de 1978), Espanha e Costa Rica (os dois cartões enviados em dezembro de 1979).

Procurado pela polícia francesa, Perera seria obrigado a promover uma mudança ainda mais radical do que aquela empreendida em 1964. Não bastava mudar de cidade, omitir um ou outro de seus nomes. Não daria sequer para continuar a se chamar Perera. Aquele advogado gaúcho precisava morrer para que ele pudesse continuar livre. A vida de Antonio Expedito Carvalho Perera teria que ser enterrada em Paris. Ele fugiria para a Itália, onde adotaria um novo nome; uma nova profissão e uma visão de mundo adaptada às necessidades e oportunidades que teria pela frente.

Terceiro Movimento

Paulo Parra

Amigos à milanesa

Ex-deputada estadual em São Paulo, eleita pelo PCB em 1946, ex-dirigente do partido, Zuleika Alambert morava no Rio em 1999. Em conversas prévias, por telefone, me disse que não chegara a ser apresentada a ninguém que usasse o nome Antonio Expedito Carvalho Perera. O homem que conhecera, o tal que merecera uma referência de Danda, tinha outro nome e outra profissão: chamava-se Paulo Parra, psicólogo, e vivia em Milão. Naquele segundo semestre de 1999, saber se eles seriam a mesma pessoa era uma parte fundamental na apuração. Afinal, quem era esse Parra e como ela o conhecera?

A resposta veio durante uma entrevista em seu pequeno apartamento no Leme, bem perto da praia. Em cerca de uma hora, Zuleika detalhou seu relacionamento com Parra e demonstrou ter pelo personagem uma profunda admiração. A lista de meus entrevistados era, até então, formada por pessoas que, em algum momento, tinham sido seduzidas pelo advogado ou pelo psicólogo.

Zuleika soube de Parra, em meados dos anos 70, em uma conversa com um amigo, o também então exilado brasileiro José Luiz del Roio, um ex-integrante do PCB que ingressara na ALN. Depois de treinar guerrilha em Cuba, Del Roio fora para a Itália, onde se reconciliaria com "o partido".

— Eu disse que precisava fazer análise, estava passando por um momento complicado, só que eu não tinha dinheiro. Ele então me contou que tinha um amigo em Milão, um brasileiro, que poderia ser meu analista e que ele faria isto sem cobrar nada — relata Zuleika, enquanto o repórter-cinematográfico Fernando Calixto esforça-se para movimentar sua câmera na sala apertada do apartamento.

Ela diz que em 1976 foi a Milão e conheceu o tal psicólogo, "um homem bonito, simpático, muito charmoso e delicado, professor na universidade". Um *gentleman* de olhos esverdeados. Ele vivia com a mulher, Amanda, que também seria brasileira: "Ela falava muito bem o português, mas tinha todo o jeito de italiana." Como morava em Paris, Zuleika estabeleceu uma rotina pouco usual para seu tratamento. Quando podia, ia até a Itália e ficava de três a quatro dias na casa de Parra. Uma casa movimentada.

— Ele estava fazendo uma experiência de psicologia. Ele tinha uma *famiglia*: umas dez ou 12 pessoas, de diferentes países do mundo, jovens em geral, que se congregavam como em uma família. Uma família que trabalhava unida, tinha um caixa em comum. Ele [Parra] queria comprovar que pessoas de origens diferentes podiam viver melhor do que uma família consangüínea.

Mas Parra não se dedicava apenas a uma tentativa de sistematização de comunidades possivelmente inspiradas no movimento *hippie*. Seus pacientes eram submetidos a um tratamento especial, a psicocibernética. Psico o quê?

— Ele deve ter lido sobre isso. É um tratamento sobre a imagem. Sabe como é? Quando a pessoa fica numa situação meio ruim, entra no baixo-astral e perde a auto-estima, a psicocibernética levanta o astral da pessoa à base de você fazer uma imagem de você mesmo, busca refazer a auto-imagem — tenta explicar Zuleika. Ela garante: o tratamento, que durou apenas dois meses, funcionou. — Até brinquei, dizendo que eu estava em alto-relevo.

A imagem do dr. Parra permanece em destaque nas memórias de Zuleika. Suas palavras sobre ele e Amanda são carinhosas, revelam admiração e gratidão. Ela chega a lamentar que nunca mais tenha tido contato com o casal, que, segundo informações que recebera, tinha ido para a Suíça. Pergunto se eles chegaram a conversar sobre política durante as temporadas milanesas. Não, ela responde. Zuleika sabia que Parra tivera problemas no Brasil, que "fora muito judiado". Ele contou também que, mesmo com a anistia, não se animaria a voltar ao seu país.

— Ele disse que só voltaria se tivesse muito dinheiro.

Parra sabia quem ela era, conhecia sua história de militância. E ela, como soube que Parra seria Perera?

— Foi o Del Roio que me contou. Isto, muito tempo depois, quando ele veio ao Brasil. A gente ficou recordando coisas da Itália e ele me disse isso. Para mim, isso não teve nenhum significado especial, porque eu não conhecia Perera nem era ligada aos que tinham optado pela luta armada.

Mostro então uma foto de Perera para Zuleika, uma foto de 1969 ou 1970, feita na prisão e publicada no livro de Yallop. Era então a única que tinha dele. Aquele homem seria o Parra? A resposta é enfática.

— Era ele. Só que não tinha estas costeletas, nada. Duas pessoas tão iguais, não seria possível.

Além de suas experiências e das sessões de psicocibernética, Paulo Parra mantém uma intensa atividade política na Itália. É um homem de esquerda, mas agora ligado a compromissos com a legalidade e com as transformações sociais pacíficas. Perera tornara-se um "euro" — abreviatura que seria usada para definir os eurocomunistas, intelectuais e políticos que, inspirados em Antonio Gramsci, se propunham a uma revisão do modelo socialista até então adotado. Ser chamado de "euro" era quase uma ofensa para os ainda alinhados com a luta armada. Para Perera/Parra, não havia ofensa alguma, muito pelo contrário. Depois de se tornar amigo de militantes do então poderoso Partido Comunista Italiano, ele aproxima-se do PCB e funda a Associazione Internazionale Contro la Tortura, entidade sediada na via Canonica, 20, Milão. O símbolo da organização mostra uma gaiola aberta, sustentada por uma mão. Da gaiola, sai uma pomba branca. Na porta da gaiola, a inscrição *amnistia generale*, anistia geral.[149]

Documento do SNI e hoje arquivado na Abin diz que a associação — AICT — nasceu em 1977 e foi constituída com a finalidade de "defender a dignidade do ser humano, lutando em favor dos perseguidos, dos prisioneiros, dos seqüestrados, dos desaparecidos, dos torturados e em memória daqueles que morreram pela liberdade, pela democracia e pelos Direitos Humanos". De acordo com o documento, a associação era reconhecida pe-

---

[149] Archivio Storico del Movimento Operaio Brasiliano (ASMOB), Unesp.

las Nações Unidas e atuava na Itália, Argentina, Espanha, Suíça, Panamá, Uruguai, Estados Unidos e Chile.[150]

Uma das reportagens do *Correio Braziliense* citava que, em março de 1981, a associação promovera em Roma um encontro para apoiar a democracia no Brasil. A reunião fora encerrada com uma missa da qual teriam participado, entre outros, os bispos Tomás Balduíno e Pedro Casaldáliga (ambos identificados com setores de esquerda na Igreja Católica) e a historiadora Anita Prestes, filha do líder comunista Luiz Carlos Prestes.[151] O relatório do SNI também faz referência a um encontro entre os dias 5 e 7 de março de 1981 em Roma. Diz que o evento, promovido pela AICT na prefeitura da cidade, tinha como tema "Brasil: uma revolução escondida" e foi co-patrocinado pela Associação de Mulheres Italianas.

Por telefone localizei dom Tomás Balduíno. Ele lembrava-se de Parra, com quem mantivera contato por cerca de três anos. Recordava-se também da associação, mas disse que, aos poucos, foi se afastando do brasileiro. Isto por ter sido informado que Parra era "meio esquisito, falsário mesmo, havia algumas suspeitas sobre ele". A historiadora Anita Prestes negou ter participado do encontro em Roma.

Maria Ribeiro, viúva de Prestes, confirmou que havia uma ligação entre Parra e o líder comunista. Fui encontrá-la, com o repórter-cinematográfico Edison Santos, em seu apartamento na Gávea, doado a Prestes pelo arquiteto Oscar Niemeyer. Surge, mais uma vez, outro denominador comum entre os que conheceram Perera/Parra.

— Ele se vestia muito bem, tinha uma aparência muito boa, usava ternos bem engomados, sapatos bem engraxados, caprichava muito na aparência — conta Maria.

Ela diz que, ao lado de Prestes, conheceu Parra por volta de 1984, quando ficou hospedada em sua casa em Milão, "uma casa muito boa, ficava numa região privilegiada, tinha vários quartos". Parra era "um médico, analista ou psiquiatra" que morava "com a sua companheira, chamada Amanda". Foram cerca de três dias de passeios pela cidade, jantares — "ele chegava a cantar ópera nos restaurantes, os garçons pergun-

---

[150]Cópia da certidão da Abin fornecida a Cristina Perera. Arquivo do autor.
[151]*Correio Braziliense*, 20/8/1994.

tavam se ele era tenor" — e discussões políticas. Maria se lembra da associação contra a tortura, da atividade de distribuição de panfletos e boletins contra a violação de direitos humanos no Brasil e em outros países da América Latina.

Apesar de duplamente exilado — do Brasil e da França, de onde fugira —, Perera continuava ousado e ativo. Mudara a forma de luta, mas continuava a tentar manter a História nas mãos. Como sempre, agia por cima: sua casa era abrigo para homens de destaque, como o mítico Luiz Carlos Prestes, o "Cavaleiro da Esperança". Em 1978, conta Armênio Guedes, Parra receberia uma delegação do PCB em Milão. Ao contrário do que pregara em um artigo de jornal o jovem Antonio Expedito Perera no auge da crise dos mísseis soviéticos em Cuba, o comunismo admitia diálogos. Joseph Fouché se orgulharia de seu discípulo: o homem que liderara uma agressiva manifestação contra Prestes se tornara, menos de duas décadas depois, seu anfitrião, companheiro de mesas e projetos. Em uma inversão da ordem dos versos — e, neste caso, do sentido do poema de Augusto dos Anjos —, a mão que apedrejara seria a mesma do afago.

Localizar José Luiz del Roio não foi difícil. Bastou uma conexão na internet para encontrar uma lista telefônica italiana e, em Milão, o telefone do brasileiro que, mesmo depois da anistia, optara por continuar a viver na Europa. Del Roio é um especialista em vidas passadas: a partir de meados dos anos 70, de volta ao PCB, passou a dividir a representação do "partido" em Milão com a tarefa de organizar um arquivo do movimento operário brasileiro, o Archivio Storico del Movimento Operaio Brasiliano. A base do acervo — hoje mantido na Universidade Estadual Paulista Julio de Mesquita Filho, Unesp — foi o arquivo de Roberto Morena, um veterano militante sindical que morrera em Praga.

O trabalho de organização do arquivo e a campanha pela anistia — que só viria a ser concedida em 1979, no governo do general João Baptista de Oliveira Figueiredo — aproximaram Del Roio de Paulo Parra, um "homem gentil, falador, capaz de, numa mesa, envolver as pessoas. Conhecia vinhos, alimentos, comida". Um homem forte, gordo até, de sotaque gaúcho. Um intelectual que evitava falar do passado e que não fazia planos para o futuro.

— Vivíamos um período em que não éramos habituados a perguntar da vida das pessoas, sobre o passado delas. Ainda não tinha havido a anistia e existia uma espécie de paranóia em relação a polícias, à atuação de policiais brasileiros na Europa — justificou Del Roio. Ele lembra que, ao contrário da maioria dos exilados, Parra não demonstrava intenção de voltar ao Brasil, nem mesmo a passeio.

Em 1999, meu principal objetivo com Del Roio era o de tentar comprovar que Parra e Perera eram a mesma pessoa. Pedi à editoria de Arte da Globo que digitalizasse várias fotos do advogado — já dispunha de muitas, copiadas de arquivos e fornecidas por Cristina. As fotos foram transmitidas para Del Roio. Restava, mais uma vez, perguntar a um entrevistado se aquele homem das fotos era Paulo Parra. Desta vez, a pergunta seria feita a um pesquisador, a alguém acostumado a lidar com arquivos, com imagens. Uma identificação negativa, uma dúvida que fosse, poderia colocar em risco, se não toda a reportagem, pelo menos sua parte final, a que abordava o destino de Perera. Da Itália pelo telefone, Del Roio responde à pergunta fundamental: este homem que o senhor viu nas fotos é o Paulo Parra?

— Sem dúvida, eu diria que é o Paulo Parra.

Mais um gol. Mas ainda era preciso tentar avançar um pouco no destino do dr. Parra. Del Roio conta que se encontrou com uma ex-paciente do psicólogo. E que ela disse que, havia dois ou três meses, passara diante do consultório do ex-terapeuta. Perguntou por ele e soube, pela zeladora, que Parra morrera de câncer havia cerca de dois anos. A zeladora mudara de endereço, não seria viável propor uma viagem à Itália apenas para tentar localizá-la e, a partir de suas informações, chegar a Parra ou ao seu túmulo. A primeira reportagem do *Fantástico* sobre o caso terminaria com esta informação, que trazia embutida uma dúvida. Paulo Parra *estaria* morto.

A apuração estava completa. O trabalho seria transformar aquelas 17 fitas de meia hora cada — um total aproximado de oito horas e meia de entrevistas e imagens — em uma reportagem de seis minutos, um latifúndio para os padrões televisivos. O desafio era resumir todo aquele material, fazer com que a história tivesse sentido e, principalmente, não deixar que a reportagem ficasse chata, não poderia dar coceira nos dedos daqueles milhões de espectadores que assistem TV com o controle remoto nas mãos. Escrevi o texto, sub-

meti-o, como de praxe, à aprovação da direção do programa e fui para a ilha de edição com o editor de imagens Celso Gomes. Na noite do dia 12 de dezembro de 1999, Pedro Bial e Glória Maria, apresentadores do Fantástico anunciaram:

Bial: *Um brasileiro se envolve com o terrorista mais temido do mundo, cai na clandestinidade e é procurado, vivo ou morto.*
Glória: *Como nas boas histórias de suspense, uma dúvida fica no ar. Por onde anda esse brasileiro misterioso?*[152]

---

[152] O texto da reportagem está no anexo deste livro.

O amigo de Bettola

A reportagem permitiu esclarecer uma série de dúvidas sobre o personagem. Ficou evidente que a disputa entre os dois lados da família só ajudava a perpetuar o mistério sobre o destino do advogado. Havia a convicção de que Perera e Parra fossem a mesma pessoa. Os reconhecimentos tinham sido bem enfáticos, mas ainda faltava uma certeza sobre a morte do personagem — "soube que o Paulo Parra morreu há dois anos", esta foi a frase ouvida por Del Roio. Uma frase de uma ex-paciente de Parra, que, por sua vez, recebera a informação de uma ex-funcionária do prédio onde o suposto psicólogo trabalhara. Os indícios eram consistentes, mas não dava para dizer que o caso havia sido resolvido.

Eu não deixava de telefonar para Cristina em busca de alguma novidade. As respostas eram sempre negativas. Cheguei a tentar contato com o vereador José Mentor, mas nunca obtive retorno. Era compreensível, a família Perera não demonstrava interesse em localizar o parente que se tornara célebre: "Ele não quer ser localizado" — esta frase, dita por Maria das Graças, também permanecia atual.

Em meados de 2001, ao fazer uma reportagem sobre a Marinha de Guerra brasileira, conheci um almirante que tinha bons contatos no Cenimar, Centro de Informações de Marinha, um dos órgãos que atuaram na repressão aos opositores do regime militar. Para não fugir ao hábito, pedi a ele informações sobre Perera. Será que eles não teriam nada sobre o destino do personagem? Parecia-me pouco aceitável que aquela história não tivesse recebido um ponto final em algum arquivo do governo. Ele foi muito solícito, prometeu ouvir "o pessoal das antigas" — e nada.

No início de março de 2002, a chefe de produção do Fantástico, *Léia Paniz, me entregou um pedaço de papel amarelo em que anotara um nome e um telefone, ambos por mim desconhecidos. Escrevera também um outro nome, este, bem mais familiar: "Paulo Parra". Ela me explicou que um homem — que aqui vou chamar de M. — telefonara naquela manhã e dissera ter informações sobre o psicólogo brasileiro cuja história, em dezembro de 1999, fora contada no programa. Liguei para ele, que estava em uma cidade no interior do estado do Rio de Janeiro. M. — que morava na Europa e estava de férias no Brasil — disse que no início dos anos 1990 vivera e trabalhara na casa de Paulo Parra, que ficava na* localitá *La Bagnata, na cidade de Bettola, interior da Itália. Ele gostaria de conversar comigo: assistira à reportagem e ficara tocado com a história de Cristina, que não via o pai desde 1971. Queria ajudá-la, mas, ao mesmo tempo, temia envolver-se em um enredo tão cheio de mistérios. M. resolvera falar, mas gostaria de permanecer anônimo.*

A conversa por telefone fez ressuscitar o assunto. Tinha outros nomes, que ele me revelara: os de Amanda Castello, mulher de Parra, La Bagnata e Bettola. Voltei à internet, a um site de buscas. A pesquisa revelou-se produtiva. Um texto de Parra surgiu em um site voltado para alardear as propriedades curativas da aplicação da energia magnética no organismo humano. Eram quatro textos, dois deles assinados por Artenio Olívio Richter, apresentado como médico e diretor da Associação Internacional de Estudos de Biomagnetismo. Segundo ele, a energia magnética é útil no tratamento de doenças como tensão e rigidez muscular da nuca, enxaquecas, vertigens, enfartes, artrites, arteriosclerose, derrames, gota, reumatismos, entre outras.

Escrito em italiano, o parecer do dr. Paulo Parra é um fac-símile de duas folhas timbradas, que se assemelham a um receituário. No canto superior esquerdo está impresso:

Prof. Paulo Parra
Magnetologia, psicocibernetica
Via Zarotto, 2
20124 Milano
Italia

No parecer de duas páginas, datado de 30 de abril de 1992, Parra discorre sobre as vantagens da magnetoterapia, por ele definida como "a cura de diversas patologias mediante uma exposição regular e constante, de curta, média ou longa duração, a um campo magnético". Além de confirmar a adesão do dr. Parra à tal "psicocibernética" mencionada por Zuleika, o parecer trazia dois tesouros: assinaturas de Paulo Parra. Melhor, do professor e doutor Paulo Parra, detentor de medalha de bronze conferida pela Sociedade de Artes, Ciências e Letras de Paris, França, e diretor do Cepesec, de Milão. Dois meses depois, as assinaturas seriam muito importantes.[153]

Sobre Amanda Castello, as informações eram ainda mais ricas. Seu nome é mencionado em 92 páginas no site de buscas Google. Advogada, psicóloga, conferencista e escritora, Amanda é citada como fundadora e diretora de uma associação de pesquisas relacionadas ao acompanhamento de doentes terminais. A associação é sediada na localitá La Bagnata di Pradello, ou simplesmente La Bagnata, nas cercanias de Bettola, interior da Itália. A fundação da Associazione Paulo Parra per la Ricerca sulla Terminalità, ART, tem um motivo, que, para mim, representava uma informação: a morte, em 1996, de Parra, vítima de câncer. É isto o que diziam os artigos e reportagens acessados pela internet. A informação sobre a morte de Parra, que me havia sido repassada por Del Roio, parecia estar correta.

A internet revelava também detalhes sobre Amanda: "Do Brasil com amor" é o título de uma reportagem publicada no dia 12 de novembro de 2001 pelo jornal Libertà, da província de Piacenza, onde fica Betolla. Amanda é apresentada como a mulher que, com a associação, superou a dor pela morte do marido. Uma pessoa dedicada a causas nobres, uma característica que marca sua vida desde antes de sua chegada à Itália, havia 21 anos, "depois de ter peregrinado por meio mundo com seu marido Paulo Parra, médico psiquiatra especializado na cura de doenças terminais através da psiconcologia". De acordo com o jornal, eles se casaram em 1964 — viveram juntos por 32 anos. A reportagem informava uma nova profissão e uma nova especialidade do dr. Parra: não era mais psicólogo nem psicanalista, era um médico dedicado a tratar de doenças graves com uma técnica inovadora.

---

[153] Os pareceres sobre a magnetoterapia estão em http://www.lionsinter.hpg.ig.com.br/prcmed.htm.

A entrevista do Libertá *com Amanda traçava o perfil de uma mulher lutadora, que, juntamente com seu marido, deixara o Brasil revoltada com a ditadura militar que agravara as injustiças sociais e acabara com a liberdade de expressão. Amanda declarou que ela e o marido colaboraram com o Tribunal Bertrand Russell ao denunciarem os crimes da ditadura brasileira. Um casal exemplar, de uma história emocionante: incansável na defesa dos direitos humanos e das liberdades, Paulo e Amanda foram obrigados a viver no Chile, na Argentina e no México, sempre fugindo das ditaduras que iam sendo implantadas na América Latina. Visitaram prisões em Cuba, na Guatemala e no Quênia para verificar o respeito dos direitos humanos. Nem Fidel Castro escapara da vigilância da dupla.*

Em 1979, Ano Internacional da Criança, eles foram a Moscou denunciar as terríveis condições da infância e — pioneiros — o tráfico de órgãos. Uma militância que culminou com a fundação, em 1977, da associação contra a tortura. A reportagem é ilustrada com foto de Amanda abraçada a um cachorro e com uma outra, em que ela aparece ao lado da colaboradora e psicóloga Maria Lavezzi.[154]

Na semana seguinte, fui até M. Na pasta, levava uma cópia em VHS da reportagem: queria que ele visse a matéria com cuidado, que certificasse que Perera e Parra eram a mesma pessoa. M. afirmara que assistira à reportagem na casa de amigos, não estava prestando muita atenção no assunto até ouvir o nome de Parra. Seria bom rever a fita com atenção. Esta obsessão de checar a identidade de Parra se transformara em uma fonte de angústia — e se ele negar o reconhecimento, se, ao olhar bem as fotos, M. balançar a cabeça para os lados e murmurar algo como "desculpe, me enganei"? Boa parte da apuração — da reportagem que já tinha ido ao ar — seria descartada. Talvez chegasse a minha hora de imitar Perera e mudar de nome profissional, ou mesmo de atividade. Angústias de repórter.

Ao nos receber, M. demonstrou o porquê da sua demora — mais de dois anos a partir da reportagem — em nos procurar. Era outro que não conseguia esconder a admiração que tinha por Paulo Parra, "uma pessoa extremamente inteligente, agradável, dona de um ótimo senso de humor". Apesar de um ou

---

[154] Os dois textos que compõem a reportagem estão disponíveis em http://quotidiano.liberta.it/asp/default.asp?IDG=8615 e em http://quotidiano.liberta.it/asp/Dettaglio.asp?IDGruppo=8615&ID=2480.

outro incidente e das desconfianças que nutria sobre aquele seu ex-patrão, M. lhe era grato. Era claro que, ao mesmo tempo que se sentia aliviado por ajudar Cristina, M. se angustiava com a perspectiva de estar, de alguma forma, traindo a confiança do homem que lhe dera abrigo.

Assim que chegamos à cidade onde M. estava, fomos à casa de uma amiga dele para lhe mostrar a fita, nosso entrevistado não tinha videocassete. O repórter-cinematográfico Lúcio Rodrigues posicionou a câmera de forma a registrar as reações de M. diante da reportagem. Logo nas primeiras imagens, diante das fotos de Perera, M. foi enfático: "É ele mesmo", "É ele, é ele, claro." Mais um reconhecimento, um problema a menos. M. então começou a contar a história de seu encontro com Paulo Parra.

Disse que, em 1990, aos 32 anos, estudava desenho na Itália, em Milão. Para se manter na Europa, trabalhava em cidades da região, a Emilia Romagna: como garçom e, depois, como tratador de cavalos. Um dia soube que havia em Bettola, uma cidadezinha de três mil habitantes, um casal de brasileiros, gente um tanto quanto misteriosa, que pouco saía de casa. Foi até lá: era uma casa grande, de três andares, mais do que centenária. Um casarão típico do interior italiano, daqueles que parecem acostumados a assistir, com certo desdém, à passagem dos séculos e ao revezamento de seus habitantes. Era uma espécie de sede de uma propriedade rural.

M. contou que foi atendido por um homem forte, de barba, de cabelos pretos e que parecia ter em torno de 60 anos. Ao vê-lo, M. fez uma pergunta direta: "O senhor fala português?" Anos depois, a impressão sobre a reação do interlocutor se mantinha.

— Senti que, ao ouvir a pergunta, uma nuvem negra passou por seus olhos. Ele abaixou a cabeça, e, logo depois, disse que sim, que era brasileiro.

M. e a namorada foram convidados para jantar com o casal formado por Paulo Parra e Amanda Castello. Ambos se diziam psicólogos. Na conversa que se seguiu ao jantar, Parra fez uma proposta a M. — será que ele não gostaria de trabalhar ali? Em troca de serviços de jardinagem, teria direito a um quarto com banheiro, uma cozinha e um salário equivalente a US$ 1 mil. Uma proposta mais do que tentadora para um estudante. M. e a namorada foram morar em La Bagnata, onde ficariam por nove meses. Em pouco tempo, M. aprendeu a admirar o patrão, a quem chamava de "professore" — um tratamento que lhe era dispensado pelos habitantes de Bettola com quem ele se relacionava.

— Era um cavalheiro, extremamente doce, tratava as pessoas com muito respeito.

M. nos mostrou algumas poucas fotos que tinha da casa em que se hospedara. Uma propriedade confortável, onde se levava uma vida sem luxos, quase austera. O Parra se distanciava do Perera que gostava de alardear sua prosperidade pelas ruas de São Paulo.

— Era uma pessoa extremamente simples, até. Seus carros eram antigos, suas coisas eram espartanas. Não demonstrava luxo, não ostentava vulgaridade com dinheiro — contou.

Na época, Parra mantinha seu consultório em Milão e voltava três vezes por semana para Betolla, uma viagem de pouco mais de uma hora. Era um homem organizado, "tinha regras de vida bem determinadas". Um profissional criativo, que não se limitava a aplicar conceitos e técnicas preexistentes. "Eu o chamava de professor Pardal", disse M., em uma referência ao inventor criado por Walt Disney. O professor Pardal de Betolla chegara a criar um aparelho que M. define como "uma caixinha cheia de cabos, como se fosse um alto-falante". O tal aparelho servia para amenizar dores — talvez fosse utilizado na aplicação da tal magnetoterapia. O curioso é que, segundo M., o negócio parecia funcionar.

A austeridade se refletia também no círculo de amizades. Parra, segundo M., falava pouco sobre o Brasil, mas dava a entender que tivera problemas políticos a partir do golpe militar de 1964. Orgulhava-se de ter bons contatos na esquerda brasileira — chegou a ressaltar que o ex-senador Luiz Carlos Prestes jantara ali, naquela mesma mesa em que estavam comendo. Apesar disso, tinha entre seus amigos italianos o comandante da brigada policial — dos carabinieri — e bispos católicos. M. lembrou que a Igreja italiana é, em sua maior parte, alinhada com o que há de mais conservador no universo católico. Ele estranhava aquela boa convivência do "professore" com setores da direita, as constantes citações a santo Tomás de Aquino. Isto aguçava sua curiosidade sobre seu anfitrião, mas nada que pudesse comprometer a admiração que tinha por ele.

O Brasil era uma referência distante. Parra dizia que seus pais haviam morrido, que nada o atraía em seu país de origem. Não falava em filhos, nem em eventuais perseguições, apenas que não concordava com os rumos que vinham sendo adotados. Na época, o Brasil era presidido por Fernando Collor *de Mello, que se elegera presidente em 1989, na primeira eleição direta para o cargo desde 1960. O governo anterior, de José Sarney, também fora civil, o país completara seu processo de democratização, a anistia de 1979 permitira o retorno dos exilados e banidos, não havia mais presos políticos, os partidos de esquerda estavam legalizados. Parra, portanto, não voltava ao Brasil porque não queria. Seus problemas não eram políticos, eram filosóficos — como convinha a um homem elegante e inteligente.*

M. disse que Parra e Amanda viviam juntos havia alguns anos — o "professor" disse que ela fora sua aluna em São Paulo. O casamento de ambos seria formalizado em 1991, celebrado, nos jardins da casa, por um bispo que viera da Alemanha, uma cerimônia testemunhada por M. Mostrei então as reproduções dos jornais que encontrara na internet. M. reconheceu Amanda, apenas estranhou a cor de seus cabelos.

— Ela não era loura.

M. nos entregou uma raridade, uma foto de Paulo Parra. Uma fotocópia de uma reportagem de um jornal de Piacenza. M. disse que Parra não gostava de ser fotografado. Isto reforçava sua suspeita sobre o passado daquele homem tão admirável. Certa vez, encontrou o recorte de jornal, uma reportagem sobre Parra ilustrada com uma foto na qual apareciam também outras quatro pessoas. Parra é o primeiro à esquerda. Um homem forte, relativamente gordo, que usava uma espessa barba negra que praticamente escondia seu rosto. Ao contrário dos demais fotografados, Parra não olha na direção do fotógrafo. Mantém-se meio de perfil, olhando para um ponto indefinido à sua esquerda. Apesar de seu carinho por Parra, M. não resistiu ao impulso de tirar uma cópia daquele recorte de jornal. Doze anos depois, ele tinha um documento importantíssimo em suas mãos.

No dia 20 de abril de 2003, domingo de Páscoa, eu voltaria a me encontrar com M. De passagem pelo Rio, ele embarcaria para Manaus. Artista plástico, ilustrador de livros e cartazes, M. voltaria a me ajudar. Da nossa conversa anterior, havia pouco mais de um ano, sobrara uma informação que, embora relevante, não caberia no curto espaço de tempo de uma matéria para TV. Com mais calma, em um café do Aeroporto Internacional Maestro Antônio Carlos Jobim, M. acrescentaria detalhes à história de sua convivência com os Parra. Detalhes que antes não fariam muito sentido e que agora se encaixavam na apuração — como o prazer de Parra em exercitar o vozeirão em canções como Granada —, *e me contaria a história de um aposento reservado da casa do ex-patrão. Um escritório particular que guardava ainda mais segredos do proprietário.*

— Um dia, o Parra me pediu para levar uns papéis para seu escritório, que ficava no térreo. Era um lugar reservado, ficava sempre trancado, só ele entrava lá. Quando entrei, levei um susto: havia uma estante cheia de pastas. E, em algumas prateleiras, estavam coladas umas etiquetas.

As etiquetas traziam a palavra "Dops" e referências a intervalos de tempo — 1964-1969, por exemplo. Além disso, havia uma gaveta identificada pelo adesivo "subversão". Parra estava por perto, ali mesmo no térreo. Mas M. não resistiu e abriu a gaveta, que estava cheia de fotos. Ele não conhecia os personagens das fotografias, com exceção de um: o já então ex-banido Fernando Gabeira. Integrante da organização, o MR-8, que planejara e, com a colaboração da ALN, executara o seqüestro do embaixador norte-americano, Gabeira fora libertado em troca do resgate do embaixador alemão. Era um dos 40 que seguiram para a Argélia em 1970.

Com a anistia, de volta ao Brasil, Gabeira se tornaria autor de best-sellers. *Seu livro* O que é isso, companheiro?, *uma revisão apaixonada e crítica dos anos de guerrilha, se tornara leitura obrigatória. O sucesso do livro e sua pregação ecológica fizeram dele um personagem conhecido. M. fora apresentado a Gabeira em 1980, em Trindade, uma praia no sul fluminense, na divisa com São Paulo. Não foi difícil reconhecê-lo em uma das fotos. Diante de Gabeira havia uma mulher jovem, bonita, de cabelos pretos. Com a fisionomia abatida, apresentava olheiras profundas e estava sentada em uma cadeira de rodas. A foto não parecia ser posada, Gabeira e a mulher conversavam em um parque. No verso da foto, ambos eram identificados com uma anotação feita à caneta, com letra de fôrma: "Vera Sílvia Magalhães — MR-8 / Fernando Gabeira — MR-8."*

Com a foto nas mãos, M. percebeu que Parra estava chegando ao escritório. Ser encontrado com a foto representaria um problema grave, uma demissão. Assustado, só teve tempo de esconder a prova de que mexera em algum segredo. A gaveta pareceu distante, o jeito foi ocultar a foto no próprio corpo, sob o macacão. Parra entrou no escritório logo em seguida.

— Ele parecia assustado, olhou tudo em volta, como se estivesse checando se eu havia mexido em algo.

M. não teve como devolver a foto, que deixaria a casa com ele, incorporada aos seus pertences. Aquela não era a única foto a sumir da casa. M. documentara, com sua própria câmera, o casamento de Paulo e Amanda. Os negativos desapareceriam logo depois. Parra não gostava de ser fotografado. No fim de nossa conversa, M. me autorizou a publicar seu nome, Maurício Körber, neste livro. Na segunda reportagem sobre o caso, que fora ao ar em maio de 2002, ele não teve sua identidade revelada.

Nos dois dias seguintes à conversa com Körber, fui aos apartamentos de Gabeira e Vera Sílvia, os dois moram em Ipanema. Parceiros no seqüestro de Elbrick, foram para o exterior no mesmo vôo. Ainda no avião, começaram a namorar. Atingida por um tiro na cabeça ao ser presa, no dia 6 de março de 1970, Vera Sílvia foi torturada ao longo de meses no quartel da Polícia do Exército na Tijuca, zona norte do Rio. Só seria libertada em junho. Afetada pelo tiro e pelas sessões de tortura, ela não conseguia andar, nem mesmo ficar de pé. Aos 22 anos, pesava 38 quilos. Na foto do embarque para a Argélia, ela aparece sentada: teve que embarcar e desembarcar carregada. Na pista do aeroporto, em Argel, recebeu uma cadeira de rodas de ferro, um modelo utilizado em hospitais. Era a mesma cadeira em que estava sentada no momento da foto. Vera Sílvia e Gabeira reconheceram o local em que foram flagrados: Ben Aknoum, uma espécie de colônia de férias para onde os banidos foram levados. Disseram que a foto é dos primeiros dias depois da chegada ao exílio, mas afirmaram não se lembrar do momento em que foi feita.

A foto e o depoimento de Maurício trouxeram-me um problema adicional. Apesar de uma ou outra suspeita de que Perera fora um informante dos órgãos de repressão, de desconfianças surgidas de sua ligação com Onofre — o fiador de Anselmo —, nunca houvera uma informação concreta sobre isto. Assustada com as sucessivas prisões, com o desmantelamento das organizações, a esquerda armada preferiu, muitas vezes, atribuir os problemas não à sua falta de estrutura e aos seus erros de concepção revolucionária. Em meio ao terror, era mais fácil individualizar culpas — a responsabilidade era do companheiro fulano, que falou demais na tortura; do companheiro beltrano, que desbundou; do ex-companheiro sicrano, que se passou para o lado da repressão.

Este ambiente favorecia o surgimento de boatos, de suspeitas, de informações incompletas; vivia-se na clandestinidade, afinal. O desespero fez com que, no Brasil, organizações de esquerda *justiçassem* pelo menos quatro de seus próprios ex-integrantes. O fantasma do "cabo" Anselmo pairava sobre os guerrilheiros. Em 1971, o grupo de Perera, segundo Danda, chegara a aventar a possibilidade de *justiçar* Annina. No ano seguinte, ele escapara de ser submetido a um arremedo de tribunal revolucionário que analisaria seu comportamento. Se condenado, seria morto.

Em 1964, Perera procurou o Exército para acusar ex-sócios, mas, cinco anos depois, em São Paulo, não entregou ninguém. Poderia ter feito um acordo com os policiais e militares que o torturaram, seria uma forma de escapar do suplício. Suas informações nem seriam assim tão relevantes: Onofre já estava preso, ele não teria como revelar os paradeiros de Lamarca e de outros integrantes da VPR. Mas a ditadura tinha um amplo repertório de possibilidades a oferecer para os arrependidos.

O advogado, porém, limitara-se a criar um álibi, disse que não sabia quem eram realmente aquelas pessoas. Uma desculpa que não seria suficiente para livrá-lo das sevícias. Nazareth viu Perera sendo torturado; Diógenes e Roberto Amaral o encontraram muito machucado no interior do quartel da PE em São Paulo. A tortura não fora mais uma criação de Perera. Imaginar que ele tenha sido um colaborador da ditadura que o torturara é uma hipótese que seria reforçada com a descoberta do arquivo de Bettola. Isto, porém, não seria uma prova definitiva. Egocêntrico, megalômano, Perera tinha necessidade de controlar todas as situações: cultivar um arquivo sobre seus companheiros — que, ali adiante, poderiam ser transformados em adversários — poderia fazer parte deste processo. Voltei a ligar para Mauro Leonel Junior. Ele formulou uma hipótese semelhante: "Ele [Perera] tinha mania deste negócio de inteligência" — a palavra aí tem o sentido norte-americano, relacionado à coleta e análise de informações.

— Quando eles me seguiam em Paris, tinham mania de tirar fotos — completou Leonel.

Procurei também Del Roio — ele descartou que o acervo de Parra pudesse estar relacionado com o arquivo que organizara na Itália, sobre o movimento operário brasileiro. Segundo ele, a colaboração de Parra para o arquivo foi outra, limitara-se a fornecer algumas fotos de reuniões de comitês de anistia. Del Roio estranhou que Parra mantivesse um arquivo como aquele em casa.

— Era algo perigoso, principalmente para quem tinha uma vida ilegal.

Bailarinos

A entrevista com Maurício Körber reacendeu a possibilidade de esclarecer de vez o caso Perera/Parra. Eu tinha um endereço, uma casa onde bater e perguntar pelo dono. O próximo passo seria ir à Itália, procurar por Paulo Parra, confirmar ou desmentir sua morte; ouvir pessoas que com ele conviviam ou conviveram. Propor uma viagem para a Itália não é assim tão simples, existia um óbvio componente de risco. Havia a possibilidade de Parra estar morto, sua viúva poderia ter mudado de casa, de cidade, de país. Ela poderia também se recusar a me receber. Perera tinha passado boa parte de sua vida deixando pegadas e apagando-as em seguida. Seria duvidar de sua inteligência e capacidade de dissimulação achar que ele, simplesmente, permitiria ser encontrado tomando uma taça de vinho na varanda de sua casa. Ainda mais depois que sua história viera a público. A julgar pelo seu passado, Perera, vivo ou morto, teria tratado de preparar algumas armadilhas, ninguém chegaria assim tão facilmente a ele.

Levei o caso à direção do programa. A proposta foi bem recebida, havia a chance de se investir na viagem. Enquanto não havia uma definição sobre o assunto, levantei mais algumas informações sobre Amanda Castello e a tal associação, ART. Pela internet era possível constatar que Amanda era presença constante em seminários sobre doenças terminais realizados na Itália e em outros países europeus. Na rede de computadores havia artigos de sua autoria e referências a livros que ela escrevera e até mesmo um número de conta bancária para eventuais doações. A associação que teorizava sobre doentes terminais parecia ter uma vida mais orgânica que sua antecessora, que deveria cuidar de torturados por ditaduras militares.

Cerca de um mês depois, em abril, a direção do Fantástico *me deu a boa notícia: a viagem estava praticamente viabilizada. Eu faria um* pit-stop *na Alemanha, onde gravaria uma reportagem sobre um grupo de dança irlandesa, o Magic of the Dance, e depois seguiria para a Itália. Meu caminho para Bettola passaria por Halle, uma pequena cidade alemã que tem como principal atração um moderno ginásio utilizado para torneios de tênis e apresentações artísticas. O Magic of the Dance se apresentaria lá no início de maio. Restavam-me duas tarefas: pesquisar um pouco sobre a dança irlandesa e falar com Cristina Perera: três anos antes ela me dissera que estaria disposta a ir comigo até a Itália para tentar encontrar notícias de seu pai. Ela já fora à cidade uma outra vez, chegara a procurar por Parra/Perera e não conseguira avançar em nada.*

Encontrar referências ao Magic of the Dance foi simples, além do material enviado pela assessoria, a página do grupo na internet era bem construída. A tal dança é baseada em uma forma particular de sapateado, o enredo do espetáculo fazia referências à grande fome que, no fim do século 19, matou milhões de irlandeses e forçou outros milhões a tentar a vida em outros países, em especial nos Estados Unidos. E Cristina? Liguei para a casa dela em Nova York diversas vezes. Em todas as tentativas fui atendido por uma secretária eletrônica — "leave a message". *Eu deixei a mensagem: uma, duas, três vezes. E nada. Cristina não me ligou de volta. Tentei o telefone de sua mãe, também não consegui contato. Fiz isto até as vésperas da viagem, um período meio confuso: na semana em que viajaria para a Alemanha tive que ir a Vitória, no Espírito Santo, apurar a suposta relação da chamada "máfia das prefeituras" (apresentada ao público no mês anterior em uma reportagem de Eduardo Faustini, no* Fantástico*) com o assassinato de um advogado. Máfia de prefeituras, homicídio, balé irlandês, terrorista brasileiro que vira psicólogo — uma semana divertida.*

Era preciso também decidir o que fazer em relação a Amanda Castello. Deveria ou não ligar para ela, tentar marcar uma entrevista? Se telefono, corro o risco de assustá-la; se não ligo, tenho a possibilidade de não encontrá-la em casa. A decisão não era simples: Nazareth, a primeira mulher de Perera, fora casada com um advogado, não tinha nenhuma relação com sua história pós-banimento; Amanda vivia ou vivera com um terrorista disfarçado de psicólogo. Seria difícil imaginar que ela ignorasse o passado do marido. Ela teria muito a perder caso a história viesse à tona. Os estilhaços dos anos 60 e 70 continuavam a ferir na Europa. Na Itália, por exemplo, não fora decretada uma anistia que beneficiasse os envolvidos com ações armadas.

Conversei com a direção do programa e acabei optando por uma solução conciliatória. Telefonaria para Amanda e contaria apenas parte da história — não mentiria, me identificaria como repórter do Fantástico, *citaria Paulo Parra, a associação. Falaria de uma matéria sobre brasileiros que tinham obtido algum tipo de destaque no mundo, ah, e também sobre seu marido, o dr. Paulo Parra. Fiz isto e Amanda, claro, desconfiou da minha história, um tanto quanto capenga. A reação só fez aumentar a minha certeza de que ela tentaria ao máximo impedir que aquele passado emergisse. "Mas por que vocês querem fazer esta reportagem, não entendo" — repetia, pelo telefone. Uma reação estranha para uma brasileira que dirige uma associação beneficente no exterior. Em tese, seria ótimo para uma entidade ser mostrada em uma reportagem no* Fantástico. *Isto daria prestígio, reconhecimento — e, possivelmente, verbas para o melhor desenvolvimento do trabalho. Mas Amanda não queria saber de reconhecimento, pelo menos, não daquele oferecido pelo* Fantástico, *talvez já soubesse da reportagem veiculada em 1999.*

Ela desconversou, disse que iria para a França, onde ficaria por cerca de três meses. Argumentei que já estava com a minha viagem marcada, que estaria em Bettola dentro de duas semanas. Não adiantou. Ela pediu que eu mandasse um e-mail detalhando minha pauta. Fiz isto no mesmo dia — a resposta nunca chegou. Enviei outras mensagens, mas não obtive resposta. Embarcaria, portanto, sabendo que dificilmente conseguiria entrevistar os três principais personagens da história: Perera/Parra estaria morto; Amanda não me receberia; e eu não conseguia encontrar Cristina. Naquela altura, eu começava a achar que seria bom caprichar na matéria sobre o Magic of the Dance — talvez esta viesse a ser a principal, se não a única, reportagem da viagem.

Diante das más perspectivas, não poderia descartar nenhuma chance, tinha que usar a meu favor qualquer indício ou pista. Peguei o VT da primeira reportagem e voltei à editoria de Arte da Central Globo de Jornalismo. Pedi que eles imprimissem algumas das imagens que eu utilizara na matéria: de Cristina, de Firmino, de Maria das Graças e, principalmente, de Perera. Perera jovem, Perera advogado, Perera preso, Perera sendo banido, Perera ao lado de canhões. Na pior das hipóteses, sairia como estas fotos por Bettola fazendo a clássica pergunta: "Vocês conhecem este homem?" Melhor, tentaria fazer a tal pergunta. A convivência com imigrantes italianos e as novelas de TV nos fazem acreditar que todos nós, brasileiros, falamos — ou, pelo menos, arranhamos o italiano. Porca miseria: italiano é uma língua bem mais complicada, na minha viagem anterior ao país eu até conseguira entender razoavelmente o que me diziam, mas isso não seria suficiente. Eu precisaria fazer perguntas, muitas perguntas. Em Roma ou em Milão, o melhor é tentar conversar em inglês. Mas e em Bettola, uma pequena cidade perdida no meio de montanhas da região da Emilia Romagna? Quantos ali — principalmente entre os mais velhos, que poderiam ter convivido com o dr. Parra — devem conhecer outra língua além do italiano?

No dia 3 de maio, uma sexta-feira, eu e o repórter-cinematográfico José de Arimatéa embarcamos para Frankfurt — lá pegaríamos um outro vôo para Hanover, de onde iríamos de carro para Halle. A matéria com o Magic of the Dance seria gravada no domingo, dia da apresentação do grupo; na segunda, voltaríamos para Hanover e embarcaríamos para Milão: alugaríamos um carro e iríamos para Bettola. Na conexão em São Paulo, fui à livraria do aeroporto e comprei um guia de italiano, um livrinho de conversação para viagem. Encontrar uma agência de correios não seria difícil — "Dove c'è un ufficio postale?" —, complicado seria conseguir perguntar detalhes da vida do dr. Paulo Parra.

Ao chegar a Halle no sábado, após mais de 24 horas de viagem — Rio-São Paulo-Frankfurt-Hanover-Halle —, fui dormir e tratar de aprender algo mais sobre os mistérios da dança irlandesa. Da tarde falsamente primaveril daquele sábado — fazia muito frio — até a manhã de segunda-feira, Perera e seu alter-ego Parra ficariam como que guardados em algum canto da mala. Nada de terrorismo: a hora é de sapateado, de música, de gente bem-vestida chegando para ver o espetáculo. As entrevistas com as estrelas do Magic of the Dance seriam feitas na manhã de domingo. Começamos pelo coreógrafo e primeiro-bailarino, Michael Donnellan. Um bom sujeito: bem-humorado, paciente, conhecedor das tradições e da história irlandesas. Deu para fazer uma boa entrevista com ele. Mais uma entrevista — sonora, no jargão televisivo —, desta vez com o diretor musical do grupo, o gorducho Bob Bales. Igualmente simpático, jeitão de irlandês clássico, aquele ar de quem é capaz de beber litros e litros de Guiness como um camelo que se prepara para enfrentar o deserto. Falou sobre os instrumentos, sobre como as famílias irlandesas conseguiram, ao longo dos séculos, preservar canções proibidas pelo domínio do império britânico.

Deixei as sonoras com as principais bailarinas para mais tarde, quando elas estivessem com as roupas de cena. Havia muito tempo disponível, por que não fazer uma outra entrevista? Pelo que tinha lido no programa, o roteiro do espetáculo tratava da viagem de um grupo de irlandeses para os Estados Unidos — o choque entre as culturas seria representado pelas diferenças entre os estilos de sapateado cultivados de cada lado do oceano. O irlandês, mais rígido da cintura para cima; o norte-americano, mais relaxado. Poderia ser interessante fazer uma sonora com o bailarino que encarnava o jeito ianque de sapatear.

Sven Godly, o bailarino "americano" — estudou nos Estados Unidos, mas nasceu na Alemanha —, chegou para a entrevista como quem entra no palco. Começou a saltitar pelas arquibancadas do ginásio, para a alegria do Arimatéa. Pulou para cima, para baixo, fez uma pirueta — tanta flexibilidade chegou a fazer com que sua calça descosturasse nos fundilhos. Mais tranqüilo depois de tantos passos, ele, antes mesmo de qualquer pergunta, começou a falar. A falar do Brasil, das mulheres brasileiras, chegou a fazer aquele típico gesto que procura simular o corpo de uma mulher de cintura fina e quadril avantajado. Mulheres, mulheres brasileiras — ele estivera no país no ano anterior.

Entre as mulheres brasileiras, uma especial. "Very friend of mine", "Very closed to me" — muito amiga, muito próxima. Uma bailarina como ele, que estava vivendo na Alemanha. Falou tanto na tal amiga que eu, enquanto o Arimatéa ajeitava a câmera e os microfones para a entrevista, me vi obrigado a perguntar quem ela era. Não tinha muita esperança de fazer aquela conversa render, não sou especialista em balé, não haveria como conhecer alguma bailarina brasileira que estivesse vivendo na Alemanha. Pensei na Marcia Haydée, que durante muito tempo dançara no balé de Stuttgart, mas ela era de uma geração anterior à dele, seria improvável que fosse ela a tal "very closed friend". Mas, enfim, qual é o nome da moça?

— Cristina Perera — *respondeu, com a tranqüilidade de um cliente que pede para o garçom colocar um pedaço de limão no copo de coca-cola.*

— What did you say? O que você disse? Como? Cristina Perera? Você está joking? *Meu espanto se traduzia na confusão de idiomas. A sensação era de que eu cairia da arquibancada. Aquilo não estava acontecendo, it's impossible. O bailarino que eu nem sequer iria entrevistar tinha acabado de me dizer que era amigo da filha do personagem da reportagem que tinha motivado aquela viagem.*

— Não posso acreditar — *balbuciei.* — Vim para a Europa para fazer uma reportagem sobre o pai dela, tentei encontrá-la em Nova York antes de viajar, mas não consegui.

— Ela não está em Nova York, está em Berlim, na minha casa. Quer ver só?

É óbvio que eu queria, devo ter balbuciado um "yes" *abobalhado, tudo aquilo era improvável demais para estar acontecendo. Ele então pegou o celular e ligou para casa. E falou com Cristina.*

— Cristina, estou aqui em Halle com um amigo seu, um jornalista brasileiro, Molica — *e me passou o telefone.*

A esta altura, eu me sentia personagem de uma novela mal escrita, uma daquelas baseadas em um roteiro capenga que busca resolver problemas de estrutura dramática com uma saída mágica: o sujeito que descobre que aquela moça, alvo de sua paixão, é a sua irmãzinha que fora seqüestrada ainda na maternidade; a mulher que vai passar as férias na Grécia e vê o marido atracado com uma loura fantástica em uma praia de Mikonos. Enfim, eu me transformara em personagem de novela mexicana.

Mas o filme tinha que continuar. Expliquei para Cristina o que estava fazendo, o que motivara minha ida para a Europa. Disse que, no dia seguinte, embarcaria para Milão em busca de seu pai, ou, pelo menos, da história do seu pai. A resposta foi uma das melhores frases daquele roteiro mal-escrito. Ao fundo deve ter sido colocada uma daquelas músicas soladas por violinos que parecem sair das profundezas da terra antes de tocarem os céus.

— Eu vou com você. Eu posso ir com você?

É claro que podia vir comigo. Isto facilitaria tudo. Com a presença da filha de Perera/Parra seria mais simples convencer pessoas a falar, a gravar entrevista. Haveria um componente emocional que ajudaria a desequilibrar o jogo a meu favor, seria mais fácil quebrar resistências de eventuais entrevistados. Cristina também daria um outro peso à reportagem, que se tornaria mais popular, mais inteligível para um público tão grande e heterogêneo quanto o do Fantástico. Era razoável supor que a maioria dos espectadores não estivesse muito interessada na história de um ex-terrorista. Com a presença de Cristina, a saga de Perera se transformaria em uma história menos complexa, a de uma filha que procura o pai. Um pai singular, mas esta seria uma outra leitura. Uma parte do público poderia gostar do fundo histórico da reportagem; outra, ficaria com o drama da filha. Enfim, uma ótima matéria. Combinei com Cristina que nos encontraríamos no dia seguinte no aeroporto de Milão. Ela disse que iria correr para conseguir um vôo.

Meio que baqueado por aquela coincidência, comecei a ligar para o Brasil para contar o episódio. Telefonei para casa, para a redação do Fantástico. Era meio ridículo ligar da Alemanha só para contar a coincidência, mas não consegui evitar. Eu me sentia um foca — um iniciante na profissão — ao conseguir sua primeira entrevista, um adolescente após a primeira transa com a namorada, um jogador estreante que faz um gol no Maracanã lotado. Já tinha 21 anos de profissão, lançara, havia pouco mais de um mês, meu primeiro livro, deveria estar meio vacinado contra este tipo de entusiasmo. Mas não. Reagia de forma absolutamente eufórica, não cansava de contar aquela história. A euforia servia para alimentar um outro tipo de felicidade — a de, após tanto tempo de exercício profissional, constatar que ainda era capaz de vibrar em uma reportagem. Mais, em uma reportagem para a TV, veículo em que ingressara após passar 15 anos em redações de jornais. A TV era um veículo diferente, muitas vezes misterioso, cheio de — para mim — novos parâmetros, exigências e convenções. Um veículo fascinante, mas que algumas vezes se mostrara ameaçador diante de minhas dificuldades em decifrá-lo. Iniciar, aos 35 anos, a carreira de repórter de TV tivera o peso de uma estréia profissional. Por várias vezes chegara a pensar que minha trajetória televisiva seria muito breve.

Naquela tarde, porém, eu me reencontrava com o prazer de estar envolvido em uma reportagem excitante, com a alegria de fazer um bom trabalho.

Era preciso comemorar. Meu companheiro de trabalho, o Arimatéa, não bebe — por sorte, o grupo de artistas era de irlandeses, que, para comprovar o estereótipo, se mostrariam tão bons de copo como de palco. A tradicionalíssima cerveja alemã me ajudou a dormir naquela noite.

Conexão Bettola

Na manhã do dia seguinte fomos levados para Hanover, de lá seguiríamos para Milão, onde aguardaríamos Cristina. Ela, vinda de Hamburgo, chegaria ao aeroporto de Malpensa às 15h05. O aeroporto é curioso, em nada lembra os monstrengos de aço escovado que proliferam pelo mundo. Malpensa parece uma gigantesca estação rodoviária. Apesar de moderno, tem um quê daquela arquitetura meio art-déco popularizada nos anos 30 e 40 pelos regimes ditatoriais italiano e brasileiro, um misto de grandiosidade e mau gosto. As paredes verdes e os elevadores cor-de-rosa do aeroporto lembravam alguns carros alegóricos utilizados pela Mangueira até os anos 70.

As considerações cromáticas, estéticas e arquitetônicas serviam mesmo para esconder o óbvio: eu temia que Cristina não aparecesse. Vai que ela desistiu de vir, que perdeu o avião. No aeroporto, eu tentava matar o tempo. Levei meia hora para escolher um guia de estradas, tentei inutilmente conectar-me à internet em um terminal público, liguei para o Del Roio para combinar um encontro dali a dois dias. Enrolei o mais que pude. Trinta minutos antes do horário marcado para a chegada do vôo de Cristina, nos posicionamos diante de um dos portões de desembarque. Novas dúvidas: e se não fosse permitido fazer gravações na área interna do aeroporto? E se houvesse necessidade de pedir autorização a alguém? Não havia muito tempo para procurarmos assessores de imprensa. Arimatéa deixou a câmera pronta; até que os policiais, os carabinieri, *chegassem, se é que é chegariam, teríamos conseguido pelo menos registrar o desembarque da protagonista da nossa história. Se ela viesse.*

E ela chegou. Com um atraso de quase uma hora, mas chegou. Fui ao seu encontro, colocamos nossas malas em um dos carrinhos e fomos alugar um carro. Ainda no saguão do aeroporto — os carabinieri *nos ignoraram* —, *Arimatéa registrou o momento em que eu mostrei para Cristina a foto que me fora fornecida pelo ex-hóspede da casa de Paulo Parra. Cristina foi rápida:*

— *É ele, é ele* — *disse, para meu alívio. Logo em seguida, teve sua atenção despertada pela imagem de um rapaz que também aparecia na foto.*

— *Quem é esse? Seria um filho? Ele teve outro filho?* — *eu não tinha como responder a estas perguntas.*

Na hora de alugarmos o carro, outra boa surpresa: Cristina falava italiano, um dos seis idiomas em que era fluente. A carreira artística fizera com que ela morasse em diversas cidades do mundo — *entre elas, Turim, na Itália. Eram quase cinco da tarde, tínhamos uma viagem pela frente. Era preciso conseguir sair do aeroporto e pegar a estrada certa. Perdemos quase uma hora por caminhos errados, mas, enfim, conseguimos nos encontrar, estávamos no rumo de Bettola.*

Assumi o volante, Cristina ficou no banco do carona. Atrás, Arimatéa, com a câmera ligada, registrava nossas conversas. Aqueles diálogos dentro do carro poderiam ser úteis na edição da reportagem. Cristina contava histórias de sua despedida do pai, da separação diante do portão da penitenciária; falava de um cartão-postal em que ele dizia que talvez não voltasse mais a escrever para ela. Remoía também um encontro que tivera com os avós em Porto Alegre, durante uma turnê.

— *Eles me disseram que estiveram em Paris, me mostraram fotos deles com meu pai. Eu perguntei se eles podiam me dar o endereço dele. "Ah, não podemos, isso é segredo"* — *disse Cristina, reproduzindo o que lhe foi dito por um dos avós.*

Para Cristina, aquela ida à Itália representava a possibilidade de encerrar uma viagem em que involuntariamente embarcara 31 anos antes, quando fora forçada a separar-se do pai. Era a chance de esclarecer o mistério. Mesmo a possibilidade de encontrar o pai morto era vista com esperança, pois marcaria o fim de tanta procura.

Era como se eu estivesse vivendo duas viagens ao mesmo tempo. Uma, a viagem real, física. Eu, acompanhado de Cristina, estava mesmo dirigindo um carro no norte da Itália, conversava com ela sobre Perera/Parra. Mas sabia que éramos personagens de uma reportagem, no caso, quase um pequeno filme: logo que comecei a trabalhar em televisão, descobri o que deve ser óbvio para quem lida há mais tempo com o veículo. Ao contrário do padrão de texto jornalístico utilizado em jornais impressos, a reportagem de televisão — especialmente em uma revista como o Fantástico *— tem, muitas vezes, uma estrutura parecida com a utilizada na ficção. A história é contada com base em personagens, existe a apresentação do enredo, o desenvolvimento da trama e, enfim, o desfecho. A diferença é que os personagens das reportagens são reais — não dá para mentir, para adaptar.*

Conhecer esta estrutura de reportagem de televisão e saber que aquilo que conversávamos no carro poderia vir a ser utilizado na edição final é que me dava a tal sensação de viagem dupla. Havia a viagem real e uma outra, na qual eu fazia o papel de coadjuvante da personagem principal: Cristina, a filha que procura o pai. O engraçado é que eu, apesar de ser o condutor e roteirista da reportagem, não poderia prever qual seria o fim daquela trama; mentalmente eu ia escrevendo e editando a reportagem a cada take *gravado pelo Arimatéa — posso usar esta imagem em tal lugar, esta sonora pode ser útil no início do VT —, mas eu não tinha a menor idéia de como aquilo tudo iria terminar.*

Chegamos a Bettola quase ao entardecer. A cidade é uma daquelas que parecem ter recebido o último estrangeiro na época da Segunda Guerra Mundial. Não me espantaria se encontrasse algum soldado brasileiro perdido por ali, alguém que tivesse fugido de uma batalha e que fora parar nos arredores daquela cidade igual a tantas outras da região. Bettola fica em um vale, é cortada por um rio e apresenta prédios de três e quatro andares, quase todos pintados de bege ou de uma cor entre o ocre e o salmão. A vida da cidade converge para um grande largo, onde ficam os serviços públicos, a agência bancária, um hotel desativado, a igreja de São Bernardino e a estátua de Cristóvão Colombo, cuja família seria originária de lá.

A primeira tarefa era tentar localizar a casa de Paulo Parra, chegar a La Bagnata. Tivemos que repetir a pergunta a umas oito pessoas, cada uma nos indicava uma direção. Até que chegamos a uma pequena estrada que contornava um monte, ao lado do rio. Atravessamos a ponte e encontramos a placa

ART — Associazione Paulo Parra pela Ricerca sulla Terminalitá. Mas já era tarde, não havia praticamente mais luz, o bom senso recomendava procurarmos um hotel e um restaurante. O hotel só viria a ser encontrado a cerca de 30 quilômetros de Bettola; os restaurantes estavam fechados — nosso jantar se resumiu a sanduíches com ótimos queijo e presunto da região. Paulo Parra ficaria para o dia seguinte.

Portões

Fazia um pouco de frio naquela manhã. O cenário da Emilia Romagna ajudava: um dia de sol, poucas nuvens no céu, o interior da Itália se materializando pela janela do carro em forma de pequenas fazendas e vilarejos, as placas indicando a direção de Bettola. Ora via as imagens como o motorista que era, ora como o sujeito que, dali a uma semana, estaria dentro de uma ilha de edição cuidando da reportagem. No caminho entre o hotel e Bettola, a câmera registrava o diálogo que eu mantinha com Cristina. Uma entrevista — sabíamos que estávamos sendo gravados — disfarçada de diálogo. Mas era uma entrevista que não deixava de ser um diálogo; mesmo que não estivéssemos sendo gravados, estaríamos, provavelmente, conversando ali sobre aqueles mesmos assuntos.

— Estamos em Bettola, quase chegando à casa onde seu pai viveu durante muitos anos. Como é que isto bate em você? — perguntei, no momento em que, depois de atravessar a ponte que dá acesso à região central da cidade, virei à direita e peguei a estradinha que leva à casa dos Parra.

— Não está batendo. Tenho que esperar um pouco, uma hora talvez, para ver como estou me sentindo. Minha expectativa é de falar com alguém, espero que haja uma porta aberta, estou cansada desses mistérios, acho isso medíocre — respondeu Cristina. A voz parecia misturar ansiedade e uma certa irritação. Uma ausência de 31 anos, que já consumira longos períodos de terapia, poderia enfim ser resolvida.

— A gente tem a informação de que seu pai já morreu. Como é que você recebe esta notícia, da possível morte de seu pai?

— Para mim, ele já morreu há muito tempo. A notícia desta morte me dá prazer... um prazer de uma coisa conclusiva, finalmente palpável. Que esta morte não é mais simbólica, mas é um fato, o prazer do fim de uma história, de uma saga.

A estrada que leva ao acesso a La Bagnata tem cerca de três quilômetros. Em alguns trechos é possível se ver partes do casarão de três andares, todo em pedra.

— Mas entre a possibilidade de encontrar seu pai vivo, ali, e a quase certeza de ele estar morto... dá para trabalhar com esta opção?

— Para mim é uma coisa tão acabada, tão deteriorada, que não tenho nem o desejo de, talvez, se fosse possível, encontrar com ele novamente, este desejo não existe mais. Não posso imaginar a possibilidade da vida dele. — Cristina faz uma pausa e retoma a fala. — Se este homem, por exemplo, estivesse vivo, claro que eu gostaria de falar com ele, mas não sei que sentimento eu teria, não posso dizer.

— Durante muito tempo você alimentou a esperança de encontrá-lo...

— Sim, saí do Brasil com 16, 17 anos para isso. Com uma grande esperança. Procurei anos e anos e meu coração começou a ficar cansado... Há uns cinco anos eu comecei a dizer chega, acabou. Há até cinco anos eu ainda tinha esperança.

Cristina parecia recitar um conselho de seu pai, escrito na carta que ele lhe escrevera às vésperas de embarcar de São Paulo para o Rio — e daí para o banimento. No último parágrafo, Perera pede que a filha o ame como ele a ama e determina: "Aprende a gostar da solidão, para não dependeres das muletas quebradiças dos outros, e a enfeitar-se com uma alegria calma."

Chegávamos, enfim, ao acesso que leva à casa do dr. Paulo Parra, que fica a cerca de 300 metros da estrada. Parei o carro, o Arimatéa se posicionou melhor, ajustou foco e captação de som. Meio repórter, meio ator — é curioso como estes papéis podem se confundir quando se faz uma reportagem para a TV —, virei-me para ela e anunciei:

— Cristina: La Bagnata...

A bailarina e coreógrafa, profissional experiente em desenhar e vivenciar histórias em um palco, manteve o tom.

— A entrada do segredo final. Que La Bagnata seja a coisa justa, a coisa correta, que aqui a gente possa desvendar este mistério. Vamos ver se a gente consegue — disse, sem conter um riso nervoso. Além da tensão natural deste possível encontro, havia outro motivo de preocupação para ela. Cristina não era jornalista, nunca tinha participado de uma situação como a que se anunciava: chegar, de câmera ligada, a uma casa desconhecida, procurar uma pessoa que não nos esperava e, em seguida, disparar uma série de perguntas. Era quase um desembarque em campo inimigo. Eu tinha pensado muito antes de optar por este tipo de abordagem, mas a ausência de resposta por parte de Amanda Castello mostrou que não havia opção. Pelo telefone eu sentira que ela não estava nem um pouco disposta a nos receber. Teríamos apenas uma chance: entrar gravando, mostrar a ação de Cristina, a reação de seus interlocutores. Cabia a nós documentarmos aquela cena, apesar do constrangimento de nossa protagonista.

— É assim mesmo? A gente vai chegar com a câmera ligada? — insistiu Cristina. A coreógrafa e bailarina parecia sentir falta de um ensaio.

Chegamos às 9h47 e somos saudados por três ou quatro cachorros que latem para aquele grupo parado diante do portão da casa: "*Atencione al cani*", dizia a placa colocada no portão de ferro que unia as partes de um muro de pedras. Depois de muitos latidos, uma moça sai da casa e vem até o portão. Eu a reconheço de uma foto publicada na reportagem sobre Amanda Castello: é Maria Lavezzi, apresentada no jornal como uma psicóloga que trabalha na associação.

Cristina inicialmente pergunta por Amanda — "Está viajando", responde Maria —, depois, sobre Paulo Parra.

— Está morto, desde 1996.

— Eu sou sua filha — dispara Cristina em italiano, para a incredulidade da moça. A matéria corria o risco de retomar a linha de novela mexicana.

— Como, sua filha? — pergunta Maria.

— Sou brasileira.

O diálogo empaca. Tento impedir o impasse absoluto mostrando fotos de Perera, anunciadas em um idioma estranho, misto de italiano de novela, português e espanhol — incompreensível, portanto. Maria afirma que não chegou a conhecer Parra pessoalmente, só através de fotos. Ela se diz incapaz de reconhecê-lo nas imagens de Perera. Cristina insiste, pede para entrar. Maria diz que não, não poderia autorizar nossa entrada. Não, ela também não tinha autorização para telefonar para a dra. Amanda — as instruções eram claras, ligar só em caso de vida ou morte; o surgimento de uma filha do falecido marido da proprietária não se enquadrava, aos olhos assustados da jovem Maria, em um desses motivos. A psicóloga reclama de estar sendo filmada, ameaça chamar a polícia. Eu me viro para o Arimatéa e peço para que ele pare de filmar. Ele apenas finge que desliga a câmera.

Não havia mais o que fazer por ali. Entramos no carro, Arimatéa faz mais algumas imagens do local. Na entrada do caminho que leva a La Bagnata, saltamos do carro e fazemos uma nova entrevista com Cristina.

— O que você achou deste contato?

— Acho que ela sabe de muita coisa, ficou com muito medo. Sempre o mistério, sempre tem coisa escondida. Tem muita coisa atrás disso. Ela não quis dizer onde ele morreu, em que cemitério ele está enterrado... disse que só a viúva sabia.

Ainda era cedo, o jeito era tentarmos a apuração por outros caminhos, cercar o objeto do desejo, assediá-lo, seduzi-lo: a velha imagem de se comer mingau pelas beiradas. Do aeroporto de Milão eu ligara para Del Roio e perguntara sobre como conseguir um atestado de óbito na Itália. Ele me orientou a procurar o *anagrafe*, o registro civil da cidade. Não deveria ser complicado obter uma cópia de um *certificato di morte*. No Brasil, este tipo de documento é de acesso público, basta chegar no cartório em que a morte foi registrada, pagar uma taxa e obter uma cópia. Na Itália não deveria ser diferente.

Claro que era diferente. Nem o italiano fluente de Cristina foi suficiente para dobrar as funcionárias do Ufficio dello Stato Civile de Bettola. Nós poderíamos ver o livro onde eventualmente a morte de Parra estivesse registrada, mas não seríamos autorizados a fazer uma cópia do documento, nem mesmo filmá-lo. Cristina, afinal, é filha de Perera, não de Parra. Argumentamos que se tratava de documento público, mas as funcionárias foram enfáticas: Cristina, se quisesse levar uma declaração oficial, teria que contratar um advogado. Elas chegaram a colocar Cristina em contato com uma advogada que tinha escritório em uma cidade vizinha,

Ponte dell'Olio. A filha de Perera ficou de ir ao seu encontro ainda naquela tarde.

O impasse não nos impediu de consultar os documentos. Pedimos para a funcionária checar a existência de algum registro de morte de um senhor chamado Paulo Parra. Em poucos minutos, ela depositou sobre o balcão um livro com cerca de oitenta centímetros de comprimento. Estava lá o registro. Paulo Parra, brasileiro, médico psiquiatra, nascido em São Borja no dia 6 de janeiro de 1930, morrera na Casa de Cura Santa Rita, em Milão, no dia 1º de março de 1996. Era filho de Vinicius e de Carmen Blanco. A morte foi registrada em Bettola no dia 15 de março de 1996.

Mais uma coincidência, desta vez, muito curiosa. De acordo com os dados, Parra seria gaúcho, nascido em São Borja, em 6 de janeiro de 1930; Perera é gaúcho de Itaqui, e, segundo seu registro, nasceu no dia 4 de janeiro de 1931. São Borja também fica no oeste gaúcho, na fronteira com a Argentina. Parra e Perera eram gaúchos, nascidos em janeiro, em cidades vizinhas, com apenas um ano de diferença. Não parecia ser uma coincidência: ao inventar um passado para Paulo Parra, Perera traçou uma história semelhante à sua, seria uma maneira de justificar o sotaque gaúcho e, mesmo, não cometer erros na eventualidade de ser indagado sobre sua região de origem. Paulista, Maurício Körber, filho de um funcionário do Banco do Brasil, passou boa parte de sua infância no interior do Rio Grande do Sul. Ele contou que Parra demonstrara uma certa apreensão ao saber que ele vivera em São Luiz Gonzaga, cidade próxima a São Borja e que, portanto, era conhecedor das características da região.

No cartório, havia também informações sobre o casal Parra: de acordo com uma espécie de ficha de residentes, onde são anotados dados sobre os moradores da cidade, Paulo e Amanda casaram-se no Rio Grande do Sul no dia 6 de janeiro de 1964 e chegaram a Bettola, vindos de Basiléia, na Suíça, no dia 13 de maio de 1982. A informação também apontava para a existência de novas contradições: 1. Maurício testemunhara o casamento — fora em Bettola, em 1991; 2. o documento registrava que o sobrenome de Amanda era Castello, não Parra. Em 1964, a legislação brasileira obrigava a mulher a adotar o sobrenome do marido. A lei, pelo jeito, não tinha sido respeitada no suposto casamento.

Apurar matéria em cidades pequenas traz uma grande vantagem: a economia de tempo. Quase todo mundo mora perto, é fácil ir de um lugar para outro. Isto acabou sendo fundamental na viagem, nosso tempo era curto. Já estávamos na terça-feira, no dia seguinte iríamos para Milão e, na tarde de quinta-feira, voltaríamos para o Brasil. Não podíamos deixar de seguir nenhuma pista. Tínhamos que repetir com Parra o que eu fizera para descobrir a história de Perera, ir ao encontro de qualquer pessoa que pudesse dar alguma informação, por mais irrelevante que pudesse ser.

Assim, saímos do cartório, atravessamos a rua e fomos à igreja: Maurício dissera que Parra tinha ótimos contatos com padres. O pároco, padre Angelo, tinha pouco a nos dizer, pois chegara a Bettola depois da morte de Parra. Mas nos deu uma informação importante. Disse que deveríamos procurar o "marechal" Ghirardosi, ex-comandante do grupamento dos carabinieri da cidade. Segundo o padre, o ex-comandante, além de ter sido amigo de Parra, continuava a freqüentar sua casa, seria até o responsável pela administração da propriedade.

O ex-comandante morava do outro lado da cidade, as indicações do padre não eram muito precisas, mas não foi difícil encontrar a casa do amigo de Parra. Um homem forte, com cerca de 1,85 metro, cabelos e bigode brancos, uma barriga que lhe emprestava o ar de dono de cantina paulistana. Um policial desconfiado. Não queria dar entrevista, só aceitou conversar com Cristina porque ela se identificou como filha de Parra. Ao longo da viagem eu perceberia que a presença dela era mais importante do que eu poderia prever. De um modo geral, jornalistas são adulados ou rejeitados, dependendo da situação. Caso se trate de divulgar uma peça, um filme, um CD, somos praticamente carregados no colo. Se a matéria representa algum tipo de ameaça, somos mantidos à distância — em um país estrangeiro, isto é ainda mais claro. Não sei até que ponto conseguiríamos avançar na reportagem caso não estivéssemos, eu e o Arimatéa, acompanhados por Cristina, pela filha que não via o pai havia 31 anos. A história de Cristina era comovente, abria portas — com exceção do portão da casa de La Bagnata.

Para ajudar a suposta filha do amigo, Ghirardosi nos recebeu no meio da rua, não fomos convidados para entrar na sua casa. Imaginei que ele não iria querer dar entrevista: combinei com o Arimatéa que ele ficaria gravando de longe, como se fizesse imagens da cidade. Eu iria com um microfone sem fio, escondido na bolsa. Seria uma maneira de, pelo menos, registrarmos as informações que nos viesse a dar. A conversa durou cerca de vinte minutos, tempo em que ele elogiou Parra — "elegantíssimo, falava muitas línguas" — e disse que nunca soubera da existência de uma filha do doutor.

Mostramos-lhe as fotos, ele admitiu que o jovem Perera era semelhante ao amigo, mas não foi conclusivo. Ficou mais impressionado com os olhos de Cristina — muito semelhantes aos de Perera e, conseqüentemente, de Parra. Tocado com a história de Cristina, o ex-comandante dos carabinieri *acabou nos dando uma informação importante: o nome do cemitério em que Parra fora sepultado, o de São Bernardino, mais exatamente, na capela da família Ferri. O cemitério ficava ali mesmo em Bettola. Em seguida, porém, nos deu uma má notícia: o corpo fora cremado, o que inviabilizaria um eventual teste de DNA que comprovasse de forma cabal o parentesco entre Parra e Cristina. Quase um ano depois, em Pirenópolis, Nazareth me diria que Perera sempre manifestara o desejo de ser cremado. Chegara até a deixar esta decisão registrada em um cartório de São Paulo.*

A ida ao cemitério ficaria para depois do encontro com a advogada Lucia Fogliazza, indicada pelas funcionárias do cartório. A conversa não demorou muito tempo, Cristina ficou cerca de quarenta minutos com ela.

— Ela [a advogada] achou muito estranho o cartório não ter me dado a cópia da certidão, é um documento público.

— Mais um obstáculo — retruquei.

— Só obstáculos, mas a gente consegue — disse, sorrindo.

Cristina acabou contratando a advogada para que esta conseguisse uma cópia do documento. Não dava para discutir — ou ela fazia isto ou ficava sem o papel, que também era fundamental para mim. Mostrar a certidão de óbito no vídeo dava à matéria mais credibilidade do que, simplesmente, dizer que eu acabara de ver a cópia naquele livro ali. A advogada disse que no dia seguinte o documento estaria disponível. Enquanto isso, voltaríamos a Bettola para tentar achar o túmulo de Parra e, assim, promover um estranho reencontro de Cristina com seu pai há tanto tempo desaparecido.

Cemitério

O cemitério de Bettola fica no alto de uma colina, perto da entrada da cidade. Um cemitério diferente do padrão mais comum no Brasil. É ocupado em sua maior parte por gavetas que guardam cinzas de corpos cremados — a cremação é estimulada pelo governo italiano, como forma de garantir melhor aproveitamento de espaço e também por questões sanitárias. O portão principal dá acesso a uma das alas, que ocupa um terreno de cerca de 10 por 30 metros. No centro deste terreno, uma fila de gavetas corre perpendicularmente ao portão. As laterais e o fundo do terreno são ocupados por capelas que pertencem a famílias da cidade.

Para que fosse mantida a estrutura, digamos, dramatúrgica da reportagem, o ideal seria deixarmos Cristina entrar no cemitério e nos limitarmos a ir atrás dela, acompanhando sua tentativa de descobrir o túmulo do pai. Isto, em tese. Naquele momento, não deu para ter tanta frieza, eu também saí pelo cemitério procurando, entre as capelas, a que pertencia à tal família Ferri. Percorri a primeira ala, à direita da entrada, e já examinava os nomes das capelas dispostas ao fundo. Cristina vinha atrás de mim, conferindo cada nome exposto. Eu estava de costas para ela, quando a ouvi gritar:

— Achei, achei! A foto! Doutor Paulo Parra!

Cristina encontrara o túmulo do pai.

— É ele mesmo. Mesmo. Olha a cara, olha os olhos, olha a testa. Claro que ele colocou a barba para fingir que não era. Esse é meu pai, não tem outra.

A capela da família Ferri fica no encontro entre a ala da direita e a que está ao fundo. Eu acabara de passar por ali e não a notara. Uma capela revestida de granito preto, com acessos protegidos por vidros e grades com cerca de um metro de altura. Um dos túmulos ostentava a foto esmaltada de um homem com uma grossa barba, que se afunilava na altura do pescoço — quase um grande cavanhaque. O homem, meio de lado, insinuava um leve sorriso. Letras douradas o identificavam: "Dr. Paulo Parra — 6/1/1930-1/3/1996."

Cristina atentou para os olhos de Parra, muito semelhantes aos de Perera. Fixou-se no desenho da testa, da linha marcada pelos cabelos e que desce em direção à orelha direita. E anunciou:

— Eu quero entrar, eu vou entrar.

Ela então pulou a pequena grade, chegou bem perto do túmulo e pôde observar melhor a foto. Naquele momento, parecia que ela é que embarcava na minha viagem, uma viagem profissional, desprovida de laços sentimentais com o personagem. A única emoção demonstrada naquele momento por Cristina era a excitação por ter, enfim, encerrado a missão em que se engajara tantos anos antes.

— Me dá a foto — pediu.

Entreguei a ela o maço de reproduções de fotos de Perera. Ela se fixou em uma que mostra o então jovem advogado em seu escritório. Uma foto em que ele aparecia de frente, sorrindo.

— Isso aqui é dele — dizia, apontando para os olhos e para a linha que desce da testa.

Escaldada por tantos anos de incertezas, ela pára e exterioriza uma dúvida:

— Será que é ele que está aí dentro? Podem ter colocado as cinzas de outra pessoa...

Logo depois, porém, ela parece se convencer de que, enfim, reencontrara o pai. Não seria simples forjar uma morte na Itália. Ainda mais uma morte ocorrida em um hospital, não se tratava de um corpo encontrado carbonizado em um acidente.

— Você deu um grito na hora em que viu o túmulo... — provoquei, gravando uma entrevista.

— Não foi um grito, foi uma sensação de encontrei, encontrei o meu pai. Foi um encontro.

Lembrei então que ela, durante alguns anos, morara em Turim, que, geograficamente, forma uma espécie de triângulo com Milão e Bettola — as duas cidades em que Parra vivia.

— Vocês estavam muito próximos...

— Muito próximos, Turim e Milano ficam a uma hora de diferença — completou. Ela sempre se referia a Milão pelo nome italiano.

— Você nunca imaginou que poderia estar tão perto de seu pai.

— Absolutamente não, é uma sensação quase *exciting* — Cristina dizia isto rindo, um riso meio nervoso. — É um encontro. Morto ou vivo, 31 anos depois, houve o encontro.

Observei que ela não demonstrava uma emoção que se imagina comum a uma filha que encontra a sepultura do pai.

— Para dizer a verdade — respondeu —, é uma emoção, existe uma quase felicidade, e não sei por quê.

— Um alívio, talvez — argumentei.

— Não sei qual é a palavra, não é alívio. É uma emoção de reencontro, como você reencontrar uma pessoa, de alguma forma, que já tinha sido morta há tantos anos.

Em seguida, ela pareceu completar a declaração que fizera três anos antes, em Nova York, que usei para encerrar a primeira reportagem ("Não é vivo, nem morto. É um fantasma vivo e, desta forma, é morto").

— Finalmente existe uma coisa concreta, e esta coisa concreta me dá felicidade. Meu pai não é um fantasma, é uma pessoa que existiu e que morreu, então, finalmente, ele existe.

Cristina fez uma pequena pausa. Alguns breves segundos depois, retomou a fala, um texto delicado, redondo, lógico. Uma fala de alguém que, durante muitos anos, aprendera a conviver com uma ausência importante, uma ausência que lhe fizera companhia ao longo da maior parte de sua vida. Se estivéssemos em um consultório de psicanálise, aquele seria o momento em que o paciente decretaria sua própria alta, liberto enfim de seus fantasmas. A fala de Cristina emocionava não pelo óbvio, não havia lágrimas, tremor de voz. Havia a emoção de quem termina de juntar os pontos, de quem dá uma tarefa por encerrada. Naquele momento ela recuperava a dimensão humana de seu pai, o ídolo, o super-homem que construíra uma história ao mesmo tempo fascinante e perigosa, um homem que, dono de uma vida marcada por contradições — conservador e revolucionário; solidário e irresponsável; cristão e ateu; sonhador e oportunista —, protagonizara histórias que permaneceriam no limite entre a lenda e o fato.

Naquele momento, o homem abstrato se concretizava. Cristina vivenciava sua epifania.

— Ele deixa de ser um fantasma e passa a ser uma pessoa que teve uma história, que teve uma vida, que se acabou aqui. É uma felicidade ter encontrado meu pai. Eu encontrei o meu pai, não posso explicar de forma melhor. Eu encontrei a história, encontrei o final, encontrei todo o processo que aqui se acabou. Esta é a sensação do momento, existe a idéia de ele ser uma pessoa. Ele volta a ser uma pessoa, uma pessoa que partiu há trinta anos atrás e que deixa de ser um fantasma, um mistério. Foi um processo muito difícil que tive que fazer para crescer tendo apenas a imagem do meu pai.

— Isto tira um peso de trinta anos... — comentei.

— Acho que sim. Não pode ser outra pessoa: Parra é Perera! É uma felicidade, Parra é Perera, não é uma ilusão.

Depois de gravar esta entrevista, fui checar com o Arimatéa se ele registrara o tal encontro, o momento em que Cristina descobriu o túmulo do pai. Será que ele tivera tempo de ligar a câmera, de registrar a seqüência? Sim, tudo fora gravado, como o local é pequeno e silencioso, o grito deveria ter sido captado pelo microfone da câmera. Saímos do cemitério, fomos para o carro revisar a fita. Arimatéa ainda fez algumas imagens panorâmicas da cidade.

Já estávamos entrando no carro quando Cristina, que não conseguia parar de falar, comentou algo sobre o portão do cemitério. O portão que, minutos antes, se abrira para permitir que ela se reencontrasse com sua história, era então relacionado ao do presídio Tiradentes, aquele que, havia 31 anos, se fechara entre ela e seu pai. O mote era irresistível, naquele momento pensei em como poderia vir a encerrar a reportagem. Falei algo como um "peraí, vamos gravar isso". Saímos do carro, fomos até a entrada do cemitério. Não foi preciso dirigi-la: Cristina, afinal, tem experiência de palco. Ela puxou as duas partes do portão para si e começou a falar.

— A última vez que vi meu pai foi na prisão Tiradentes, em São Paulo, quando eu tinha 12 anos. A última imagem foi a seguinte: existia um portão, e o portão estava se fechando e eu deste lado e meu pai do outro lado, e o portão se fechou — ela dizia o texto enquanto movimentava o portão. — Agora, aqui, o portão se abriu no cemitério, onde eu pude encontrá-lo nova-

mente. E aí eu tenho a sensação de que ele está vivo, está vivo de novo. Aqui existe uma coisa concreta da vida de uma pessoa que existiu.
— O portão se abriu — interferi.
— O portão se abriu e eu acho incrível que ele não está morto; ele está vivo dentro da morte, e aqui termina a história, os portões se abriram.

Ao sairmos do cemitério, fomos até a casa da família Ferri, que cedera espaço na capela para as cinzas de Parra. A casa fica próxima ao cemitério, uma construção ampla, povoada por simpáticos e desconfiados velhinhos. Eram, cenário e personagens, compatíveis com os de um filme italiano: dramático como um de Visconti, burlesco como um outro de Fellini. Mais uma vez, a presença "da filha do dr. Parra" foi a senha que nos permitiu ser recebidos por aqueles cinco novos personagens que aparentavam ter entre 70 e 80 anos.

Todos muito gentis, recordaram histórias do dr. Parra, um deles chegou a dizer que o visitara durante sua internação em Milão, onde fora tratar de um câncer que começara nos testículos — "Ele sofreu muitas torturas nesta parte do corpo", frisaria Cristina, mais tarde. Uma conversa confusa. Cristina e os amigos de seu pai falavam em italiano, eu tentava algum diálogo com uma das irmãs Ferri que havia morado na Inglaterra e se expressava em inglês. Impedido de gravar imagens pelos discretos Ferri, Arimatéa resmungava nos meus ouvidos: a cena era boa demais para não registrada.

Impressionados com a semelhança entre Cristina e seu pai — as fotos eram vistas e comentadas entre eles —, os Ferri comentaram que admiravam muito o dr. Parra, tanto que cederam o espaço na capela da família. Demonstrando satisfação pela visita, chegaram a oferecer a chave da capela para que Cristina pudesse chegar mais perto do túmulo. Agradecemos, inventamos uma desculpa qualquer — ficaria meio esquisito admitir àquela tradicional família bettolense que a filha do dr. Parra tinha pulado as grades que a separavam dos restos mortais do pai.

Fomos terminar o trabalho do dia com um café no Bar Sport Gelateria, um misto de lanchonete e pequeno restaurante que fica na praça principal da cidade. Para Cristina, a viagem a Bettola estava praticamente encerrada, faltava apenas pegar a certidão de óbito de Parra no dia seguinte. Para mim, Bettola ainda poderia render mais. E se Parra tivesse freqüentado aquela mesma lanchonete em que estávamos? Não custava consultar o dono — não custava para mim nem para o Arimatéa. Mas isto representava um esforço adicional para Cristina, nossa intérprete. Ela demonstrava mais do que cansaço, um certo esgotamento físico e mesmo emocional — depois de uma busca que não parecia ter fim, ela acabara de descobrir o túmulo do pai, é razoável que quisesse apenas tomar um café e pensar na vida.

Mas, para nós, não bastava aquela vida, a vida que se apresentava em Bettola, naquele momento. Era preciso pensar na vida que seria contada dali a uma ou duas semanas. Era fundamental que o público que viesse a assistir à reportagem se convencesse de que tudo aquilo ali era verdade, acontecera. Precisávamos transmitir credibilidade à nossa história. Cristina reagiu com um ar de enfado — chegou a balbuciar algo como "outra entrevista?" — quando fui ao balcão do Bar Sport e perguntei ao dono, Angelo Tiremani, se ele reconhecia como sendo de um jovem Paulo Parra aquelas fotos de Perera.

— Eu o reconheço — responde, sem vacilar. — É ele. Teria que colocar a barba nas fotos, mas, mesmo sem a barba, se vê que é ele. Uma grande pessoa, gentil, boa.

Digo que Cristina é a menina que aparece nos braços do pai, Tiremani pergunta pela mulher da foto — Nazareth. Mais uma sonora, mais um reconhecimento e um problema à vista: conciliar os interesses da filha de Perera/ Parra com o dos jornalistas.

Certidão

No dia seguinte, voltamos ao cartório para pegar a certidão de óbito. Os trinta minutos entre o hotel e a cidade foram percorridos com mais tranqüilidade, tínhamos a certeza de que estávamos recuperando a história tão bem ocultada por Perera ao longo de sua última vida. Em pouco mais de 24 horas conseguíramos reconstituir trechos fundamentais daquele enredo cheio de vazios. Na véspera havíamos jantado bem, a primeira boa refeição desde que chegáramos à Itália. Nossa calma naquela manhã permitiu que Arimatéa pudesse fazer algumas imagens de apoio: placas que indicavam a direção de Bettola, nosso carro passando pela estrada.

A educação visual proporcionada pelo cinema e pela televisão e a conseqüente aceitação de algumas convenções de estilo e continuidade permitem que o público considere como normais e aceitáveis em uma reportagem — entendida como um registro da verdade — seqüências não reais, mas que, de forma aparentemente contraditória, dão credibilidade à matéria. Para fazer imagens do nosso carro passando pela estrada, o cinegrafista teria que ficar no acostamento. O Arimatéa, portanto, não estava dentro daquele carro que acabara de passar por ele. Na lógica da continuidade, do VT editado, o carro teria passado por aquele ponto da estrada e seguido seu caminho — o que significaria ter abandonado o cinegrafista na estrada. Claro que não foi assim: ele saltou do carro, eu, ao volante, voltei alguns metros na estrada, passei diante da câmera, e retornei para resgatá-lo.

Aquela cena daria maior peso de realidade à reportagem: o carro passando por uma estrada do interior da Itália, a idéia de um movimento, da equipe se deslocando para seu objetivo. Tudo isto era verdadeiro — *nós usamos aquele* carro, passamos por aquela estrada, consultamos aquelas placas —, só que o movimento registrado pela câmera era apenas uma representação dos momentos em que efetivamente fizéramos aquilo.

Em uma reportagem para jornal ou revista seria mais simples: bastaria escrever que, em determinado dia, na hora tal, estávamos naquela determinada estrada: as placas indicavam a direção de Bettola.

Em TV, a narrativa teria que ser sustentada por imagens. Para fazê-las precisávamos recorrer a uma técnica de gravação utilizada em narrativas ficcionais. Isto, para poder contar melhor aquela verdade. Enfim, um bom tema para uma dissertação ou tese.

De volta a Bettola, à apuração. Desta vez, entramos com a câmera ligada no cartório e registramos o momento em que Cristina recebeu o *certificato di morte* emitido pela *Comune de Bettola, provincia di Piacenza*. No documento, o oficial do estado civil certificava, com base nos registros de mortos, que "Parra Paulo" morrera em Milão no dia 1º de março de 1996. "*Belissimo*", diz Cristina.

— Agora fica mais fácil — afirma. É o primeiro documento, o resto nós vamos conseguir — conclui. Ainda naquela manhã, Cristina faria mais um gesto para marcar a conquista: foi ao livro de visitas da igreja de São Bernardino e nele deixou gravada sua visita à cidade. Assinou "Cristina Perera Parra".

Mais um café no Bar Sport Gelateria, mais uma pequena crise. Resolvo fazer uma nova rodada de reconhecimento de fotos. Cristina deixa claro que não ia sair de onde estava — fazia frio e tínhamos que voltar para Milão. A viagem dela a Bettola já terminara, a diferença de expectativas entre os integrantes da expedição ficava cada vez mais clara. Apesar dos esforços para que cada um compreendesse os motivos e as expectativas do outro, havia duas visões em jogo, eventualmente em conflito. Volta e meia se insinuava uma discordância, a possibilidade de um racha. A firmeza de Cristina — a jovem que fora para a Europa procurar o pai, a mulher que de uma hora para outra decide ir para Milão — resvala para uma discreta rispidez: "Não entendo por que você quer fazer isto. Para que mais uma entrevista?" A tenacidade dos Perera se manifestava. Eu poderia responder com uma frase clássica do futebol e, con-

seqüentemente, da vida — "Faça o seu que eu faço o meu" —, mas era preciso não inviabilizar a jornada. Procurei demonstrar que nem sempre nossas aspirações eram coincidentes, e que eu não deixaria de fazer o que julgasse necessário para a reportagem.

Uma pra lá, dois pra cá: partimos, eu e Arimatéa, para uma outra investida. Entrevistamos alguns velhos moradores da cidade nas ruas e em um outro café. Eu falava naquele tal idioma entre o português, o espanhol e o italiano, mas, mesmo assim, consegui me fazer entender. Todos notaram semelhanças entre Parra e Perera.

Naquela mesma tarde, voltamos a Milão. Depois de sofrermos no trânsito da cidade para, debaixo de chuva, conseguir achar o hotel, fomos, de táxi, para a Casa di Cura Santa Rita, onde morrera Parra. Precisávamos fazer imagens do local e tentaríamos — Cristina tentaria — acesso a alguma informação sobre aquele homem que ali fora internado seis anos antes. As imagens foram feitas da rua, sem quaisquer problemas, mas não houve jeito de saber nada sobre o tal ex-paciente. Cristina é oficialmente filha de Perera, não de Parra, o hospital não poderia liberar informações para uma pessoa que não comprovasse um parentesco com o morto.

Ainda naquela tarde fomos à via Zarotto, endereço do consultório do dr. Parra, segundo o documento que eu obtivera na internet. O consultório ficava em um velho prédio de dois andares, que fazia esquina com uma outra rua. No térreo, a livraria Il Libraccio. O perfil de Parra/Perera indicava que ele deveria ser um freqüentador de livrarias, aquela ali, ampla, com jeito de estar há muitos anos no local, poderia tê-lo tido como cliente. Era possível que ali ainda houvesse pessoas que o conheceram.

Para nossa sorte, havia: não apenas uma, mas duas pessoas. O primeiro, Antonino de Falco, um homem de cerca de 60 anos. Ele nos levou ao segundo andar do prédio, onde ficam o escritório da livraria e a sala que abrigava o consultório do dr. Parra. Ao ver as fotos, disse que Parra e Perera eram muito semelhantes, mas que não poderia dar 100% de certeza. Em seguida, porém, foi claro:

— É ele ou seu irmão gêmeo — afirmou.

Roberto Sanzoni, outro funcionário da livraria, também reconheceu Parra nas imagens de Perera.

— Pelo que me recordo, diria que sim. A fisionomia é dele, ainda que eu o tenha conhecido de barba.
— Ele era cliente da livraria? — perguntei.
— Sim, era um doutor muito importante, necessitava de livros profissionais, livros de medicina.

Animado com a nossa presença, Sanzoni decidiu telefonar para uma amiga, ex-paciente do dr. Parra. Ele passou o telefone para Cristina, que decidiu ligar para a mulher mais tarde, do hotel. Pela primeira vez na viagem, a filha de Perera demonstrava que havia informações que ela não gostaria de compartilhar comigo. Algo sobre a vida particular do dr. Parra, possivelmente mais uma conquista amorosa daquele brasileiro.

No térreo, na entrada do prédio, De Falco nos mostrou que fora conservada a placa que indicava o consultório de Parra, que ali fundara um instituto de pesquisas, o Centro Permanecente Seminario Cultural. Não havia muito mais o que fazer naquele fim de tarde. Voltamos para o hotel. Cristina faria um novo contato com aquela misteriosa mulher e, a meu pedido, tentaria convencê-la a nos dar uma entrevista. Enquanto isso, eu ligaria para Del Roio — não poderia sair de Milão sem conhecê-lo pessoalmente.

No hotel, mais um capítulo das diferenças que marcavam a viagem dos jornalistas da viagem da filha do personagem principal da matéria. Combinei com Cristina que ela teria uma conversa rápida com a tal mulher, os detalhes de seu relacionamento com Paulo Parra deveriam ser guardados para a entrevista. Cristina, porém, não é funcionária da TV Globo, não estava sequer fazendo um free-lancer *para o Fantástico. Após meia hora de espera, comecei a ligar para o quarto dela: o telefone estava ocupado. Vinte minutos depois, nova tentativa e o mesmo resultado, o telefone continuava ocupado. Fiz isto sucessivamente ao longo da hora seguinte, cheguei a deixar um bilhete debaixo de sua porta — e nada. Anoitecia, tínhamos pouquíssimo tempo. A indefinição sobre a tal entrevista me impedia também de marcar uma conversa com Del Roio.*

Cerca de duas horas depois de nossa chegada ao hotel, consegui falar com Cristina: seu relato foi conciso, pouco detalhado. Pelo que entendi, a tal mulher teve, sim, um relacionamento com o dr. Parra que ultrapassou o campo profissional. As duas horas de conversa por telefone foram dedicadas ao cotejo de detalhes sobre Perera/Parra. A filha de Perera e a suposta ex-amante de Parra ficaram trocando confidências e informações sobre o mesmo homem, melhor, sobre homens diferentes, de nomes e idades distintos, mas que conservavam as mesmas características. Inclusive a capacidade de encantar mulheres tão diferentes como aquelas. Mulheres que tinham sido abandonadas por um homem que continuava a fasciná-las.

A tal mulher não me daria entrevista. Alegou distância (morava nas cercanias de Milão) e chuva. Cristina me explicou que ela era casada, não teria como deixar o marido com as crianças para dar uma entrevista sobre um amor do passado. Essa história da vida de Parra ficaria de fora da reportagem, esta viagem pertenceria apenas àquelas mulheres. Desta vez, o gol seria apenas de minha companheira de expedição.

Na manhã seguinte, Cristina voltou para a Alemanha e eu e Arimatéa nos encontramos, enfim, com Del Roio. Em uma entrevista gravada no interior da galeria Victorio Emanuelle, ele confirmou suas declarações anteriores. Viu novamente as fotos de Perera e mais uma vez o reconheceu: "Diria que não há dúvida." Del Roio recordou contatos com Parra, a discrição que envolvia as relações entre exilados naquele período anterior à anistia e reafirmou que o médico simpatizante do Partido Comunista Italiano, não falava, ao contrário dos demais brasileiros, em retornar ao seu país.

— É curioso. Quando houve a anistia, houve aquela revoada, todo mundo se falava, se telefonava. Mas ele, pelo menos comigo, não manifestou nenhum desejo de voltar.

Estávamos na quinta-feira, dali a poucas horas retornaríamos para o Brasil. Não tinha dúvidas de que a matéria estava praticamente apurada. Mas talvez ainda fosse possível eliminar algumas dúvidas, cercar possibilidades. Ainda teria o que gravar ao chegar ao Rio.

Peritos

— Tem matéria? — *a resposta para outra pergunta clássica do jornalismo estava pronta.*

— Tem, claro. Uma bela matéria.

Eu tinha a matéria, mas não custava nada conferir mais alguns detalhes, checar informações, buscar novas evidências de que Perera e Parra eram a mesma pessoa. Era um caso que já tinha ido parar na Justiça, a reportagem poderia até vir a ser considerada como elemento de processo, era preciso ter um cuidado adicional. Atirei para dois lados: fui buscar, na Polícia Federal, informações sobre Perera e Parra. Será que eles tinham passaportes? Tinha ouvido e lido, ao longo da apuração, que Perera voltara uma ou mais vezes ao Brasil. Será que isto ocorrera? Se ocorreu, ele viera de forma clandestina ou passou pelos controles normais? Liguei para um conhecido na PF, expus a história e pedi as informações. Ele ficou de fazer uma busca no SNPB, Sistema Nacional de Passaportes Brasileiros.

Resolvi também submeter o caso a alguns peritos. As fotos do personagem, seja como Perera, seja como Parra, e a sua letra poderiam confirmar ou afastar a hipótese de que eu estava no caminho correto. Estava me expondo a mais um risco. Bastaria uma dúvida, um questionamento e todo o meu trabalho na Itália se perderia. Ainda no avião me lembrei de Isnard Martins, um especialista em programas de computador e professor da Pontifícia Universidade Católica do Rio que eu conhecera no mês anterior. Diretor de Ciência e Tecnologia da Secretaria de Segurança do Rio, Martins *desenvolvera um* software *que permitia que retratos falados passassem a ser feitos por computador. Formatos de rostos, de olhos, de bocas, de sobrancelhas, de orelhas, das principais características fisionômicas de uma pessoa, podiam ser combinados para que se chegasse a um retrato de um acusado.*

Minha idéia era simples: levar uma foto antiga de Perera e pedir que Martins envelhecesse o personagem. Como ficaria o rosto deste sujeito 25 ou 30 anos depois? Não mostraria nenhuma foto de Parra, diria apenas que, ao envelhecer, o personagem da foto engordara e passara a usar uma barba que cobria boa parte de seu rosto. Além de Martins, recorreria a outros dois peritos: Mauro Ricart, ex-diretor do Instituto de Criminalística da polícia do Rio, e o médico-legista Nelson Massini, professor da Universidade Estadual do Rio de Janeiro e que atuara na identificação das ossadas das vítimas da guerrilha do Araguaia. Foi também um dos responsáveis pela reconstituição facial da ossada do criminoso nazista Josef Mengele.

Em seu apartamento na Lagoa, na zona sul do Rio, Martins digitaliza fotos de Perera. Arimatéa registra seus movimentos. O escritório é colocado na penumbra, o rosto do perito passa a ser iluminado quase que apenas pela luz que saía do computador. Havia a necessidade técnica de conferir à cena a ambientação necessária para transmitir ao espectador a sensação de que ali acontecia o que realmente acontecia — a tentativa de se desvendar um mistério. A velha história que se conta sobre os atributos da mulher de César: não basta ser honesta, tem que parecer honesta. Na TV também é assim. Era preciso *trazer* o espectador para dentro daquele mistério, fazê-lo compartilhar aquela tensão, tensão que existia naquele escritório. Os espectadores, porém, não estavam ali, não tinham vivido aquela angústia, assistiriam (se viessem a assistir, tudo aquilo poderia dar errado) a uma versão curta e editada daquela história.

Perera começa a ficar mais velho na tela do computador; além de peso e da barba, ganha rugas, marcas no entorno dos olhos, as olheiras tornam-se mais pronunciadas. Martins atua como um cirurgião plástico às avessas: interessa aqui é envelhecer o paciente. Apesar do computador, o trabalho é artesanal, uma ruga aqui, uma marca mais abaixo. Cerca de duas horas depois, o resultado é impressionante: uma imagem bem aproximada da de Paulo Parra ocupava na tela o lugar que antes pertencia a Antonio Expedito Carvalho Perera. Mostro então as fotos de Parra:

— Dá para dizer que este homem é este aqui? — pergunto, apontando para a foto de Parra e para o rosto de Perera envelhecido.

— Dá — responde. — Nós temos as características básicas reproduzidas anos à frente. Este aqui — aponta para a imagem envelhecida — conserva os traços básicos fisionômicos, como a expressão do olhar, linhas faciais, cabelo, relação entre testa e demais elementos do rosto.

Martins diz que as linhas fisionômicas são muito semelhantes, "temos uma quantidade de características de identidade entre um e outro bastante alta".

— Seria possível capturar este homem com base neste retrato envelhecido — conclui.

Eu estava conseguindo capturar, pelo menos, a história de Perera.

A segunda etapa de reconhecimento técnico ocorre no escritório de Mauro Ricart, no edifício São Borja, na Cinelândia, centro do Rio. Levo para ele cópias da carta escrita por Perera para Cristina e das assinaturas de Parra encontradas na internet, na página sobre os benefícios da magnetologia. O material não era ideal para exame, o perito não teria originais para comparar. Além disso, iria contrapor um texto de Perera a assinaturas de Parra. Assinaturas tendem a ser mais estilizadas, não correspondem, muitas vezes, ao padrão de letra cursiva utilizado por uma pessoa. Mesmo assim ele me garante que seria possível verificar a incidência de traços comuns. Ao contrário do que nós, os leigos, imaginamos, o formato da letra nem sempre é o melhor caminho a ser seguido pelo perito. Alguém que queira esconder sua identidade pode tentar mudar sua letra, mas não consegue — garante Ricart — ocultar características básicas da escrita.

— Grafia é movimento psicomotor, você é traído pelo seu inconsciente, sem querer você deixa traço numa escrita que você quer mascarar — adverte o perito, com a certeza de quem discorre sobre a importância do ato falho em uma sessão de psicanálise. A escrita, dizia o perito com outras palavras, é cheia de atos falhos, não adiantar tentar modificá-la para ocultar a autoria de um texto.

Eu notara semelhanças entre o "P" de Parra e o "P" de São Paulo, cidade em que ele, no dia 10 de janeiro de 1971, escrevera a carta para Cristina. Em ambos os documentos, a letra tem o mesmo formato, a parte superior do "P" ovalada, incisiva. Ricart concorda com a observação, mas, lente de aumento em punho, vai encontrando outros e mais relevantes rastros deixados por Perera na assinatura de Parra. Ele esmiúça os documentos, percebendo coincidências onde eu só via riscos sem nexo. No fim de várias palavras escritas na carta, o perito encontra um cruzamento de linhas, elas formam uma pequena cruz, como um "t". A tal cruz também aparece entre o "P" e o primeiro "a" de Parra.

Outro cruzamento de linhas ocorre na parte inferior de uma das assinaturas de Parra e no encontro do último traço horizontal do "E" com o "p" de Expedito. Neste mesmo "E", surge o que Ricart chama de "arpão", o arremate de uma letra com uma pequena volta, em formato de arpão de pesca. O mesmo arpão que surge na assinatura de Parra.

— As chances são muito grandes de Perera e Parra serem a mesma pessoa — afirma, para meu alívio.

O perito diz que o material não é suficientemente farto para que se dê um laudo conclusivo. Pergunto então se ele poderia quantificar a possibilidade de aqueles documentos terem sido escritos pela mesma pessoa.

— Em uma escala de um a dez, daria oito para que os documentos tenham saído do mesmo punho. Afirmar categoricamente eu não ousaria afirmar, mas dizer que leva grande jeito... Tudo indica que seja a mesma pessoa, o mesmo punho.

O jogo continuava a meu favor. Faltava o último perito da lista. Antes do encontro com Ricart, eu deixara fotos de Perera e Parra com Massini. Ele sugeriu que a análise do material fosse feita na TV Globo, certamente lá haveria computadores mais adequados. Fui até a editoria de Arte e pedi permissão para gravar a entrevista com o legista. Um dos integrantes da editoria ficaria ao nosso lado, manipulando as imagens que pudessem permitir a identificação do personagem.

O canto da editoria é colocado na mesma penumbra que emoldurou as entrevistas com Martins e Ricart. Em primeiro plano, Massini com o olhar fixo na tela do computador. As imagens de Perera e Parra são colocadas do mesmo tamanho, para que traços fisionômicos possam ser comparados e medidos. Antes mesmo de qualquer medição, o olhar do especialista me surpreende. A primeira evidência de que Perera e Parra eram a mesma pessoa surge quando ele compara as posturas que ambos adotavam em suas fotos. Massini atenta para a foto do jornal italiano fornecida por Maurício Körber. Nela há cinco pessoas — quatro se posicionaram para ficar de frente para a câmera. Parra, porém, adota uma posição meio de perfil, não olha para a câmera, faz quase um ângulo de 45 graus em relação à lente. O legista nota que Perera também gostava de ficar meio de perfil em algumas de suas fotos. Mais: observa que a pose adotada por Parra é praticamente igual à que Perera assumira na foto ao lado do canhão, a que ele mandara para a família de Paris, em 1973. Nesta, o olhar está um pouco mais voltado para o fotógrafo, mas a postura do corpo é praticamente igual. Em ambas as imagens, o braço direito está distendido ao longo do corpo, "a flexão da mão se mantém idêntica", observa. Nas duas fotos, os dedos das mãos de Perera e de Parra estão semiflexionados.

— Ele busca uma lateralidade — afirma. E comenta a foto do jornal. — Os demais componentes da foto se posicionam de maneira normal, de maneira frontal à máquina, ele se posiciona lateralmente. Ele mantém uma posição que considera mais fotogênica, é coisa da personalidade dele.

Massini passa então a sobrepor uma foto de Perera sobre a foto que está no túmulo de Parra. Apesar de uma pequena diferença do ângulo das imagens, as coincidências continuam a ocorrer.

— A sobrancelha, se nota a absoluta coincidência entre o contorno desta sobrancelha com esta. Esta é de Parra, esta é de Perera — afirma, apontando para a tela do computador.

Ele observa também o contorno do cabelo — a mesma característica observada por Cristina, ainda no cemitério.

— A implantação do cabelo mantém este contorno.

O legista emite seu laudo para a câmera:

— Eu não tenho dúvida de que este Perera é o mesmo que se deixou fotografar como Paulo Parra.

— O Perera é o Parra — insisto.

— O Perera é efetivamente o Parra.

A reportagem passara no teste dos peritos: 3 x 0.

Naquela mesma semana, recebo da Polícia Federal uma informação que, de início, se revela preocupante: Paulo Parra tinha um passaporte regular, emitido pelo consulado brasileiro de Milão no dia 5 de outubro de 1988, de número CC 535024. Se ele tinha um passaporte regular, era razoável supor que Paulo Parra era mesmo Paulo Parra e não Antonio Expedito Carvalho Perera. Tudo, toda a apuração anterior, parecia não valer de nada — e isto, a poucos dias de a reportagem ir ao ar. Reportagem, que reportagem? Pelo jeito, não haveria reportagem nenhuma. Mas, àquela altura, eu já me tornara especialista em desfazer as armadilhas plantadas pelo meu personagem — becos aparentemente sem saída, pistas falsas e poços de areia movediça. Como se agarrasse um galho salvador no momento em que submergia por completo no lamaçal, pedi mais informações ao policial que tinha em mãos uma cópia do formulário preenchido por Parra em Milão, o que deu origem ao passaporte.

A filiação conferia com a verificada nos registros de Bettola: pai, Vinícius Parra; mãe Carmem Blanco. Os dados sobre data e local de nascimento também são os mesmos. A primeira curiosidade é em relação ao nome do personagem: "Paulo Antônio Blanco Parra". Pela primeira vez, há nomes entre o Paulo e o Parra, o "Antônio" e o "Blanco" não constavam sequer da certidão de óbito. O "Blanco" viria da mãe. E o "Antônio"? De Antonio Expedito? Insisto com a minha fonte: o que mais existe neste formulário? Como documento de identidade, Parra apresentara ao consulado uma certidão de nascimento emitida no dia 17 de dezembro de 1967 na comarca de Volta Redonda, no Rio de Janeiro. Certidão de número parcialmente ilegível, registrada no livro 119-8. Era curioso que alguém nascido em 1930 no Rio Grande do Sul tivesse uma certidão de nascimento emitida, 37 anos depois, em Volta Redonda, a cerca de dois mil quilômetros de São Borja. Mas havia uma última e relevante informação. No campo "observações" do formulário foi datilografado o seguinte:

> Substitui o passaporte comum nº CB 263623, expedido pela SR/DPF/RJ aos 08/10/82, válido até 07/10/88 (...), devidamente cancelado e devolvido ao titular para fins de comprovação de permanência no exterior.

A observação me fornecia duas alternativas excludentes: 1. Parra existia mesmo e estivera em 1982 no Rio de Janeiro (a conjugação de siglas SR/DPF/RJ revelava que o primeiro passaporte fora emitido pela Superintendência Regional do Departamento de Polícia Federal no Rio); 2. havia algo errado neste documento. Pedi então ao policial para checar o passaporte CB 263623, o que foi substituído pelo de Milão. A resposta veio pouco depois: o documento fora emitido no Rio, em 1982, só que não no dia 8 de outubro, mas no dia 11 do mesmo mês. Mais: o passaporte não pertencia a Paulo Antônio Blanco Parra, mas a um outro advogado gaúcho, Luiz Fernando Gonçalves, nascido em 1950. Lembrei-me das declarações de Danda Prado sobre a facilidade com que Perera conseguia documentos falsos. O exame dos formulários que deram origem aos passaportes só permitia uma conclusão: o passaporte de Milão fora conseguido com base em um documento adulterado, emitido originalmente em nome de outra pessoa. Em outubro de 1988, o homem que usava o nome de Paulo Parra esquentou um passaporte frio. Entrou no consulado com um documento fraudado e saiu dali com um passaporte legítimo, quente. Concluía ali mais uma etapa do processo de construção de seu personagem.

Localizei no Rio o dono do passaporte original. Luiz Fernando Gonçalves confirmou que tivera um passaporte, que desaparecera de seu escritório, na rua Senador Dantas, 117/622, no centro da cidade. Ele disse que morava e trabalhava na sala e que o local era muito confuso. Gonçalves declarou que não se importara com o sumiço do documento — pedira o passaporte em 1982 porque havia uma perspectiva de viajar para o exterior, o que acabou não acontecendo.

Os formulários dos passaportes de Parra e Gonçalves me foram enviados por fax. Tudo se confirmava: a ficha do passaporte de Milão trazia uma foto de Parra — aquele mesmo rosto protegido por uma barba densa. A assinatura era a mesma que eu encontrara no documento sobre magnetologia, estão lá as pequenas cruzes e os arpões. O formulário do passaporte emitido no Rio apresentava a foto de Gonçalves, um homem mais jovem, sem barba, em nada semelhante a Parra ou Perera.

Para que não houvesse nenhuma dúvida sobre a fraude, recorri aos cartórios das regiões de Volta Redonda e de São Borja. Nos da cidade fluminense, busquei o registro da tal certidão apresentada em Milão. Nada foi encontrado, o livro 119-8 nem sequer existe. Também por telefone falei com os responsáveis pelos três cartórios da região de São Borja, em nenhum deles foi feito o registro de Paulo Parra. Entre os documentos brasileiros, a certidão de nascimento é talvez o mais fácil de ser falsificado.

Ao verificar os dados do passaporte de Paulo Parra, pedi também uma checagem na documentação de Amanda Castello. Há apenas um registro de passaporte em seu nome, fornecido, pelo Ministério das Relações Exteriores — possivelmente pelo mesmo consulado de Milão —, no dia 11 de outubro de 1988, seis dias depois da emissão do documento de Parra. A existência de apenas um passaporte revela duas possibilidades. 1. Amanda tem dupla nacionalidade, saiu do Brasil com um passaporte emitido por outro país; 2. seu passaporte, a exemplo do de seu suposto marido, foi feito com base em um documento falso. Neste caso, haveria até mesmo a possibilidade de Amanda Castello não ser seu nome verdadeiro. No passaporte de Amanda, ao contrário do que fora registrado na ficha de residência em Bettola, ela tem o sobrenome do marido, Parra. O casamento entre eles só ocorreria, de acordo com Maurício, em 1991. Mas Amanda e Paulo parecem mesmo terem sido criados um para o outro. Na ficha de seu passaporte — de número CC 535026 —, ela declara ser filha de Firmino Castello e de Neuza Passos. Seus pais têm os mesmos prenomes dos pais de Perera.

A apuração da fraude na emissão do passaporte de Parra acabaria não sen-

do utilizada na edição da reportagem — concluí que isto demandaria muito tempo da matéria e poderia tornar a história confusa. O mais importante é que a descoberta do mecanismo me fornecera mais evidências de que eu estava no caminho certo, tudo indicava que Perera e Parra eram a mesma pessoa. Eu estava certo disto, a matéria poderia ir ao ar.

Amanda

A partir de abril de 2003, voltei a insistir com a Polícia Federal. Queria mais detalhes do passaporte de Amanda, precisava analisar o formulário que ela preenchera, possivelmente, no mesmo consulado de Milão. Seria importante conferir se o documento também tinha sido obtido por meio de fraude. Desta vez, a apuração foi um pouco mais trabalhosa. No dia 6 de maio, a pedido da PF, mandei um fax para Brasília, para explicar o porquê do meu pedido. A resposta só chegou no início de julho.

Levei um susto — mais um — ao abrir o envelope enviado pela PF. O passaporte emitido em nome de Amanda Castello Parra fora obtido com base no mesmo estratagema utilizado no caso de Paulo Parra. De acordo com os dados que constam no formulário, Amanda é advogada e nasceu no dia 10 de outubro de 1945 em Herval do Sul, no Rio Grande do Sul. Sua certidão de nascimento, a exemplo da de seu marido, também havia sido emitida em 1967 em Volta Redonda — os pais de Paulo e Amanda cultivavam uma estranha aversão aos cartórios gaúchos.

Como no passaporte do dr. Parra, a principal revelação estava no campo "observações":

Substitui o passaporte comum CB 263614, expedido pelo SR/DPF/RJ, aos 08/10/82, perempto em 07/10/88.

E a quem pertenceria o passaporte CB 263614, que foi renovado por Amanda? O documento fora emitido em 1982, no Rio de Janeiro, em nome de Regina Vieira do Rego, nascida no dia 30 de junho de 1954 em União, no Piauí. A exemplo do que fizera Paulo Parra, Amanda, ao renovar o passaporte, conseguia, no consulado milanês, esquentar um documento frio. Ao contrário do anterior, o passaporte novo — o CC 535026-3 — era perfeito, tanto que pôde ser por ela utilizado em uma viagem ao Brasil, entre os dias 25 de novembro e 5 de dezembro de 1990.

Nova surpresa: o endereço residencial de Regina Vieira do Rego era o mesmo que constava no formulário preenchido por Luiz Fernando Gonçalves. Voltei a ligar para Gonçalves. Ele me disse que Regina era sua mulher e que já havia morrido. Contou a mesma versão para a história: desta vez, acrescentou um detalhe: o passaporte de sua mulher também sumira do escritório em que moravam. Ele negou que conhecesse Parra ou Perera e afirmou que a tal viagem que iria fazer para o exterior, a que justificara a emissão dos passaportes, seria para o Canadá, uma iniciativa de amigos que acabou não se realizando.

Diante desta nova descoberta, resolvi, no dia 7 de julho, telefonar para a mulher que dizia chamar-se Amanda Castello — não tinha a menor garantia que este fosse seu verdadeiro nome, nem mesmo que ela tivesse nascido no Brasil. Supus que, agora, ela teria interesse em falar comigo. De qualquer forma, não seria razoável publicar a história do passaporte sem dar a ela a chance de contar sua versão.

— O senhor está completamente equivocado, não sei qual é a intenção do senhor, o que está fazendo, o que quer com isso. Eu não tenho nada que ver com esta história, não sei se isto é uma novela. Estou muito chateada com toda esta história e, realmente, acho que chega.

De sua casa em Bettola, Amanda demonstrava estar surpresa e irritada com minha ligação. Em poucas palavras eu lhe explicara que estava concluindo um livro sobre Perera/Parra e que acabara de apurar a história de seu passaporte. Sua voz denunciava um sotaque de origem indefinível, tanto podia ser fruto da vida há muitos anos na Itália quanto refletir uma infância passada em um país de língua espanhola. Mas seu português era praticamente correto, ela quase não se utilizava de palavras emprestadas de outros idiomas para expressar sua indignação. Amanda enfatizava que não recebera bem a visita que havíamos feito a La Bagnata no ano anterior:

— Não entendo que o senhor está fazendo, porque o senhor está mexendo nisto, porque está mexendo na vida das pessoas, eu acho que esta história, minha história pessoal, já é muito triste. Assim, já faz mais de um ano que o senhor está mexendo nesta história, eu pensava que esta história já *terminava*.

Em nenhum momento ela procurou responder aos fatos que eu lhe apresentava: o passaporte fraudado, o fato de seus pais terem os mesmos nomes dos de Perera.

— É muito desagradável, fiquei muito chateada, não entendo este tipo de sentimento, este tipo de emoção, por que está entrando na vida das pessoas, tentando destruir, não sei, a vida, os princípios, o trabalho de uma vida...

Insisti em citar o nome de Perera, o homem que se transformara em Paulo Parra.

— Isto é o que o senhor diz ser.

Falei que não tinha interesse em destruir a vida de ninguém, mas em apurar e contar episódios que faziam parte da história recente do Brasil.

— Não estou entendendo, acho que o senhor está... Não entendo.

— A senhora sabe da história do seu passaporte, obviamente.

— Não, não sei. Não sei nada disso, absolutamente.

Expliquei que só me interessara em detalhar questões relacionadas à sua vida porque pessoas que poderiam a ajudar a esclarecer o caso Perera/Parra vinham se recusando a contar o que sabiam. Eu me via obrigado a me aprofundar no assunto para evitar cometer erros. Não tinha interesse específico na vida dela — me interessara pela história do seu passaporte apenas para confirmar suspeitas de que toda a vida de Parra fora montada sobre bases falsas. Amanda, porém, evitava qualquer discussão mais objetiva.

Ao fim de quase 15 minutos, Amanda abriu uma possibilidade de entendimento. Disse que iria sair de férias, que voltaria dali a cerca de 40 dias.

— Não estou realizando bem tudo o que está acontecendo agora, mas, se por acaso um dia o senhor aparecer na Europa, pode me ligar. Para ver se então a gente pode se encontrar e tentar esclarecer algumas coisas que não estou entendendo.

Logo depois de nossa conversa, enviei para ela um fax e um e-mail com um resumo de minhas descobertas e dúvidas. Na mensagem, expliquei que gostaria de lhe fazer algumas perguntas sobre a vida de Parra. Deixei claro que ela poderia dar as respostas por escrito, caso assim se sentisse mais segura. Insisti que meu objetivo não era o de tumultuar ou de atrapalhar sua vida. Telefonara para informá-la do que havia descoberto, atitude que me parecia ser a mais honesta. Quatro dias depois recebi uma resposta, um e-mail enviado por um amigo de Amanda, o advogado italiano Edoardo Ricci.

A doutora Castello mandou-me responder ao seu e-mail de 7.7.2003.

O que o senhor diz em seu e-mail é surpreendente quer para a senhora Amanda Castello quer para mim (que fui amigo de Paulo Parra durante sua vida na Itália). Não podemos compreender nada.
Contudo, caso o senhor deseje notícias sobre a vida de Paulo Parra na Itália, como amigo desse último posso dar todas as informações que tenho. Meu amigo foi generoso filantropo e não há razão para esconder sua obra.
Pode ser que, depois de o senhor ter falado comigo, a senhora Amanda aceite encontrá-lo.
Durante o mês de agosto (que na Itália é feriado) não estarei no escritório. Além disso, a senhora Amanda já partiu e somente em setembro poderei falar novamente com ela. Portanto, se a coisa for de seu interesse, podaremos nos encontrar em setembro.

A exemplo do que fizera com Cristina — com quem ela conversara ainda em 2002, depois de nossa viagem —, Amanda procurou transferir a tarefa de explicar seu passado e o de Parra para um amigo. Respondi ao e-mail de Ricci, agradeci a atenção, mas expliquei que seria difícil ir à Itália — nós poderíamos conversar por telefone ou por escrito. Não dispunha de muito tempo: ressaltei que o livro estava sendo concluído e que seria lançado ainda em 2003. Uma semana depois, recebi novo e-mail de Ricci:

Não sei o que dizer, se o senhor acha difícil viajar para a Itália. Espero que nada prejudique a recordação de meu amigo Paulo Parra e atrapalhe a vida da dra. Amanda, que merece apenas ser ajudada e louvada para o que ela fez e está fazendo em meu país.

Para mim ficou claro que Amanda decidira permanecer em silêncio. Eu lhe expusera o que tinha apurado, caberia a ela manifestar-se. Até o fim de setembro eu não recebera qualquer outra mensagem dela ou de Ricci.

Dossiê

Ao escrever o texto da segunda reportagem para o Fantástico, optei pela linha que imaginara ao combinar a ida de Cristina a Milão. Ao contrário da primeira matéria, que teve um tom mais político — a comprovação do envolvimento de um brasileiro com o terrorista "Carlos" —, esta segunda teria um outro caráter. O importante seria contar o destino daquele personagem: para isto, utilizaria sua filha como o fio que conduziria a história. A partir da noite de sexta-feira, 10 de maio de 2002, as emissoras da Rede Globo passaram a veicular chamadas para a reportagem sobre a bailarina que fora em busca do pai, um ex-preso político.

Fechei o texto da reportagem naquela mesma sexta-feira e o submeti à direção do programa; combinara com o editor de imagens Celso Gomes que iríamos para a ilha de edição no dia seguinte. No início da noite de sábado, ao chegar à redação, encontrei um recado deixado pelo produtor Celso Lobo: um pedido para que eu ligasse para uma amiga de Maria das Graças Perera, "da OAB", Ordem dos Advogados do Brasil. Na apuração desta segunda reportagem, eu decidira não procurar os parentes do meu personagem. Desta vez, a apuração independia da família Perera. Mesmo assim, não poderia ignorar o recado, não tinha nada a esconder.

Liguei para a tal amiga, que me fez um pedido: queria que eu telefonasse para "o advogado da dra. Maria das Graças", então diretora da seccional da OAB de São Paulo. Respondi que eu poderia falar com a dra. Maria das Graças, mas que uma conversa com seu advogado teria que ser feita pelo departamento jurídico da Globo, não por mim. Minutos depois, Graça me ligou: se disse preocupada com o teor da reportagem. Expliquei que a matéria seria mais leve, menos política. E lhe adiantei a informação de que Paulo Parra — seu irmão Perera — estava morto. Ela afirmou não acreditar que Parra e Perera fossem a mesma pessoa, mas que, mesmo assim, agradecia a informação. Perguntei então por seu pai e disse que talvez fosse prudente avisá-lo do teor da reportagem. Afinal, a morte de seu filho seria anunciada — eu ignorava até que ponto a família sabia de toda aquela história. A conversa terminou em um tom amistoso.[155]

Na segunda-feira seguinte, recebi uma ligação de Maria das Graças. Ela telefonava para agradecer a reportagem, a maneira pela qual o caso fora abordado. E, pela primeira vez, admitia que o irmão poderia estar morto. Disse também que pretendia ir à Itália conversar com Amanda Castello.

Apesar da confirmação da morte de Parra, o caso Perera continuava. Em junho de 2002, Cristina veio ao Brasil e, com a ajuda de um advogado, requisitou a ficha do pai na Abin. Na conversa com um funcionário da agência, este lhe repassou algumas informações oralmente. Para a surpresa dela, o funcionário citou meu nome. Ela perguntou a razão do nome do jornalista constar dos arquivos. A resposta revelaria que hábitos da antiga comunidade de informações não tinham sido abandonados pelo governo democrático. Três anos antes, em 1999, eu recorrera ao Gabinete Militar da Presidência da República em busca de informações sobre Perera — a tentativa fora infrutífera, fui informado de que nada havia sobre o ex-preso. A informação, como Cristina constatava, era falsa. Pior: na dúvida sobre as reais intenções do jornalista, achou-se por bem incluir seu nome no dossiê Perera.

Dois meses depois, ela receberia o documento, uma certidão com informações sobre o ex-banido. O governo alega que cópias dos documentos originais não são fornecidas para evitar quebra de sigilo sobre terceiros. O dossiê confirma que a comunidade de informações sabia, havia muitos anos, que Parra e Perera eram a mesma pessoa. A certidão chega a identificar como sendo Parra o terrorista conhecido por "Acheme" — um dos codinomes usados por Perera. Na época, 1974, Perera continuava vivo e atuante. Parra nem sequer havia nascido. O reconhecimento, por uma agência do governo, de que Parra e Perera eram a mesma pessoa reacendeu as esperanças de Cristina de enfim conseguir na Justiça a declaração de morte de seu pai.

---

[155] O texto da segunda reportagem também está publicado no anexo deste livro.

> Em 1974, um indivíduo de codinome "Acheme" (identificado posteriormente como sendo Paulo Parra) "era em Paris, uma das peças importantes da rede terrorista na Europa (...)".
>
> No período de set/74 a set/75, cursou a "Escola de Quadros" do Partido Comunista da União Soviética (PCUS), em Moscou/URSS.

A certidão é uma mistura de informações precisas com outras duvidosas. Algumas notas parecem não ter nenhum vínculo com a realidade, como a de que Perera tenha sido "mentor" da ALN no Peru. O trabalho dos agentes acrescentava, porém, novas indagações relacionadas à vida de Perera e, mesmo, ao ambiente no qual ele transitara. Havia perguntas que mereceriam uma resposta mais conclusiva, histórias que precisariam ser contadas com mais detalhes, o que reforçou a idéia de continuar a pesquisa, desta vez voltada para um livro. Como explicado na introdução que abre este volume, foi preciso refazer entrevistas e buscar novos depoimentos. A apuração que permitiria traçar perfis de duas das vidas de Perera — a fase gaúcha e a posterior, que terminaria na França — iluminaria também a vida de Paulo Parra, o último de seus personagens. Perera não permitiria que sua última criação tivesse uma vida tranqüila e medíocre. Um traço comum às suas vidas é o apego ao reconhecimento. Fora um líder da direita católica; de simples colaborador de um grupo de esquerda, tornara-se um terrorista internacional. O dr. Parra também estava destinado a ter um futuro brilhante.

Novos rumos

Uma importante seqüência de estudos, conferências e mostras sobre o Brasil, em defesa de sua efetiva democratização, está acontecendo em Roma, desde o último 3 de março, promovida pela Associação Internacional Contra a Tortura (AICT), entidade sediada em Milão. A iniciativa da AICT — que desde 1977 luta pela erradicação da tortura e do terrorismo de Estado dos regimes latino-americanos de extração militar — conta com o apoio de vários organismos e entidades, a começar da prefeitura de Roma até a Federação Sindical CGL-CISL-UIL e os partidos do arco constitucional, entre os quais, evidentemente, o PCI.

Publicada na edição 49 — de 20 a 26 de março de 1981 — do semanário *Voz da Unidade*, a reportagem assinada por Luiz Sérgio N. Henriques apresentava aos leitores do órgão oficioso do então ainda clandestino PCB uma visão geral daqueles eventos ocorridos na Itália. Um seminário político que contou com presenças de representantes de diferentes setores da esquerda brasileira, entre eles o advogado e deputado Modesto da Silveira, ligado ao PCB, e o então sindicalista Olívio Dutra, um dos fundadores do PT. Houve também espetáculos que reuniram do cantor Agnaldo Timóteo à atriz Ruth Escobar.

A reportagem também apresentava aos leitores um personagem já então bastante conhecido dos comunistas brasileiros que passaram pela Itália nos últimos anos da década de 1970: Paulo Parra. Suas declarações sobre o encontro e a respeito da situação política brasileira ocupam três dos seis parágrafos da reportagem. Parra, o presidente da AICT, é incisivo ao criticar os rumos da abertura democrática então conduzida pelo governo do general João Baptista Figueiredo.

Depois de ressaltar que o trabalho da AICT "busca romper a barreira de desinformação que os meios de comunicação lançam a propósito do Brasil", Parra acrescenta:

> — (...) a abertura democrática — entre aspas — foi uma ilusão muito bem vendida: de positivo, houve somente o retorno dos exilados; de negativo, deu-se um retrocesso no comportamento das oposições e uma dificuldade na mobilização de massas. Os últimos fatos o demonstram: a condenação dos sindicalistas, a detenção do prêmio Nobel, para não falar no caso de Inês Etienne.[156]

No fim de sua declaração, Parra defendeu a legalização do PCB como o "resultado de uma conquista do movimento popular e conseqüência imediata da derrota da Lei de Segurança Nacional.[157]

O que a reportagem não conta é que, naquele início da década de 1980, Parra era o representante do PCB na Itália. O homem que amaldiçoara o comunismo na juventude era um quadro do partido que representava a tradição mais ortodoxa do socialismo, ainda que já temperada pelos hálitos democratizantes e, segundo os mais críticos, reformistas, de seu modelo italiano, o PCI.

— Depois da anistia, quando nós voltamos para o Brasil, ele ficou responsável pela organização partidária em Milão —, revela Givaldo Siqueira, ex-dirigente do PCB.

Siqueira elogiou a competência profissional de Parra. Disse que ele ajudou a curar um hábito desagradável de seu filho, então com cinco ou seis anos: o de trazer pedrinhas para dentro de casa. Pedras que eram sempre jogadas fora pelos pais e posteriormente substituídas pelo menino. Parra, conta

---

[156]Refere-se provavelmente à denúncia da ex-presa política Inês Etienne Romeu sobre uma casa de Petrópolis, no Rio de Janeiro, que serviu de centro de torturas. No dia 3 de fevereiro de 1981, ela fora ao local e reconhecera a casa.
[157]*Voz da Unidade*, nº 49, 20 a 26 de março de 1981.

Siqueira, sugeriu que as pedras não fossem mais para o lixo. O garoto, ao perceber a tolerância dos pais, desinteressou-se pela pequena forma de intervenção no espaço doméstico. O psicólogo era homem simpático, "um bom sujeito". Chegou a dar dois de seus ternos "de etiqueta francesa" para Siqueira.

O principal contato de Perera no PCB era Armênio Guedes, então integrante da executiva do partido. Ele era o responsável pela edição da *Voz Operária* — o velho jornal do PCB, depois substituído pela *Voz da Unidade* — na Europa. Cabia a Guedes coordenar os grupos de comunistas brasileiros espalhados pelos diversos países do continente. Na Itália, Perera cumpriria o desejo que confidenciara a Guedes no Chile — deixara a "ultra-esquerda" e aproximara-se dos comunistas, inicialmente, do PCI.

Meu primeiro contato com Guedes — que vive em São Paulo — foi feito, por telefone, no dia 20 de dezembro de 2002. A indicação para procurá-lo fora de Luiz Mário Gazzaneo, um veterano jornalista, profundo conhecedor do PCB — foi editor da Voz da Unidade *— e da Itália. Na conversa com Guedes, citei o nome de Gazzaneo como quem apresenta a carta de um fiador. Ele demonstrou ter conhecido Parra e perguntou que fim ele levara. Respondi que estivera diante de seu túmulo, em Bettola. Esta informação seria fundamental, pois permitiu que meu entrevistado se dispusesse a dar detalhes sobre a vida de Parra. Os muitos anos de clandestinidade e de perseguição policial fizeram com que ele, mesmo aos 84 anos, afastado das atividades partidárias, cultivasse uma extrema discrição sobre fatos e companheiros. Não queria comprometer ninguém.*

— Só contei tudo isso porque você me disse que ele morreu — diria Guedes ao final da conversa.

O "tudo isso" incluía uma revelação que ainda se mostrava fundamental, apesar de toda a apuração anterior. Guedes seria outro entrevistado a confirmar que Perera era Parra. Mais importante: ele o conhecera no Chile e o reencontrara na Itália, já como Paulo Parra. Cerca de dois meses antes da entrevista com Guedes, eu ligara para Maria das Graças Perera de Mello para perguntar se ela fora mesmo à Itália. Ela disse que sim, que estivera com Amanda Castello. E que voltara de lá certa de que Perera e Parra não eram a mesma pessoa. A nova confirmação — a de Guedes — era muito bem-vinda. O ex-dirigente do PCB não se limitou a reafirmar a identidade de Parra. Em poucos minutos, fez um resumo de tudo o que eu já havia apurado sobre Perera/Parra.

— Ele tinha uma atividade em Paris, tinha uma galeria de arte lá. Ele foi obrigado a sair da França rapidamente, teve uma encrenca com a polícia. Eu só sabia que ele era brasileiro, da ultra-esquerda, e que vivia com uma advogada, a Annina. Era um sujeito educado, instruído. Teve um bom escritório em São Paulo. Era muito afável, interessado em ajudar. Sempre falava da trajetória dele, da guerrilha, do esquerdismo, para a linha do PCI.

Guedes sabia também que, no caso de Perera, a "ultra-esquerda" era a VPR. Nem mesmo o uso do nome Paulo Parra, que o dirigente comunista sabia ser falso, alimentava desconfianças. O uso de um codinome, frisou, era comum entre integrantes de organizações de esquerda.

— Ele não fazia muito sigilo sobre o fato de ter sido o Perera. Ter outro nome não era nenhuma anormalidade para nós.

A profissão adotada por Perera na Itália, a de psicólogo — posteriormente ele se apresentaria como médico psiquiatra —, também não era fonte de questionamento. De acordo com Guedes, Parra dizia que fizera um curso de psicologia no Rio Grande do Sul. Segredo só sobre suas atividades com grupos árabes e palestinos.

— Só fui saber destas histórias de árabes depois. Era um lado obscuro dele — afirma Guedes.

Como na fábula do escorpião que se sente obrigado a ferrar o sapo que o transportava em uma lagoa e, assim, dar cabo da própria vida, Perera/Parra não conseguia deixar de se vangloriar de sua história.

— Já havia, naquela época, histórias de que ele tinha relações com um pessoal da Tunísia. E ele não negava suas relações com o Khadafi — diz Givaldo Siqueira.

Armênio Guedes lembrou outra faceta da atuação de Perera/Parra na Europa: a de editor. De acordo com ele, Parra era o proprietário de uma editora que tinha ligações com grupos católicos, a Jaca Book, que publicava "uma espécie de anuário de economia, de esquerda". A edição de 1979 do anuário intitulava-se *I volti della crisi contemporanea*. Guedes tinha dois exemplares em casa e me cedeu um deles. A publicação tem 316 páginas e reúne 17 artigos de autores de diferentes nacionalidades, entre eles, o brasileiro Theotônio dos Santos. Os artigos tratam de assuntos como a divisão internacional do trabalho e a crise do movimento operário mexicano. De acordo com informações constantes do volume, o anuário foi publicado em italiano, francês e espanhol. Tudo sob a curadoria de Giuseppe Folloni e Paolo (aqui seu nome é citado em versão italiana — *Paolo*) Parra.

Em janeiro de 2003 mandei um e-mail para a Jaca Book, em Milão. Perguntei sobre a relação da editora com Parra — se ele era um de seus proprietários, de que projetos ele participara. A resposta veio uma semana depois. Mais uma vez, rastros de Perera, como sua estada em Paris, apareciam na história de Parra, este definido pela editora como "um dos brasileiros que acharam a hospitalidade na Itália, também graças à ajuda de Jaca Book, que nos anos 70, publicou vários livros sobre a América Latina". Segundo eles, Parra foi para Milão "depois de um encontro em Paris".

> Por um certo período, sempre através de conhecidos da editora, ficou hospedado em uma cidade não muito distante de Milão. Parra, com outros brasileiros e outros estrangeiros, formou um grupo que foi reconhecido como movimento de esquerda em várias partes do mundo. Fazia também várias viagens. Ele abre um escritório em Milão, antes de transferir-se, nos anos 80, para uma fazenda no campo a cerca de cem quilômetros da cidade.

O anuário de economia surge depois de uma conversa com os editores e representou o "maior envolvimento editorial" de Parra com a Jaca Book:

> De resto, Parra participou de outros encontros intelectuais, não somente com italianos, que se encontravam na editora de modo informal, sem necessariamente ver ou falar sobre este ou aquele livro.

Os editores disseram que destas conversas nasceu a proposta de Parra para a publicação do primeiro volume das memórias do ex-deputado comunista Gregório Bezerra. Na Itália, o livro recebeu o título de *I giorni dell'oppressione. Memorie 1900-1945* e foi editado em 1981. No e-mail, os responsáveis pela Jaca Book negaram que Parra fosse um dos donos da editora ou que recebesse algum tipo de salário. Segundo eles, a editora apenas o ajudou a se estabelecer na Itália. Eles afirmaram que Parra pode ter declarado um vínculo maior com a editora para garantir sua estada no país.

Mas nem todos os integrantes do PCB viam com naturalidade aquela conversão de Perera/Parra à linha do partido. Luiz Alberto Sanz, que havia muito desconfiava do papel exercido por Perera na VPR, assustou-se ao reencontrá-lo em 1978. Já de volta ao PCB, organização em que iniciara sua militância política, Sanz fora a Gênova, na Itália, para embarcar em um navio que levava uma delegação para o Festival da Juventude que ocorreria em Cuba. Ele era o responsável pelo grupo. No porto, Sanz reparou em um rosto conhecido, um homem que não via fazia alguns anos: estava um pouco mais velho, usava um cavanhaque. Sanz não teve dúvidas de que acabara de reencontrar Antonio Expedito Carvalho Perera, o advogado amigo de Onofre Pinto.

— Eu vi o Perera, e ele me viu. Ele se assustou, começou a se afastar. Procurei o responsável pela juventude do partido na Europa Ocidental, o Sérgio Granja. Falei com ele que tinha suspeitas sobre aquele cara. E aí ele [Granja] me disse que ia ver.

Ao voltar de Havana, Sanz foi para Milão e procurou José Luiz Del Roio, responsável pelo PCB na cidade.

— Falei com o Del Roio, ele sabia que o cara estava militando no partido, ele sabia que era o Perera — contou. Sanz afirmou que, posteriormente, chegou a mandar uma carta para Del Roio formalizando suas desconfianças e receios.

Ainda em 2002 eu voltaria a procurar Del Roio para obter mais detalhes do episódio narrado por Sanz. Ele disse que não se recordava do ocorrido. Meses depois, em abril de 2003, liguei mais uma vez para ele, que então afirmou que se lembrava de um encontro com Sanz, quando este retornara da viagem à Cuba: na ocasião, Sanz lhe entregara fotos e comentou o caso Perera/Parra. Del Roio me disse que havia procurado saber quem era aquele homem.

— Hoje eu lembro que o Armênio [Guedes] me disse que o conhecia do Chile — contou. Del Roio afirmou que não se recordava de ter recebido alguma carta de Sanz, mas não descartou a possibilidade de isto ter ocorrido. Disse que tem uma correspondência pessoal guardada, mas que não mexe nela "há mais de vinte anos".

Del Roio disse que deve ter levado adiante a suspeita de Sanz sobre Perera/Parra. Pela lógica, teria que ter encaminhado o caso para a direção do partido: Guedes, Salvador Malina, Prestes e Giocondo Dias.

— Falei com um deles — revelou. Ele afirmou, porém, não saber se o caso teve algum prosseguimento.

Últimos passos

Os órgão de informação continuaram a controlar Perera na Itália. A certidão fornecida pela Abin registra desde sua vinculação ao PCB e seu passado na VPR a fatos não-comprovados, como uma vinda ao Brasil e sua ligação a um grupo de extrema esquerda italiano. Estes são os últimos parágrafos do documento — foi mantida a grafia original.

> Participou de um "Seminário Sócio-Político" que versou sobre o tema "Brasil: uma Revolução Escondida", realizado no período de 05 a 07 Mar 81, Roma/Itália, sob os auspícios da Associação das Mulheres Brasileiras e Italianas (AMBI) e da AICT, da qual era o presidente. Referido evento fez parte de uma série de manifestações promovidas pela AICT, na sede da Prefeitura de Roma, com o objetivo de "apoiar a democracia no Brasil", sendo que os resultados do Seminário, foram publicados no jornal "Voz da Unidade" nº 49, edição de 20 a 26 Mar 81. Segundo documento existente, tal evento teve "o objetivo inequívoco de distorcer a imagem do Brasil no exterior".

> Em documento datado de Abr 81, foi citado como integrante do grupo de extrema esquerda italiano denominado "Primeira Linha", e que esteve no Brasil com o objetivo de analisar a atuação das Comissões de Fábrica da Oposição Sindical, de São Paulo.

> Em documento datado de Mai 81, foi citado como presidente da AICT, com sede em Milão/Itália e que, "sempre teve bons contatos comer-

ciais com a Líbia e a Tunísia, e consequentemente com a Organização para a Libertação da Palestina (OLP)".

Em documentos datados de 1981/82, foi citado como militante do Partido Comunista Brasileiro (PCB), vinculado à "Ala Prestes", como elemento de apoio e como tendo militado na VPR. Vive na Itália há cerca de dez anos, é casado com Amanda Castello Parra, e reside (1982) na via Ugo Foscolo, nº 3, em Milão/Itália.

Participou de um seminário sobre "Torture et Disparitions Forcees *em* Amerique Latine, *um* Systeme de *Gouvernemente*?", promovido pela AICT, no período de 20 a 22 Abr 82, em Genebra.

Em relatório versando sobre as atividades do PCB em 1987, elaborado pela (AC/SNI), no item "Organização de Frente e Empreendimentos do PCB" é citado como sendo o responsável ou o titular do Arquivo Histórico do Movimento Operário Brasileiro e da AICT, ambas em Milão/Itália.

É o que se contém arquivado neste Órgão até a presente data.

Brasília/DF, 1º de agosto de 2002.

No segundo semestre de 1995, Perera daria seu último sinal de vida para aqueles que o conheceram no Rio Grande do Sul. Segundo o advogado Eduardo Viana Pinto, Perera, na ocasião, telefonou para um amigo comum, o engenheiro José Miguel Conceição. Uma conversa amistosa, em que demonstrou querer saber da saúde de Viana Pinto, seu adversário no processo que culminou com sua demissão do serviço público em 1964.

— Eu fiquei muito tocado com este gesto. Em 1992 eu tinha sofrido um enfarte. Ele [Perera] demonstrou saber disso — contou Viana Pinto. Mais uma vez contraditório, Perera, em seus últimos meses de vida, parecia interessado em refazer os laços com aqueles que foram testemunhas de sua primeira morte.

Se dependesse do engenheiro Conceição, este telefonema nunca seria revelado. Em junho de 2003, quase oito anos depois do episódio, ele ainda se mostrava reticente em comentá-lo: "Não confirmo nem desminto", foi sua primeira reação ao telefone. Ex-cliente de Perera, quando este mantinha escritório com Viana Pinto, e seu ex-companheiro no PDC, Conceição mantém intacta a admiração pelo amigo que trocou a doutrina social da Igreja Católica pelo marxismo-leninismo e pela luta que se materializava no terrorismo.

— Ele era um desesperado idealista — define.

Aos poucos, este engenheiro de 76 anos nascido em João Pessoa e radicado em Porto Alegre aceita dar algumas informações sobre o amigo. Dados que são liberados aos poucos, quase que pingados — ele sabe estar diante de um edifício frágil, um projeto que, ao longo de muitos anos, foi sendo materializado de forma nada usual. Não seria ele que imploderia o prédio erguido por Expedito. Havia entre eles uma amizade sólida, que resistira ao banimento.

Conceição afirma que, ao longo do exílio, recebeu telefonemas de Perera. Diz não lembrar-se sequer do número aproximado de ligações: "Não me recordo, prefiro não me recordar." O engenheiro também faz questão de não ser exato ao calcular a época em que as ligações ocorreram. Fala em anos 80, em década de 90.

— Ele pediu para que eu jamais tocasse neste assunto — justifica.

Nestes contatos, Perera, sem falar o próprio nome, perguntava pelos pais e pela filha. Falava também — de forma genérica — sobre suas lutas, sobre seus projetos, "era um idealista, estava decidido a ser um líder revolucionário", afirma o amigo. Conceição confirma que Perera perguntou por Viana Pinto, que soubera do enfarte sofrido pelo ex-sócio de quem se tornara adversário. Mas se recusa a confirmar o ano do telefonema.

No início dos anos 90, em uma solenidade que reunia empresários cristãos, Conceição, ao discursar, disse que tinha uma profunda admiração por duas pessoas: a primeira, Luiz Carlos Prestes, um homem de quem discordava politicamente, mas que respeitava pela fidelidade a um ideal. O segundo também era um amigo, um homem que também abrira mão de uma vida tranqüila, ao lado da família, para se dedicar a uma causa. Apesar da insistência dos confrades, o engenheiro não revelou o nome de Perera.

Conceição — uma das únicas pessoas a ter tido contato com Perera em todas as suas vidas — não vê contradições na trajetória do advogado. Saltos ideológicos, mudanças de rumo, sucessivas trocas de visões de mundo: aos olhos complacentes do amigo e admirador, tudo isto são detalhes, correções de rota de um vôo que sempre teve um objetivo muito específico, a luta por uma sociedade mais justa e fraterna. Conceição construiu sua carreira e sua família com base em um projeto mais seguro, uma obra tradicional, firme e equilibrada. Em maio de 2003 completou 50 anos de casado; durante a entrevista, fez vários elogios à mulher, aos filhos, aos netos. A militância política foi abandonada: ele, que chegara a conquistar a primeira suplência da bancada do PDC na Assembléia Legislativa gaúcha, desencantara-se com a lógica deste tipo de jogo. Ainda nos anos 60 anunciou aos amigos que deixava a política por "razões fisiológicas" — sua garganta não era grande o suficiente para engolir os sapos que se anunciavam: "Mesmo se engolisse os sapos, meu estômago não seria capaz de digeri-los. Era uma questão fisiológica", justificou.

Perera foi seu contraponto. Deixou Porto Alegre, foi para São Paulo, enroscou-se cada vez mais na política. Foi preso, torturado, banido — não temeu sapos, entrou e saiu de variados brejos. Para ele, o fim de uma aventura era apenas o começo de outra. Em momentos mais delicados, ligava para o amigo, que cumpria, como engenheiro no Rio Grande do Sul uma carreira semelhante àquela que ele, como advogado, poderia ter conquistado, não fossem os acidentes de percurso. Conceição, de alguma forma, também o completava.

Fora a disputa judicial entre as alas da família Perera, a história do advogado no Brasil seguiu, a partir de 1971, um curso mais tranqüilo. Em 8 de agosto de 1973, ao apresentar suas alegações finais no processo 139/69, o procurador Dácio Gomes de Araújo constatou que muitos dos denunciados — 32 dos 68 — tiveram seus casos "sobrestados". Sete haviam morrido e 25 tinham sido banidos. A partir do fim de 1978, o regime militar daria novos sinais de afrouxamento: o banimento de 24 ex-presos políticos é revogado (entre eles, o de Perera). A volta ao Brasil representaria, porém, um risco de reinclusão nos processos. Alguns banidos, como Roberto Cardoso do Amaral, informam à Justiça que aceitariam voltar e responder a processos caso fosse revogada a ordem de prisão preventiva contra eles.[158]

---

[158]Arquivo do STM, processo 139/69.

Desde 23 de novembro de 1973 os interesses de Perera no Brasil estavam sob a responsabilidade de seu cunhado, o advogado José Mentor Guilherme de Mello Netto. Foi neste dia que Firmino, pai de Perera, substabeleceu Mentor como procurador de seu filho. No dia 26 de fevereiro de 1979, Mentor requisitou à Justiça Militar a juntada das procurações ao processo. Em maio do mesmo ano, ele seria nomeado curador de Perera. A lei de Anistia, assinada pelo presidente Figueiredo no dia 28 de agosto de 1979, provocou nova discussão sobre o destino dos banidos — um mês depois, o Conselho de Justiça do Exército extinguiria a punibilidade destes homens e mulheres. A decisão foi contestada em instâncias superiores da Justiça Militar e o caso só seria resolvido no ano seguinte.

Apesar dos cuidados de Mentor e dos parentes de Perera, a anistia pouco representaria para ele. Antonio Expedito Carvalho Perera estava morto desde 1975, quando fugira de Paris. Como ocorreria, anos depois, em empresas estatais a serem privatizadas — a parte ruim ficava com a União e a sociedade; a parte boa era oferecida ao mercado —, Perera não existia mais. A sua nova parte boa — Paulo Parra — é que continuaria a viver ainda por muitos anos, até morrer, às 19h30 do dia 1º de março de 1996 na Casa de Cura Santa Rita, em Milão, conforme atestou a oficial de cartório Virginia Minotti. Foi a terceira morte de Antonio Expedito Carvalho Perera.

No dia 16 de abril de 2003, um outro documento oficial, emitido em Porto Alegre, admitia que Expedito Perera estava morto. O documento é a certidão de óbito de seu pai, Firmino Fernandes Perera, que morrera às 9h30 daquele mesmo dia. Lavrada na 4ª Zona do Registro Civil de Porto Alegre, a certidão informa que o delegado deixara três filhos, mas cita os nomes de quatro: "João, Francisco, Catarina e Maria da Graça, todos maiores de idade." A lista deixava de fora dois filhos: José Firmino — o que fora preso com Nazareth e que morrera havia alguns anos — e Antonio Expedito, o primogênito. Mais uma vez original, Perera passava a ter sua morte registrada em duas certidões de óbito — a de Paulo Parra e a de seu pai —, nenhuma emitida em seu próprio nome.

Cinzas

"Ninguém elogia os coerentes." (Antonio Expedito Perera em "Tolerância, indiferença", *Jornal do Dia*, 3/3/1962.)

De Antonio Expedito Carvalho Perera aceita-se quase tudo. Era brilhante, culto, arrojado, vaidoso, elegante, egocêntrico, megalômano. Suas qualidades e seus defeitos são ressaltados de um jeito quase sempre passional, como convém a um homem que conseguiu viver diversas vidas. Alguns dos que com ele conviveram, como Diógenes de Oliveira, ressaltam sua fidelidade e sua coragem mesmo na situação-limite da tortura. Outros, ao contrário, destacam seu oportunismo em abril de 1964: uma lógica que encontraria respaldo nos que desconfiam de que ele, de alguma forma, colaborou com o regime que o prendeu e o torturou.

De Perera só não se admite a morte. Mais: que ele tenha morrido em uma cama de hospital, vítima de uma doença. A lenda formada em torno de Perera quer para ele uma morte compatível com sua vida, melhor, com suas vidas: um fuzilamento na Líbia, um atentado no Líbano, uma explosão provocada por um grupo terrorista. O mito não pode ser banal na sua hora mais grave, no momento de sua morte. Não pode se deixar fragilizar neste último instante; não deve, em resumo, frustrar quem tanto se alimentou de suas histórias.

Ao longo da fase final desta reportagem — a que foi voltada para a elaboração deste livro —, ouvi, de dezenas de entrevistados, a mesma pergunta: "Você tem mesmo certeza de que ele está morto?" Eu argumentava com as provas de que dispunha, com a certeza de que Perera e Parra eram a mesma pessoa, falava da certidão de óbito, do fato de ter estado diante de seu túmulo. Por educação, muitos de meus entrevistados apenas demonstravam concordar comigo, faziam um muxoxo, davam um daqueles sorrisos de quem revela desconfiança. Um afirmava que Perera fora visto nas ruas de Porto Alegre; outro, que o soubera no Nordeste — houve quem dissesse que ele tinha estado no apartamento de Nazareth, em Nova York.

A intimidade com os detalhes da vida de Perera me demonstraria que seus ex-amigos ou ex-companheiros aprenderam com ele a lição de que nada é definitivo, o conservador de hoje pode ser o revolucionário de amanhã; um advogado pode se apresentar como médico; um cristão, tornar-se ateu. A própria pouca importância de Perera no contexto dos movimentos guerrilheiros no Brasil dos anos 60 e 70 contribuiu para sua lenda, conhecida apenas por poucos. Os segredos em torno de sua biografia permitiram que cada um pudesse dar sua contribuição ao mistério. Livre das amarras dos fatos e dos documentos, o mito pôde seguir seu caminho: se reproduzir e se recriar de acordo com os desejos e projeções de quem nele crê ou se inspira.

Perera está morto, dizem os fatos; atestam os documentos. Mas, em uma concessão à lenda, reivindico o direito de entrevistá-lo caso sua terceira morte não tenha sido a definitiva. Um desejo que contradiz a apuração, mas que, de uma certa forma, demonstra que o repórter, de alguma forma, também acabou tocado pelo mito.

Anexos

Primeira reportagem, exibida pelo *Fantástico* no dia 12/12/1999:

Imagens de Cristina Perera dançando com um bailarino. Ela se afasta dele. Corta para imagem dela, congelada. Entram créditos de identificação: *Teresa Cristina Perera, bailarina, mora em Nova York.*

Fotos de Perera com a filha e a então mulher.

Imagens da movimentação de militares durante o golpe de 1964.

Corta para imagens de ruas de Paris. Imagens de "Carlos", de um dos atentados a ele atribuídos, ruído de explosão.

Sonora:

"No cartão-postal, ele me diz, 'este é do seu pai que jamais te esquecerá'. E aí eu senti que era a última coisa que eu iria receber dele."

Off:

"Há quase trinta anos Teresa Cristina não vê o pai, nem sabe se ele ainda está vivo."

"O pai é Antonio Expedito Carvalho Perera, advogado de presos políticos nos anos 60, em São Paulo."

"É personagem de uma história que envolve até o terrorista mais famoso do mundo, 'Carlos', o 'Chacal'."

Foto e Carlos Lamarca.	"Antonio Expedito integrava uma organização guerrilheira, a VPR do capitão Carlos Lamarca. Chegou a hospedar guerrilheiros em casa."
	Sonora:
Crédito: *Nazareth Oliveira, ex-mulher de Expedito, mora em Nova York.*	"O Lamarca já tinha feito todo o trabalho, já tinha saído de Quitaúna com as armas, e o Antonio deu abrigo a eles."
	Sonora:
Crédito: *Darcy Rodrigues, ex-guerrilheiro, mora em Bauru (SP).*	"Nós ficamos num quarto da casa, almoçamos na sala, com toda a família."
	Passagem:
Crédito: *Fernando Molica, São Paulo.*	"No dia 3 de março de 1969, Antonio Expedito foi preso neste prédio, no centro de São Paulo, onde funcionava seu escritório de advocacia. Ele foi arrastado até o meio da rua e daqui levado para o quartel da polícia do Exército."
	Off:
Imagem de foto de Expedito.	"Ele e a mulher foram torturados."
Cenas do filme do embarque dos presos trocados pelo embaixador suíço, com *spot shadow* (um destaque produzido na editoria de Arte) sobre a imagem de Expedito.	"Em 71, Expedito é um dos presos libertados em troca do embaixador suíço, seqüestrado por grupos de esquerda."

Imagens de Paris e de Yolanda Prado.	"Vai para Paris e passa a morar neste prédio, com a brasileira Yolanda Prado."
Imagens de atentados ocorridos na França na década de 1970.	"Em pouco tempo, estava envolvido com grupos terroristas internacionais."
	Sonora:
Crédito: *Yolanda Prado, editora, mora em São Paulo.*	"Eu tive encontros com algumas pessoas árabes, de países árabes."
	Off:
Imagens de cafés de Paris.	"Os contatos não eram apenas com os árabes."
	Sonora de Yolanda Prado:
	"E também com um grupo japonês, do Exército Vermelho, eles eram favoráveis a uma luta universal."
	Off:
Imagens de atentados, ruídos de explosões. Imagens de David Yallop e do ataque dos japoneses à embaixada em Haia.	"O escritor inglês David Yallop descobriu que Expedito forneceu armas para uma ação ousada dos japoneses: a invasão da embaixada francesa de Haia, na Holanda, em 1974."
Imagens do Encaminhamento 143/60/75 da agência Rio de Janeiro do SNI, datado de 24 de fevereiro de 1975. Tema: Exército Vermelho Japonês.	"Documentos do SNI mostram esta ligação de Expedito com o caso. Yallop diz que Expedito escondia armas numa galeria de arte que ficava nesta rua."

Crédito: *Firmino Perera, pai de Expedito, mora em São Paulo*.	Sonora: "Armas? Não vi nenhuma lá." *Off:*
Tela dividida com imagens de Expedito e de "Carlos".	"Expedito se aproxima de 'Carlos', o 'Chacal'."
Imagens do Informe 2.710, de 11 de maio de 1976, do SNI sobre Illich Ramírez Sánchez, com destaques para os nomes de Carlos e de Expedito.	"Os serviços de informação no Brasil registram esta ligação."
Imagens de Yolanda Prado.	"Yolanda se separa de Expedito no fim de 73." Sonora de Yolanda Prado: "Era uma situação perigosa e eu não queria correr este tipo de risco." *Off:*
Imagem da foto de Perera ao lado do canhão.	"Nesta foto de 73, enviada para os pais, ele dá uma pista de suas atividades: 'Como vêem, ando sempre às voltas com canhões, mesmo os de museu'." *Off:*
Fade de som e imagem seguido de imagens de Cristina sentada no chão do estúdio de Nova York, cercada de fotos e documentos sobre o pai.	"Em 76, a filha de Expedito resolve ir para a França, para tentar um contato com o pai. Numa organização de ajuda a exilados, uma surpresa."

	Sonora de Cristina:
	"Me disseram que este caso era perigoso, não só para mim, como para eles, que eu parasse a busca."
	Off:
Imagens de Paris	"Em 75, "Carlos" mata dois policiais franceses. A polícia caça Expedito no novo apartamento de Yolanda."
	Sonora de Yolanda Prado:
	"Eu dizia que não tinha homem nenhum morando no apartamento, e eles faziam piadas e ironias."
	Off:
Fade seguido de imagens externas da prisão de Paris onde está "Carlos".	"Preso há cinco anos em Paris...
Imagens dos fax trocados entre a redação e "Carlos".	...'Carlos' respondeu, por sua advogada, ao questionário enviado pelo *Fantástico*."
	Pergunta, em *off*:
Imagens do fax de "Carlos".	"Qual era a atividade exercida por Antonio Expedito?"
	Resposta de "Carlos", em *off*:
	"Sucessor de Carlos Lamarca, ele é um patriota e um líder revolucionário internacionalista."

"Quando se conheceram?"

"Eu tive a honra de conhecê-lo durante nossas viagens, no início dos anos 70."

"Participaram juntos de alguma ação?"

"Nós lutamos pelas mesmas causas."

Off:

Fade seguido de imagens de Milão.

"Expedito mudou de nome e de profissão depois de fugir para Milão, na Itália. Passou a se apresentar como Paulo Parra, psicólogo."

Sonora:

Crédito: *Zuleika Alambert, escritora, mora no Rio.*

"Eu fui a Milão e conheci essa figura, não como Expedito, mas como o sr. Paulo Parra."

Off:

Imagens de Zuleika vendo uma foto de Perera.

"Ao ver uma foto de Expedito, ela não vacila."

Pergunta, em *off*:

"Era esse?"

Resposta de Zuleika:

"Era ele. Só não tinha estas costeletas, nem nada."

	Off:
Foto de José Luiz del Roio. Créditos: *José Luiz del Roio, escritor e radialista, mora em Milão.*	"Ex-exilado, o escritor José Luiz del Roio foi amigo do falso psicólogo."
	Off:
Imagens de fotos de Expedito na tela de um computador.	"Ao ver, nesta semana, fotos de Expedito, ele garantiu:"
	Voz de Del Roio:
Imagens do repórter na redação, falando ao telefone.	"Sem dúvida, eu diria que é o Paulo Parra."
	Off:
Imagens de reunião do PCB com a presença de Prestes.	"O falso psicólogo ligou-se ao Partido Comunista. Chegou a hospedar o ex-senador Luiz Carlos Prestes."
	Sonora
Créditos: *Maria Ribeiro, viúva de Prestes, mora no Rio.*	"O Prestes mesmo trocou idéias com ele, a respeito dessa... depois da Anistia, os problemas atuais que estavam em debate."
	Off:
Imagens de Cristina e de páginas de um processo judicial.	"A disputa por uma casa deixada por Expedito levou Teresa Cristina a tentar na Justiça uma declaração de morte presumida do pai, mas ela não conseguiu."
	Sonora de Cristina:
	"É uma pessoa que tem que estar morta para o mundo, pelo excesso de informação que ele teve."

Imagens dos parentes de Expedito	*Off:* "O avô e a tia discordam."
	Pergunta para Firmino:
	"O senhor tem certeza de que ele está vivo..."
	"Tenho."
	Sonora:
Crédito: *Maria da Graças de Mello, mora em São Paulo.*	"Nós entendemos que ele não quer ser localizado."
	Off:
Imagem de Del Roio.	"Há seis meses, Del Roio, o ex-exilado brasileiro, teve uma notícia. Expedito estaria morto."
	Voz de Del Roio:
Arte que mostra sua foto e um mapa da Itália, com a localização da cidade de Milão	"Me chamou uma senhora que tinha sido uma paciente do Paulo Parra dizendo: 'soube que o Paulo Parra morreu há dois anos atrás'."
	Off:
Foto de Expedito:	"Mas o mistério não acabou."
A trilha sonora do balé entra em BG (*background*, ao fundo). Parte final da sonora é coberta com uma foto de Perera.	Última sonora de Cristina:
Imagens dela dançando, afastando-se do parceiro.	"Realmente, o que é mais difícil de aceitar é o caso do desaparecido, porque é uma coisa sem solução. Não é vivo, nem morto. É um fantasma vivo e, desta forma, é morto."
Crédito: *Edição Fernando Molica Celso Gomes*	

Segunda reportagem, exibida pelo *Fantástico* no dia 19/5/2002:

Pedro Bial:

"Uma bailarina brasileira tenta decifrar um enigma."

Glória Maria:

"O que aconteceu com o ex-preso político brasileiro que foi para a Europa, trocou de nome e sumiu do mapa?"

Off:

Imagens de arquivo:
Cristina dançando, fotos de Perera, ruas de Paris, fotos de "Carlos", muros da prisão onde "Carlos" está preso, faxes trocados entre o *Fantástico* e a advogada de Carlos.

"Em dezembro de 99 o *Fantástico* contou a história secreta do pai de Cristina, o advogado Antonio Expedito Carvalho Perera. Ex-preso político brasileiro, ele foi para a Europa no início dos anos 70. Terminou se aliando ao terrorista mais procurado da época, 'Carlos', o 'Chacal'. Em fax enviado ao *Fantástico*, o 'Chacal', hoje preso em Paris, confirmou esta ligação:"

Leitura, em *off*, de uma resposta do fax:
"Nós lutamos pela mesma causa."

Imagens de Perera, de cartões-postais por ele enviados.

Imagens do papel timbrado de Paulo Parra e do formulário para requisição do passaporte emitido em Milão.

Imagens desfocadas de M., o homem que morou na casa de Parra.

Foto de Parra e outras quatro pessoas em um jornal italiano.

Imagens do desembarque de Cristina em Milão.

Cristina e o repórter no aeroporto. Repórter mostra a foto de Parra para ela.

Imagens do dono da livraria de Milão e do prédio onde ficava o consultório de Parra.
Crédito: *Imagens José de Arimatéa*

Imagens do repórter e Cristina no carro.
Mapa indicando a localização de Bettola em relação a Milão.

Off:

"Depois de fugir da França, o terrorista brasileiro sumiu do mapa. O que terá acontecido com ele?
O que se sabe é que Perera teria adotado o nome de Paulo Parra e a profissão de psiquiatra. Parra teria morrido há alguns anos."

"Há dois meses, este homem que morou na casa do dr. Parra nos anos 90 procurou o *Fantástico*. Queria ajudar Cristina a encontrar o pai.
Ele tinha uma foto de Parra publicada num jornal italiano e o endereço da casa do suposto psiquiatra."

"Semana passada, Cristina, que mora na Alemanha, desembarcou em Milão, no norte da Itália.
Foi acompanhar nossa equipe numa tentativa de desvendar o mistério. Ao ver a foto de Parra no jornal, ela reconhece Perera, seu pai."

Sonora de Cristina:

"É ele, é ele."

Off:

"Este homem diz que o dr. Parra trabalhava aqui. Ele é dono da livraria que fica no mesmo prédio do consultório de Parra em Milão."

"Vamos para Bettola, uma cidade de três mil habitantes.

Imagem de Perera no embarque dos 70 banidos. Crédito: *Arquivo Público — RJ*	Cristina fala do pai, banido do Brasil em 1971."
	Sonora de Cristina:
Imagem do carro passando por uma placa que indica a direção de Bettola.	"Meu último contato foi quando, na despedida... foi o último dia que nós podíamos nos ver na prisão."
	Sobe-som do diálogo entre o repórter e Cristina:
	"Estamos quase chegando na casa onde seu pai viveu durante muitos anos..."
	"A minha expectativa é de conseguir falar com alguém, espero que exista uma porta aberta."
	Off:
Imagens do portão fechado da casa, da jovem que recebe a equipe.	"Mas as portas estavam fechadas. Esta moça diz apenas que Parra morreu há seis anos.
Fotos de Amanda Castello — imagens extraídas da reportagem localizada na internet.	A viúva — a brasileira Amanda Castello — estaria viajando."
Pessoas da cidade vêem as fotos de Perera.	"As fotos de Perera são mostradas para os que o conheceram como dr. Parra. Todos afirmam que se trata da mesma pessoa."
	Sobe-som, sem identificação, de um homem que diz, em italiano, que o reconhece perfeitamente.

Crédito: *Fernando Molica, Bettola*.	Passagem, repórter andando ao lado de Cristina diz:
	"Agora a gente vai tentar uma etapa muito importante dessa viagem. A gente vai até o cartório aqui de Bettola para ver se a morte de Paulo Parra está registrada."
	Off:
Imagens da funcionária do cartório, do atestado de óbito. Imagem do hospital de Milão.	"A funcionária entrega o documento. Agora é oficial: Paulo Parra morreu no dia 1º de março de 1996 neste hospital de Milão."
Imagens de Cristina, do repórter e do ex-chefe de polícia conversando.	"Este ex-chefe de polícia nos dá uma informação valiosa: o corpo de Parra foi cremado, as cinzas estão no cemitério da cidade."
Imagens de Cristina procurando o túmulo.	"Cristina procura o túmulo do pai entre centenas de sepulturas..."
	Sobe-som de Cristina
	"Achei! Achei! A foto! Dr. Paulo Parra. É ele, olha a testa... eu quero entrar, eu vou entrar."
	"Não só a testa larga... mas tá vendo aqui o cabelo, como entra em cima da sobrancelha... Tenho até isso meio parecido..."
Crédito: *Cristina Perera, bailarina e coreógrafa*.	"É uma emoção assim, não sei, de um reencontro, como você reencontrar uma pessoa, de alguma forma, que

já tinha sido morta há tantos anos e finalmente existe uma coisa concreta."

"Deixa de ser um fantasma e passa a ser uma pessoa que teve uma história, que teve uma vida, que se acabou aqui."

"Eu encontrei a história, eu encontrei o final."

Fade de som e imagem.

Off:

Imagens dos peritos.

"De volta ao Brasil, recorremos a três especialistas para comprovar que Parra e Perera eram a mesma pessoa. O perito Mauro Ricart compara uma carta de Perera com cópias da assinatura de Parra."

Crédito: *Mauro Ricart, perito criminal.*

Sonora Ricart:

"Tudo indica que seja a mesma pessoa, o mesmo punho."

Off:

Massini vê as fotos de Perera e Parra sendo sobrepostas no computador.

"O médico legista Nélson Massini compara as fotos de Perera e Parra no computador.
E é definitivo."

Sonora Massini:

Crédito: *Nélson Massini, médico-legista.*

"Não tenho dúvida de dizer que Paulo Parra e o Perera são a mesma pessoa."

	Off:
Imagens do perito Isnard Martins, de fotos de Perera e de Parra.	"Sem ver qualquer imagem de Paulo Parra, o diretor de Tecnologia da Secretaria de Segurança do Rio, Isnard Martins, utiliza um programa de computador para envelhecer uma foto de Perera. Só informamos que ele era mais gordo e usava barba."
As imagens de Perera envelhecido e de Parra são colocadas lado a lado.	"Aqui, Perera envelhecido. Agora, a foto de Parra."
	Sonora Cristina:
	"E a última imagem foi a seguinte: existia um portão da prisão Tiradentes e havia o portão que estava se fechando e eu, deste lado, meu pai do outro lado, e o portão se fechou. E agora, aqui, o portão se abriu, no cemitério, aonde eu pude reencontrá-lo novamente.
Imagens de Cristina dançando cobrem a última frase da sonora. As imagens da dança continuam depois da frase: Cristina é levantada pelo *partner*, que acaricia sua cabeça. Os dois caminham abraçados.	E aí eu tenho a sensação de que ele está vivo, está vivo de novo."

Créditos: *Edição*
Fernando Molica
Celso Gomes

Agradecimentos

Uma reportagem é sempre um trabalho coletivo. Além das pessoas envolvidas diretamente no trabalho — no caso de uma reportagem para TV isto inclui, pelo menos, o repórter, o repórter-cinematográfico, o técnico que integra a equipe e o editor de imagens — é preciso contar com a boa vontade de entrevistados, de pessoas responsáveis por arquivos ou documentos. No caso deste livro há também os amigos que emprestaram livros esgotados, que conseguiram recortes antigos de jornais, que ajudaram a traduzir documentos, que leram os originais.

Este livro é uma reportagem, uma reportagem construída em diferentes etapas. Ela só foi possível existir — na TV e, agora, em livro — graças à colaboração e/ou participação de muitas pessoas. O primeiro reconhecimento vai, portanto, para os que, de alguma forma, participaram destas viagens, os profissionais da Rede Globo que fizeram as imagens, que cuidaram do equipamento e da qualidade do som. Também em relação aos colegas da Globo, vale uma menção especial ao editor de imagens Celso Gomes, que comigo dividiu a ilha de edição nas duas matérias.

A utilização dos textos das reportagens e das reproduções de imagens só foi possível graças às autorizações do diretor da Central Globo de Jornalismo, Carlos Henrique Schroder, e dos repórteres-cinematográficos Fernando Calixto, Gilmário Batista, José de Arimatéa e Sherman Costa. Luiz Nascimento, diretor do *Fantástico*, e Geneton Moraes Neto, editor-chefe do programa, acreditaram na pauta e investiram em sua realização. Léia Paniz, coordenadora de produção, participou de todo este processo. A competência e a precisão do Cedoc, Centro de Documentação da TV Globo, e a criatividade e apoio da editoria de Arte — especialmente de Alexandre Arrabal e de Flávio Fernandes — foram, como sempre, essenciais. Muito obrigado.

Da mesma forma vale ressaltar a decisão da editora Record de acreditar no projeto e de ajudar a viabilizá-lo — empenho de que participaram, em especial, Luciana Villas-Boas, Ana Paula Costa, Raquel Zanol, Sérgio França e Andréia Ferreira. Sylvia Abramson foi responsável pela transcrição de maior parte das fitas de áudio com as entrevistas gravadas para o livro. A todos, meu agradecimento.

Amigos, parceiros e referências profissionais, Marcelo Beraba, Oscar Valporto e Sérgio Costa foram leitores atentos e criteriosos. Plínio Fraga me deu o mote das diferentes vidas de Perera ao lembrar da frase de Saramago que abre esta reportagem.

Um obrigado especial vai para os entrevistados e para os especialistas consultados: Isnard Martins, Mauro Ricart e Nelson Massini. As pessoas e instituições citadas a seguir colaboraram das formas mais diversas. A todos meu agradecimento. Desde já peço desculpas por eventuais omissões:

Centro de Documentação e Memória da Unesp/Archivio Storico del Movimento Operaio Brasiliano, Tribunal Regional Eleitoral do Rio Grande do Sul, Arquivo Público do Rio de Janeiro, Arquivo Público do Rio Grande do Sul, Arquivo do Estado de São Paulo, Superior Tribunal Militar, Departamento de Polícia Federal, cartórios de registros civis de Volta Redonda, Itaqui e São Borja, Arquivo do Tribunal de Justiça do Rio Grande do Sul.

Anna Karina Bernardonni, Ayrton Baffa, Cid Benjamin, Cláudio Júlio Tognolli, Cristina Grillo, David Presas, Ecilda Gomes Haensel, Elio Gaspari, Euler Belém, Eumano Silva, Fábio Watson, Fátima Santos, Fernando Gabeira, Frederico Neves, general Nilton Cerqueira, Hugo Xavier da Costa, Isabelle Coutant-Péyre, Jair Krische, Jaime Cardoso, José Maria Rabêlo, José Mentor, Juanita Rodrigues Termignone, Leonel da Matta, Lima de Amorim, Luís Mir, Luiz Maklouf Carvalho, Luiz Mário Gazzaneo, Maria Aparecida de Aquino, Mário Magalhães, Paulo Canabrava, Raul Fernando Leite Ribeiro, Reinaldo Guarany, René de Carvalho, Romaric Büel, Rosângela Melletti, Rosental Calmon Alves, Sebastião Ferreira Leite, Severino Albuquerque, Tales Faria.

Por último, um registro especial para o entusiasmo de Cristina Perera e José Luiz Del Roio, para a colaboração de Nazareth Antonia Oliveira e para a compreensão e correção do dr. Firmino, de Maria das Graças e de Francisco Tiago Perera, pai e irmãos de Antonio Expedito Carvalho Perera. Embora a reportagem tocasse em pontos delicados, relacionados a um parente próximo, eles se dispuseram a me receber para falar sobre o assunto.

Bibliografia

1. Livros:

ALVES, Márcio Moreira. *68 mudou o mundo*. Rio de Janeiro: Nova Fronteira, 1993.
ASSIS, Denise. *Propaganda e cinema a serviço do golpe (1962-1964)*. Rio de Janeiro: Mauad/Faperj, 2001.
BORBA, Marco Aurélio. *Cabo Anselmo, a luta armada ferida por dentro*. São Paulo: Global, 1981.
CABRAL, Pedro Corrêa. *Xambioá — guerrilha no Araguaia*. Rio de Janeiro: Record, 1993.
CANABRAVA FILHO, Paulo Cannabrava Filho. *No olho do furacão*. São Paulo: Cortez, 2003.
CURY, Munir e outros. *Estatuto da criança e do adolescente comentado*. 5ª edição, São Paulo: Malheiros, 2002.
DIRCEU, José & PALMEIRA, Wladimir. *Abaixo a ditadura*, Rio de Janeiro: Garamont/ Espaço e Tempo, 1998.
Dossiê dos mortos e desaparecidos. Comitê Brasileiro pela Anistia, seção do Rio Grande do Sul, 1984.
DOWBOR, Ladislau, *Mosaico partido*. Petrópolis: Vozes, 2000. Disponível em http://ppbr.com/ld/mosaico.asp.
DREIFUSS, René Armand. *1964: a conquista do Estado — ação política, poder e golpe de classe*. Petrópolis: Vozes, 1981.
FELIZARDO, Joaquim e outros. *Legalidade 25 anos — a resistência popular que levou Jango ao poder*. Porto Alegre: Redactor.
FOLLONI, Guiseppe & PARRA, Paolo (org.). *I volti della crise contemporanea*. Milano: Jaca Book, 1979.
GASPARI, Elio. *A ditadura envergonhada*. São Paulo: Companhia das Letras, 2002.
—. *A ditadura escancarada*. São Paulo: Companhia das Letras, 2002.

GORENDER, Jacob. *Combate nas trevas.* 5ª edição, São Paulo: Ática, 1999.
JOSÉ, Emiliano & MIRANDA, Oldack. *Lamarca, o capitão da guerrilha.* São Paulo: Global, 1980.
MIR, Luís. *A revolução ímpossível* — a esquerda e a luta armada no Brasil. São Paulo: Best Seller, 1994.
MORAES NETO, Geneton. *Dossiê Brasil — as histórias por trás da História recente do país.* 5ª edição, Rio de Janeiro: Objetiva, 1997.
OLIVEIRA, Nazareth de. *Pesadelos vividos...* Brasília: Thesaurus, 1990.
PATARRA, Judith Lieblich Patarra. *Iara — reportagem biográfica.* 4ª edição, Rio de Janeiro: Rosa dos Tempos, 1993.
RABÊLO, José Maria & RABÊLO, Thereza. *Diáspora, os longos caminhos do exílio.* São Paulo: Geração, 2002.
RIBEIRO, Octávio. *Por que eu traí — confissões de cabo Anselmo.* São Paulo: Global, 1984,
SIRKIS, Alfredo. *Os carbonários.* 14ª edição, Rio de Janeiro: Record, 1998.
——. *Roleta chilena.* 2ª edição, Rio de Janeiro: Record, 1981, Alfredo Sirkis.
SPUZA, Percival de Souza. *Autópsia do medo — vida e morte do delegado Sérgio Paranhos Fleury.* São Paulo: Globo, 2000.
——. *Eu, cabo Anselmo, depoimento a Percival de Souza.* São Paulo: Globo, 1999.
TAVARES, Flávio. *Memórias do esquecimento.* São Paulo: Globo, 1999.
USTRA, Carlos Alberto Brilhante. *Rompendo o silêncio.* Texto disponível em *http:// www.livrorompendosilencio.hpg.ig.com.br/index.htm*
VENTURA, Zuenir. *1968 — O ano que não terminou — a aventura de uma geração.* Rio de Janeiro: Nova Fronteira, 1988.
VIANNA, Martha. *Uma tempestade como a sua memória, a história de Lia, Maria do Carmo Brito.* Rio de Janeiro: Record, 2002.
YALLOP, Yallop. *Até o fim do mundo — a caçada a Carlos, o Chacal, o terrorista mais procurado do mundo.* Rio de Janeiro: Record, 1993.
ZWEIG, Stefan. *Joseph Fouché, retrato de um homem político.* Rio de Janeiro: Record, 1999.

2. Sites na Internet:

Superior Tribunal de Justiça — http://www.stj.gov.br
Dicionário Histórico-Biográfico Brasileiro — http://www.cpdoc.fgv.br
Biblioteca Virtual Anísio Teixeira — http://www.prossiga.br/anisioteixeira
PUC/RS, projeto Resgate das vozes do rádio — http:// www.pucrs.br/famecos/vozesrad/
PDT — http://www.pdt.org.br.
Página do deputado José Mentor — http://www.josementor.com/
Página do professor Ladislau Dowbor — http://ppbr.com/ld
Jornal Libertá — http://quotidiano.liberta.it/
Terrorismo nunca mais — http://www.ternuma.com.br

3. Jornais e periódicos:

IstoÉ
Jornal do Brasil
O Globo
O Estado de S.Paulo
Correio Braziliense
Correio do Povo
Le Point
Veja
Libertá
Voz da Unidade

4. Entrevistas, depoimentos, pessoas consultadas:

1998/1999 — Anita Leocádia Prestes, Darcy Rodrigues, Illich Ramírez Sánchez, Jair Krische, Firmino Perera, Jaime Cardoso, José Luiz Del Roio, Maria das Graças Perera de Mello, Maria Ribeiro, Nazareth Oliveira, Reinaldo Guarany, René de Carvalho, Teresa Cristina Perera, Francisco Tiago Perera, Tomás Balduíno, Yolanda Prado, Zuleika Alambert.

2002/2003 — Alfredo Sirkis, Aloísio Palmar, Alfredo Valadão, Amanda Castello, Américo Leal, Ângela Mendes de Almeida, padre Ângelo Sessena, Angelo Tiremani, Antonino de Falco, Antônio Mercado Neto, Apolônio de Carvalho, Armênio Guedes, Ayrton Soares, Belisário dos Santos Junior, Benedicta Savi, Bruno Piola, Cecília Coimbra, Carlos Araújo, Carlos Eduardo Fayal de Lira, Carlos Bernardo Wainer, Carlos Eugênio Sarmento da Paz, Cláudio Salomão, Chizuo Osava, Diógenes de Oliveira, Ecilda Gomes Haensel, Edgard Salomão, Eduardo Mansur, Elizabeth Silveira e Silva, Ely Souto dos Santos, Edoardo Ricci, Eduardo Viana Pinto, Elvira Milhin, Estevan Romano, Félix Back, Fernando Gabeira, Flávio Tavares, Francis Pisani, Franklin Martins, Gaspar Serpa, Givaldo Siqueira, Hélio Jaguaribe, Hildebrando Pereira, Iberê Bandeira de Melo, Idalina Pinto, Idival Pivetta, Izaías do Valle Almada, Isnard Martins, Israelis Kairovski, Izar Aparecida de Moraes Xausa, José Adolfo de Granville Ponce, Jerônimo Ribeiro, João Bosco Feres, João Carlos Kfouri Quartim de Moraes, João Chakiam, Jorge Medeiros do Valle, João Carlos Bona Garcia, José Carlos Mendes, José Groff, José Ibrahim, José Luiz Quadros Barros, José Miguel Conceição, José Sperb Sanseverino, Justino Vasconcellos, Júpiter Torres Fagundes, Leonardo Martinelli, Luiz Alberto Sanz, Luiz Augusto Sommer de Azambuja, Luiz Fernando Gonçalves, Luiz Osvaldo Leite, Manoel André da Rocha, Maria Aparecida Aquino, Márcio Moreira Alves, Maria Della Costa, Maria Regina Pasquale, Maria do Carmo Brito, Mário Simas, Maurício Körber, Maryse Farhi, Maura Scandolo

(Jaca Book), Mauro Leonel Jr., Mauro Ricart, Nelson Massini, Nilda Maria Toniolo, Norma Benguell, Paulo Brossard de Souza Pinto, Paulo Alves Pinto, Pedro Lobo de Oliveira, Rejane Brasil Filippi, Renata Guerra de Andrade, Roberto Cardoso Ferraz do Amaral, Roberto Sanzoni, Rosa Maria Cardoso da Cunha, Sonia Nercessian, Sonia Lafoz, Suzana LisboaTarzan de Castro, Vera Sílvia Magalhães, Wilson Fava, Valdir Sarapu, Victor Nuñes, Wanderico Arruda de Moraes.

Índice

Abagnale Jr., Frank, 60
Abramo, Fúlvio, 84
Alaíde (mulher de Ely Souto dos Santos), 65
Alambert, Zuleika, 178, 212, 217-219, 227, 312
Al-Khadafi, Muammar, 189, 292
Allende, Salvador, 111, 143, 154, 155, 178, 205
Almada, Izaías do Vale, 93, 94, 132, 156
Almeida e Silva, Antônio de, 103
Almeida, Ângela Mendes de, 84, 139, 144, 158
Alves, José Mariane Ferreira Alves ("Baiano"), 75, 99, 108, 109, 114, 123, 124
Alves, Márcio Moreira, 97, 97n, 156, 180
Alves, Mário, 89
Alves, Rosental Calmon, 185
Amaral, Roberto Cardoso Ferraz do, 75, 87, 115, 136, 138, 234, 300
América ("tia Meca"), 35
Andrade, Renata Ferraz Guerra de ("Cecília"), 75, 87, 98, 102, 114, 120, 125, 131, 135
Anjos, Augusto dos, 221
Araújo, Dácio Gomes de, 300
Arimatéia, José de, 240, 241, 244-247, 250, 252, 254, 260-263, 265, 267, 270, 316
Arraes, Miguel, 156

Assis, Denise, 62n
Aveline, João Batista, 50n

Back, Félix, 37-41, 54
Balduíno, Tomás, 220
Bales, Bob, 241
Barreto, José Carlos Campos (Zequinha), 75, 109, 134
Barros, Adhemar de, 139, 151, 161, 168
Barros, José Luiz Quadros, 107, 108, 110, 113, 123
Barroso, Marina, 136
Batista, Gilmário, 165
Batista, Hermes Camargo, 99
Bella, Ben, 200
Bellini, Giorgio, 201-203
Benguell, Norma, 164
Bernardo, 128, 130
Bernstein, Carl, 14
Betty, 112
Bezerra, Gregório, 293
Bial, Pedro, 223, 315
Bin Laden, Osama, 195
Blanco, Carmen, 253, 274
Borba, Marco Aurélio, 88n, 158n, 160n
Boudia, Mohammed, 29, 196, 200
Boumediene, Houari, 168
Braga, Piere, 121
Brando, Marco, 32, 32n

Bravo, Douglas, 88
Brener, Jayme, 32n
Brito, 121
Brito, Maria do Carmo, 87, 139n, 140, 159, 159n, 160n, 161
Brizola, Leonel, 47, 50, 53, 63, 64, 64n, 80, 88, 167
Bucher, Giovanni Enrico, 19, 141, 142

Cabo Bascon, 120, 121
Cabo Passarinho, 120, 121
Cabral, Pedro Corrêa, 31, 31n
Caetano, 116, 121, 122
Calixto, Fernando, 218
Câmara, Diógenes Arruda, 160
Cannabrava Filho, Paulo, 155n
Capitão Pivato, 115, 121
Capriglioni, Ana Benchimol, 139
Cardoso, Jaime Wallwitz, 19-21, 27
Carvalho, Annina Alcântara de (Lahalle), 84, 85, 112, 133, 136-138, 143, 144, 156, 157, 209, 234, 292
Carvalho, Apolônio de, 89
Carvalho, Conceição Passos de, 35
Carvalho, Ideval Alcântara de, 133
Carvalho, Luiz Maklouf, 88n
Carvalho, Marco Antônio Braz de (Marquito), 91
Carvalho, René de, 19, 20, 27
Casaldáliga, Pedro, 220
Castello, Amanda, 218, 220, 226-229, 231, 233, 237-239, 251-253, 276, 279-283, 286, 291, 298, 317
Castello, Firmino, 276
Castro, Fidel, 228
Castro, Tarzan de, 157
Catarina (irmã de Perera), 35, 301
Chakiam, João, 84
Chandler, Charles Rodney, 21, 91, 92, 95, 104
Colombo, Cristóvão, 247
Conceição, José Miguel, 298-300
Corbisier, Roland, 45

Corrêa, 121
Costa e Silva, Arthur da, 97
Costa, José Pires da, 211
Costa, Sherman, 111, 149
Cunha, Hamilton Fernando ("Escoteiro"), 100
Cunha, Liberato Salzano Vieira da, 40
Curi, Alberto, 98
Curtis, Tony, 60

Darryl (filho de Charles Chandler), 91
De Falco, Antonino, 265, 266
De Gaulle, Charles, 197
Del Roio, José Luiz, 217, 219, 221, 222, 225, 227, 234, 235, 245, 252, 266, 267, 294, 295, 313, 314
Delegado Quoaiss, 121
Delegado Rosanti, 121
Della Costa, Maria, 38
Demara Jr., Ferdinand W., 60
Demócrito, 46
Dias, Giocondo, 295
Dirceu, José, 82n
Donnellan, Michael, 240
Dowbor, Ladislas (Ladislau, "Nelson", "Jamil"), 75, 79, 80, 93, 113-115, 123, 135, 160-162, 162n, 163, 166, 168, 181, 187
Dreifuss, René, 62n
Dumas, Alexandre, 155
Dutra, Olívio, 289

Elbrick, Charles Burke, 140, 158, 233
Escobar, Ruth, 289
Etchegoyen, Léo, 65, 70

Farhi, Maryse, 98, 209
Faustini, Eduardo, 238
Fava, Wilson ("Laércio"), 75, 83, 87, 90, 91, 93-96, 98, 102, 103, 135, 181
Feres, João Bosco, 166, 189, 205, 206

Ferraz Filho, Eugênio Nogueira, 84
Ferreira, Joaquim Câmara ("Tio Amaral", "Toledo"), 89, 100, 101, 114, 141
Ferreira, Lourenço Hildo, 67, 70
Ferri (família), 255, 257, 261
"Fiffa", 210
Figueiredo, Afonso Cláudio de, 75, 95, 105, 107-110, 113, 127
Figueiredo, João Baptista de Oliveira, 221, 290, 301
Figueiredo, Marisa, 212
Filippi, Rejane Brasil, 174, 175, 175n
Fleury, Sérgio Paranhos, 141, 158, 161, 177
Fogliazza, Lucia, 255
Folloni, Giuseppe, 293
Forsyth, Frederick, 197
Fouché, Joseph, 60, 60n, 61, 62, 221
Fragoso, Heleno Cláudio, 136
Freire, Maria de Fátima Costa, 163, 166

Gabeira, Fernando, 232, 233
Garcia, João Carlos Bona, 20, 152, 168, 189
Garcia, Marco Aurélio, 89n
Gaspari, Elio, 22, 63n, 82n, 89n, 97n, 98, 139n, 140n
Gazzaneo, Luiz Mário, 291
Genet, Jean, 107, 110
Georgini, Vega, 136
Godly, Sven, 241
Gomes, Celso, 223, 285, 314, 320
Gomes, Luiz Felipe Azevedo, 14
Gonçalves, Luiz Fernando, 275, 276, 280
Gorender, Jacob, 21n, 63n, 82n, 87n, 88n, 89, 89n, 90n, 91n, 139n, 140n, 142n
Goulart, João, 21, 24, 50n, 52, 53, 62, 63, 87
Gramsci, Antonio, 219
Granja, Sérgio, 294
Groff, José, 83, 94
Grutzinski, Alexandre, 40
Gualdi, Enio, 68
Guarany, Reinaldo, 19, 20, 27

Guedes, Armênio, 178, 221, 291, 292, 294, 295
Guevara, Ernesto "Che", 88, 88n, 91
Guimarães, Ermínia Corrêa, 68

Habash, George, 76, 196
Haberman, André, 191
Haddad, Wadi, 196
Haensel, Ecilda Gomes, 71, 111
Haensel, José Mariano, 71
Hardy, Thomas, 128
Haydée, Marcia 148-149, 241
Henriques, Luiz Sérgio N., 289
Heto, Célia Hatsumi, 107, 112, 123
Holleben, Ehrenfried von, 141
Hugo, Victor, 155

Iara (mulher do primo de Carlos Sá), 210
Ibrahim, José, 83, 130, 134, 136
Investigador Cabeça, 121
Investigador Parra, 120-123
Irmão Flávio, 45, 53
Ivo, Ismael, 149

Jamelão, 89
Joan (mulher de Charles Chandler), 91
Jockyman, André, 32n
Jorge (cunhado do "cabo" Anselmo), 160
"José Carlos", 120
José Firmino (irmão de Perera), 35, 115, 116, 123, 301
José, Emiliano, 90n, 98n
José, Paulo, 59
Juçara, 128

Kairovski, Israelis, 144
Kennedy, John, 56, 57
Keramane, Hafid, 161
Körber, Maurício ("M")., 226, 228-233, 237, 253, 254, 273, 276, 316
Kozell Filho, Mário, 91, 92
Kubitschek, Juscelino, 45
Lahalle, Dominique, 157, 209

Lamarca, Carlos ("César"), 19, 29, 43, 75, 79, 80, 90n, 93, 99-101, 105, 108, 109, 112-116, 119, 119n, 120, 123-125, 127, 135, 140, 141, 158, 200, 202, 208, 234, 308, 311
Lartigau, Georges Mario Victor, 69
Lavezzi, Maria, 228, 251
Leães, Manoel, 64
Leal, Américo, 55
Leite, Eduardo ("Bacuri"), 142
Leite, Luiz Osvaldo, 35-39, 52
Lemmertz, Lilian, 59, 101
Lênin, (irmão de "Carlos"), 195
Leonel Junior, Mauro, 156-158, 179, 180, 188, 189, 234
Lignel, Jean-Charles, 170, 171
Lins e Silva, Aldo, 133, 134, 138, 143
Lira e Silva, José Ronaldo Tavares ("Gordo"), 100
Lisboa, Manoel Rodrigues Carvalho, 90
Lizete (mulher de José Tabacnik), 101
Lobo, Celso, 285
Lott, Henrique Teixeira, 45

Magalhães, Vera Sílvia, 181, 209, 210, 232, 233
Malina, Salvador, 295
Mansur, Eduardo, 81, 83
Marcondes, Neusa Maria César, 84
"Marechal" Ghirardosi, 254
Maria, Glória, 223, 315
Marighella, Carlos ("Menezes"), 22, 22n, 88, 89, 89n, 90, 114, 134, 141
Mariza, 128
Marly (mulher de Afonso Cláudio Figueiredo), 107, 108
Martins, Isnard, 269-271, 273, 320
Massini, Nelson, 270, 272, 273, 319
Maysa, 23
Médici, Emílio Garrastazu, 109
Meletti, Rosângela, 202
Mello, Fernando Collor de, 230-231

Mello, Maria das Graças Perera de, 35, 84, 169, 172-174, 189, 225, 239, 285, 286, 291, 301, 314
Melo, Iberê Bandeira de, 83, 138
Mendes Jr., Alberto, 141
Mendes, José Carlos, 151, 153, 155, 206-209
Meneghetti, Ildo, 23, 48
Mengele, Josef, 270
Mercado Neto, Antônio, 83, 136
Milhin, Elvira, 131
Milhin, Nézio, 103, 131
Minotti, Virginia, 301
Mir, Luís, 21n, 63n, 82n, 89n, 90n, 91n
Miranda, Oldack, 90n, 98n
Mitchell, José, 33n
Mondino, Mário, 68
Mons. Bougard, 128
Moraes Neto, Geneton, 64n
Moraes, Quartim de, 94, 96, 98, 152, 153, 163, 209
Moraes, Wanderico de Arruda, 99, 124, 127, 129, 134, 135
Morena, Roberto, 221
Motorista, Tião, 89
Mourkhabel, Michel, 197, 210
Mulligan, Robert, 60

Navas, Jose Altagracia Ramírez, 195
Netto, Delfim, 167
Netto, José Mentor Guilherme de Mello, 84, 84n, 169, 189, 225, 301
Niemeyer, Oscar, 220
Nunes, Victor Douglas, 179

Ojeda, Fabrício, 88, 89, 89n
Okuchi, Nobuo, 140
Oliveira, Diógenes de ("Luís"), 87, 91, 94, 114, 115, 123, 138, 153, 177, 178, 234, 303
Oliveira, Francisco Basílio de, 112
Oliveira, Nazareth Antonia, 23, 29-32, 43,

44, 46, 46n, 47n, 59, 60, 63, 63n, 65, 70, 71, 75, 79-82, 94, 107, 109-113, 113n, 114, 115, 115n, 116, 116n, 117, 121, 122, 122n, 123-125, 128n, 129, 131, 138, 138n, 143, 146, 147, 165, 169, 173, 234, 238, 255, 262, 301, 303, 308
Oliveira, Pedro Lobo de, 91, 99, 102, 205
Olivieri, Antônio, 93
Osava, Chizuo ("Mário Japa"), 140, 141, 153, 161, 168, 184

Padre Angelo, 254
Paiva, Rubens, 144
Palmar, Aluísio ("André"), 153, 159, 161, 177
Palmeira, Wladimir, 82n
Paniz, Léia, 226
Parra, Paulo (Paolo), 32, 33, 175, 201, 202, 217-220, 222, 225-233, 235, 237-240, 242, 246-255, 257, 258, 260-262, 264-267, 269-277, 279-283, 286, 287, 289-295, 301, 304, 312, 316-320
Parra, Vinícius, 253, 274
Pasquale, Maria Regina, 83
Passos, Neuza, 276
Patarra, Judith Lieblich, 88n, 139n
Paz, Carlos Eugênio Sarmento da, 158
Pereio, Paulo César, 59
Perera, Antonio Expedito Carvalho ("Itaqui", "Philippe", "Acheme"), 13-15, 19, 21-25, 27-33, 35-40, 40n, 41, 41n, 44, 45, 45n, 46, 46n, 47, 48, 51, 52, 52n, 53, 54, 54n, 55, 57, 57n, 59-65, 67-70, 70n, 71, 75-77, 79-85, 87, 91-96, 100-105, 107-112, 114-116, 119-125, 127-132, 134-138, 142-146, 146n, 147-149, 151-153, 153n, 154-159, 161-175, 177-181, 183-192, 196, 199-203, 205-209, 213, 217, 219-222, 225, 228-230, 233, 234, 237-240, 242, 243, 247, 250, 252-255, 258, 260, 262, 263, 265-267, 269-277, 280, 281, 286, 287, 291-295, 297-301, 303, 304, 307-317, 319, 320
Perera, Firmino Fernandes, 35, 39, 46, 138, 147, 169-172, 174, 175, 239, 301, 314
Perera, Francisco Tiago Carvalho, 35, 123, 169, 172-174, 301
Perera, João Carvalho, 35, 114, 115, 119, 123, 301
Perera, Neusa Carvalho, 35, 169, 170
Perera, Teresa Cristina, 29, 32, 33, 59, 81, 109, 111, 114, 115, 128, 143, 145-149, 152, 153n, 154, 166, 169, 172, 173, 189, 199, 220n, 222, 225, 226, 229, 238, 239, 242, 243, 245-247, 249-252, 254, 255, 257-262, 264-267, 271, 272, 274, 282, 285, 286, 307, 310, 311, 313, 314-318, 320
Perrone, 121
Peyre, Isabelle Coutant, 199
Pezzuti, Ângelo, 159, 161, 180
Pinto, Álvaro Vieira, 45
Pinto, Eduardo Viana, 54, 64, 65, 67-70, 298, 299
Pinto, Onofre ("Augusto Waldemar"), 43, 75, 84, 87, 90n, 92, 94-96, 102-105, 109, 114-116, 119, 121, 123-125, 130, 135, 140, 141, 151-153, 155, 158-161, 163, 168, 180, 181, 187, 233, 234, 294
Pinto, Paulo Alves, 133
Pinto, Paulo Brossard de Souza, 69
Pio XI, 49
Piola, Bruno, 20, 22, 143, 154
Pisani, Francis ("Marco"), 178-180, 184, 185, 187, 188, 205, 207
Pollonio, Sandro, 38
Ponce, José Adolfo de Granville, 134
Prado Jr., Caio, 76, 132, 155, 157
Prado, Yolanda Cerquinho da Silva (Danda), 76, 132, 133, 155-157, 163, 165-168, 177, 181, 183-185, 187, 199, 202, 212, 217, 234, 275, 309-311

Presas, David, 111
Prestes, Anita, 220
Prestes, Luiz Carlos, 50-52, 133, 220, 221, 230, 295, 298, 299, 313

Quadros, Jânio, 52
Quilão, Luiz, 173
Quoist, Michel, 128

Rabêlo, José Maria, 155n, 211
Rabêlo, Thereza, 155n
Ramos, Guerreiro, 45
Rego, Regina Vieira do, 280
Regueira, Lúcio Flávio, 181
Reichtsul, Pauline, 160-162
Reis Filho, Daniel A., 89n
Ribeiro, Jerônimo, 54, 61, 62, 64, 65, 67, 68
Ribeiro, Maria, 220, 221, 313
Ribeiro, Octávio, 158n
Ricart, Mauro, 270-273, 319
Ricci, Edoardo, 282, 283
Richter, Artenio Olívio, 226
Rocha, Manuel André da, 65
Rodrigues, Darcy ("Souza"), 43, 75, 93, 99, 108, 109, 123-125, 308
Rodrigues, Firmino Peres, 127
Rodrigues, Lúcio, 229
Romano, Estevam, 50, 51n,
Romeu (primo de Carlos Sá), 210
Romeu, Inês Etienne, 159, 290, 290n
Ruhala, Mark, 149

Sá, Carlos Figueiredo de, 100, 208-212
Sá, Jair Ferreira de, 89n
Salomão, Adib, 80, 81, 83
Salomão, Cláudio, 81, 85
Salomão, Edgar, 81, 85, 110
Salomão, Elisabeth, 84, 85, 131, 134
Sánchez, Elba María, 195
Sánchez, Illich Ramírez ("Carlos", o "Chacal"), 19, 27, 28n, 29, 30, 32, 33, 75, 76, 148, 149, 169, 171, 172, 187, 191, 192, 195-197, 199, 201-203, 209-212, 285, 307, 310, 311, 315
Santana, Luis Sabino de, 134
Santos Junior, Belisário dos, 83, 138
Santos, Edison, 220
Santos, Ely Souto dos, 55, 62, 64, 65, 67-71
Santos, José Anselmo dos ("cabo" Anselmo), 141, 153, 158, 158n, 159-161, 180, 181, 233, 234
Santos, Oswaldo Antônio dos, 93
Santos, Theotônio dos, 292-293
Sanz, Luiz Alberto, 153, 161, 177, 294, 295
Sanzoni, Roberto, 265, 266
Sarapu, Valdir Carlos ("Braga"), 79, 80, 87, 113-115
Sargento Verdramine, 121
Sarkis, Otto, 32, 32n
Sarney, José, 231
Sartre, Jean-Paul, 38
Savi, Benedicta (Ditinha), 100, 101, 208-211
Scherer, dom Vicente, 49, 53, 128
Schiller, Gustavo Buarque, 139
Sendic, Raúl, 88
Serpa, Gaspar, 136
Settepani, Antonio, 133
Settepani, Maria de Walgrenacre, 133
Sieff, Joseph, 196
Silva, Loureiro da, 47
Silveira, Modesto da, 289
Silvia Maria (filha de Annina), 133
Simas, Mário, 83, 143
Siqueira, Givaldo, 290-292
Sirkis, Alfredo, 141n, 142, 155n, 168, 178, 180, 181, 188, 189, 209
Soares, Mário, 211
Sommer de Azambuja, Luiz Augusto, 64, 65, 68, 71, 146
Souza, Dulce Maria de ("Judith"), 102
Souza, Ismael Antônio de, 99
Souza, Percival de, 91n, 104, 158n, 160n, 161, 161n
Spielberg, Steven, 60

Tabacnik, José, 101
Tabori, George, 149
Takemoto, Takahashi, 190, 191
Tavares, Flávio, 50, 51, 59, 88, 88*n*, 92, 128, 140, 158
Teixeira, Anísio, 49
Tenente Agostinho, 121
Teresa (cunhada de Perera), 114, 115
Teresa (empregada de Izar e Leônidas Xausa), 47
Timóteo, Agnaldo, 289
Tina (mãe de Leônidas Xausa), 40
Tiremani, Angelo, 262
Toniolo, Nilda Maria, 59, 107, 108, 110, 113, 123
Torres, padre Camilo, 88
Toynbee, A. J., 46
Turcat, Jean, 79

Ulianov, Vladimir Illich (Lênin), 195
Ustra, Carlos Alberto Brilhante, 22, 22*n*, 99*n*
Valmor, 121
Vania (filha de Annina), 133

Vargas, Getúlio, 52, 53
Vasconcellos, Justino, 70, 128
Ventura, Zuenir, 90*n*, 97*n*
Vianna, Martha, 139*n*, 140*n*, 159*n*, 160*n*
Viedma, Soledad Barret, 160
Vieira, Cunha, 53*n*
Vladimir (irmão de "Carlos"), 195

Waack, William, 22

Xausa, Izar Aparecida de Moraes, 36, 39, 40, 47, 61
Xausa, Leônidas, 36, 39, 40, 61, 65

Yallop, David, 27, 28, 28n, 29, 29*n*, 30, 32, 170, 171*n*, 173, 174, 191, 191*n*, 196, 219, 309
Yoshiaki, Yamada ("Furuya Yutaka"), 189-191

Zanirato, Carlos Roberto, 99
Zweig, Stefan, 60, 60*n*

Este livro foi composto na tipologia Classical
Garamond, em corpo 10,5/15, e impresso em papel
Offset 90g/m² no Sistema Cameron da Divisão
Gráfica da Distribuidora Record.